普通高等教育"十三五"规划教材

服务外包产教融合系列教材

主编 迟云平　副主编 宁佳英

流程外包管理与案例分析

主　编　宁佳英　迟云平

副主编　肖　雷　王佩锋　吴川源

华南理工大学出版社
SOUTH CHINA UNIVERSITY OF TECHNOLOGY PRESS

·广州·

图书在版编目(CIP)数据

流程外包管理与案例分析/宁佳英,迟云平主编.—广州:华南理工大学出版社,2017.7

(服务外包产教融合系列教材/迟云平主编)

ISBN 978-7-5623-5317-1

Ⅰ.①流… Ⅱ.①宁… ②迟… Ⅲ.①服务业-对外承包-教材 Ⅳ.①F719

中国版本图书馆CIP数据核字(2017)第153851号

流程外包管理与案例分析

宁佳英 迟云平 主编

出 版 人:	卢家明
出版发行:	华南理工大学出版社
	(广州五山华南理工大学17号楼,邮编510640)
	http://www.scutpress.com.cn E-mail:scutc13@scut.edu.cn
	营销部电话:020-87113487 87111048(传真)
总 策 划:	卢家明 潘宜玲
执行策划:	詹志青
责任编辑:	詹志青
印 刷 者:	佛山市浩文彩色印刷有限公司
开 本:	787mm×1092mm 1/16 印张:12.5 字数:310千
版 次:	2017年7月第1版 2017年7月第1次印刷
印 数:	1~2000册
定 价:	32.00元

版权所有 盗版必究 印装差错 负责调换

"服务外包产教融合系列教材"
编审委员会

顾　　问：曹文炼（国家发展和改革委员会国际合作中心主任，研究员、教授、博士生导师）
主　　任：何大进
副 主 任：徐元平　迟云平　徐　祥　孙维平　张高峰　康忠理
主　　编：迟云平
副 主 编：宁佳英
编　　委（按姓氏拼音排序）：
　　　　蔡木生　曹陆军　陈翔磊　迟云平　杜　剑　高云雁　何大进
　　　　胡伟挺　胡治芳　黄小平　焦幸安　金　晖　康忠理　李俊琴
　　　　李舟明　廖唐勇　林若钦　刘洪舟　刘志伟　罗　林　马彩祝
　　　　聂　锋　宁佳英　孙维平　谭瑞枝　谭　湘　田晓燕　王传霞
　　　　王丽娜　王佩锋　吴伟生　吴宇驹　肖　雷　徐　祥　徐元平
　　　　杨清延　叶小艳　袁　志　曾思师　查俊峰　张高峰　张　芒
　　　　张文莉　张香玉　张　屹　周　化　周　伟　周　璇　宗建华
评审专家：
　　　　周树伟（广东省产业发展研究院）
　　　　孟　霖（广东省服务外包产业促进会）
　　　　黄燕玲（广东省服务外包产业促进会）
　　　　欧健维（广东省服务外包产业促进会）
　　　　梁　茹（广州服务外包行业协会）
　　　　刘劲松（广东新华南方软件外包有限公司）
　　　　王庆元（西艾软件开发有限公司）
　　　　迟洪涛（国家发展和改革委员会国际合作中心）
　　　　李　澍（国家发展和改革委员会国际合作中心）
总 策 划：卢家明　潘宜玲
执行策划：詹志青

总 序

发展服务外包，有利于提升我国服务业的技术水平、服务水平，推动出口贸易和服务业的国际化，促进国内现代服务业的发展。在国家和各地方政府的大力支持下，我国服务外包产业经过10年快速发展，规模日益扩大，领域逐步拓宽，已经成为中国经济新增长的新引擎、开放型经济的新亮点、结构优化的新标志、绿色共享发展的新动能、信息技术与制造业深度整合的新平台、高学历人才集聚的新产业，基于互联网、物联网、云计算、大数据等一系列新技术的新型商业模式应运而生，服务外包企业的国际竞争力不断提升，逐步进入国际产业链和价值链的高端。服务外包产业以极高的孵化、融合功能，助力我国航天服务、轨道交通、航运、医药、医疗、金融、智慧健康、云生态、智能制造、电商等众多领域的不断创新，通过重组价值链、优化资源配置降低了成本并增强了企业核心竞争力，更好地满足了国家"保增长、扩内需、调结构、促就业"的战略需要。

创新是服务外包发展的核心动力。我国传统产业转型升级，一定要通过新技术、新商业模式和新组织架构来实现，这为服务外包产业释放出更为广阔的发展空间。目前，"众包"方式已被普遍运用，以重塑传统的发包/接包关系，战略合作与协作网络平台作用凸显，从而促使服务外包行业人员的从业方式发生了显著变化，特别是中高端人才和专业人士更需要在人才共享平台上根据项目进行有效整合。从发展趋势看，服务外包企业未来的竞争将是资源整合能力的竞争，谁能最大限度地整合各类资源，谁就能在未来的竞争中脱颖而出。

广州大学华软软件学院是我国华南地区最早介入服务外包人才培养的高等院校，也是广东省和广州市首批认证的服务外包人才培养基地，还是我国服务外包人才培养示范机构。该院历年毕业生进入服务外包企业从业平均比例高达66.3%以上，并且获得业界高度认同。常务副院长迟云平获评2015年度服务外包杰出贡献人物。该院组织了近百名具有丰富教学实践经验的一线教师，历时一年多，认真负责地编写了软件、网络、游戏、数码、管理、财务等专业的服务外包系列教材30余种，将对各行业发展具有引领作用的服务外包相关知识引入大学学历教育，着力培养学生对产业发展、技术创新、模式创新和产业融合发展的立体视角，同时具有一定的国际视野。

当前，我国正在大力推动"一带一路"建设和创新创业教育。广州大学华软软件学院抓住这一历史性机遇，与国家发展和改革委员会国际合作中心合作成立创新创业学院和服务外包研究院，共建国际合作示范院校。这充分反映了华软软件学院领导层对教育与产业结合的深刻把握，对人才培养与产业促进的高度理解，并愿意不遗余力地付出。我相信这样一套探讨服务外包产教融合的系列教材，一定会受到相关政策制定者和学术研究者的欢迎与重视。

借此，谨祝愿广州大学华软软件学院在国际化服务外包人才培养的路上越走越好！

国家发展和改革委员会国际合作中心主任

2017年1月25日于北京

前　言

一觉醒来，移动发现自己最大的竞争对手不再是联通而变成了微信，工信部试点移动转售业务下苏宁已经推出了18种套餐；360安全中心推出的免费产品将整个杀毒软件市场搅得天翻地覆；银行发现自己的竞争对手变成了余额宝，互联网金融成为跨界融合的急先锋，我们的经济和产业体系正在经历史无前例的巨大变革。

新一代技术革命推动着处于产业链前锋的服务外包进入3.0时代，它与互联网、移动、大数据等新兴技术进一步融合。服务外包产业的发展时时都在面临技术模式、服务模式、运营模式、交易模式、商业模式、供给模式、行业边界、服务内涵、竞争格局和服务外包产业定义等十大发展趋势的不断洗礼。对中国服务外包产业而言，3.0时代的服务外包将为整个行业带来新的发展机遇。随着"大物移云"（即大数据、物联网、移动互联网、云计算）等新兴技术的普及、应用和变革，3.0时代的服务外包将会极大地颠覆当前的服务外包和服务产业，其交易模式、交付模式、服务模式和定价模式都发生了重要变化。全球服务外包市场格局正在发生深刻变化，这对中国服务外包产业而言，既是反超的机遇，更面临转型的挑战。

在全球资源配置下，随着信息化发达国家企业不断释放离岸外包，服务外包市场迎来新一轮快速增长期；在技术革命推动下，全球服务贸易的规模在未来十年将出现再一次井喷式发展，知识产权、云计算和远程服务（外包）将成为带动全球服务贸易发展的关键驱动要素；同时，技术革命也将缩短原有产业领导者和赶超者之间的差距，将处于不同发展阶段的企业和产业重新放到同一条起跑线上。

因此，从产业角度看，正如同20世纪90年代"千年虫"给印度外包企业带来的发展机遇一样，对中国外包产业而言，3.0时代是一个千载难逢的颠覆产业格局的机遇，也是中国服务外包产业和企业反超世界巨头的一个巨大机遇。

　　本书的读者定位于从事服务外包工作流程的管理者与大学本科生。服务外包领域主要分为三大类，一是信息技术外包(ITO)，二是技术性业务流程外包(BPO)，三是技术性知识流程外包(KPO)。本书主要从服务外包业务流程外包(BPO)和知识流程外包(KPO)这两个流程外包的业务角度介绍部分目前在国内具有代表性的服务模式及相关类型的案例分析，旨在拓宽学习者视野，使其正确理解世界的发展变化与自身专业学习的重要性，掌握技术运用的方式与方法，同时认识到加强技术创新意识是我们适应变化中的世界的基本能力。

　　为更好地服务社会、为千万学子提供可靠资讯，我们先后走访和调研了近30家典型的服务外包企业、各级主管部门，然后再回到广东省服务外包人才培训基地完成本书的编写工作。希望我们的工作对服务外包产业人才培养有些许促进作用。

　　本书编写过程中得到了广东省众多服务外包企业的支持与鼓励，广东省服务外包产业协会帮助我们组织了专家队伍对本书进行评审，各位专家从不同角度给予我们宝贵的意见和建议，我们在此一并感谢！

编　者
2017年6月

目 录

【引入案例】 1
【开篇故事】 3
1 流程外包概述 5
   1.1 服务外包与服务外包产业的定义及其发展趋势 5
   1.2 业务流程外包 12
   1.3 知识流程外包 17
2 流程外包管理 23
   2.1 流程外包管理的含义、特点、原则、功能与作用 23
   2.2 流程外包管理规划与案例 26
3 我国业务流程外包管理主流业务与案例分析 63
   3.1 内部管理外包 63
   3.2 业务运营外包 78
   3.3 供应链外包 99
4 我国知识流程外包管理主流业务与案例分析 112
   4.1 商务服务外包 112
   4.2 技术服务外包 128
   4.3 研发服务外包 142
5 服务外包发展新趋势下的流程外包新业务 167
   5.1 综合性服务 167
   5.2 技术服务 179
参考文献 187

【引入案例】

场景1-1　比萨餐厅的启发

某比萨餐厅的电话铃响了,客服人员拿起电话。

客服:这里是××比萨餐厅,您好,请问有什么可以为您效劳?

顾客:你好,我想要一份……

客服:先生,您好,请把您的会员卡号告诉我。

顾客:585MYM……

客服:李先生,您好!您是住在深圳市南山区前海路×××号海天花园×号楼××××室,您家电话是0755-××××××××,您的手机号码是137×××××××,对吗?

顾客:你怎么知道我所有的电话号码?

客服:李先生,因为我刚查了公司的CRM系统。

顾客:我想要一份海鲜比萨。

客服:李先生,海鲜比萨不适合您。

顾客:为什么?

客服:根据您的医疗记录,您的血压和胆固醇都偏高。

顾客:那你们有什么可以推荐的吗?

客服:当然有,我推荐您试试我们低脂肪的套餐,比如……

顾客:你怎么知道我喜欢这种套餐?

客服:因为您上周一在图书馆借了一本书《低脂肪健康》。

顾客:好。那我要一份家庭特大号比萨,要付多少钱?

客服:129元,这足够您一家五口人吃了。但您父亲应该少吃,他上个月刚做完心脏搭桥手术,还在恢复期。

顾客:好的,谢谢你!我可以用信用卡支付吗?

客服:对不起,李先生,请您付现金,因为您的信用卡已经透支,目前欠银行15 982元。

顾客:那我先去附近提款机取现金。

客服:李先生,根据您的记录,您今天已经超过取现额度了。

顾客:算了,那你直接把比萨送到我家来,我叫家人付现金算了,你们多久能送到?

客服:大约30分钟,您也可以自己过来取,您可以微信支付。

顾客:为什么?

客服:因为根据CRM全球定位系统显示,您车号为粤××××的车正行驶在离我们店大约3.5公里的地方。

顾客:好,我过来。

场景 1-2　智能家居改变生活方式

　　李先生是一家公司的白领，最近几天一直在赶一个重要项目的投标文件，终于忙完了，看看窗外已是华灯初上。

　　李先生伸伸腰，拿出手机给家里的浴室发了条短信，同时为犒劳一下忙碌的自己，接着给智能厨房发了一条短信，很快他收到了一条短信回复，家里冰箱中由于牛奶不足已经自动下单让京东商城派送到小区物业管理处。

　　一路上享受着《小苹果》的旋律，李先生很快就到了家。通过车载系统，小区门禁挡杆自动升起，同时听到"李先生，欢迎您回家"的语音系统提示。李先生在地库停好车，顺便到物业管理处拿到了京东送来的牛奶。通过视网膜识别技术，电梯自动将李先生送到了 30 楼，不用拿钥匙，入户门自动被打开。

　　进入客厅，李先生拿出手机在屏幕上轻轻地按了一下，顿时客厅灯亮了，客厅的窗帘打开了，空调启动了，音响里他最喜欢听的《小苹果》响起……李先生顿时感觉到家的温暖。

　　放下牛奶，李先生先查看了一下厨房，微波炉中的鲈鱼已经蒸好溢着香气，电饭煲中的米饭也已经煮好，他最爱喝的莲藕章鱼猪蹄汤也已经煲好……来到浴室，浴缸中的热水正冒着热汽，李先生泡了一个热水澡，顿时觉得神清气爽。

　　正当李先生在享用着美味的晚餐时，他接到一个电话，是一位多年不见的好朋友来深圳出差，等会儿要来家里做客。李先生用定位系统把家里的地址发给了朋友，在手机屏幕上他可以清晰地看到朋友移动的轨迹。

　　在朋友抵达门口，门铃响起之前，李先生在手机屏幕上按了一下"会客"按钮，顿时客厅的灯光明亮了许多，同时音响中的音乐自动更换成了《同桌的你》……

　　上面的两个场景，现在似乎还在想像中，但相信在不久的将来一定会成为现实，这就是互联网时代带给我们的变化。

【开篇故事】

某国，有两个好兄弟 A 和 B，他们相约出外打猎，开着一部吉普车来到森林的边缘地带，A 对 B 说："兄弟，你在车里坐着休息一下，我进去看看。"

不久，从森林的远处有 A 的叫声和脚步声由远至近地传来："兄弟——，快快把车门打开，有猎物来了——快啊——快准备好！"，转眼间 B 看见 A 从森林的深处急步跑来，身后一头大大的野猪紧追不舍。"我的妈呀！"B 看着这头野猪想：这是怎么了，我兄弟怎么就遇着野猪了呢？还没等 B 想清楚，只见 A 跑到车门前，将车门开得更大，站在车门一旁，1 秒钟后，野猪因为来不及减速，一头扎进吉普车，A 快速将车门关上，对站在一旁的 B 说："兄弟，这头野猪就交给你来处理了，我再到森林里看看，有没有更大的家伙！否则回到村里不够大伙吃！"转眼间，A 消失在茫茫森林，只留下 B 在车旁，他探探头仔细看了一下野猪，不由自主地大骂："你就不能找个小猎物吗？这么大，背上还背着个我不认识的小东西，我也不知道该怎么处理它们啊！我从来没有处理过野猪，你倒是给我讲讲我该怎么办啊！你什么时候回来？我一个人无法将它们带回家哦！你回来啊！……"远处传来 A 的声音："按照买家的意愿处理。"

【分析】

A 就像服务外包企业的对外项目联络部门、项目引进部门和销售部门的人员，负责寻找项目（打猎），对发现的项目经过自己快速、初步的甄别后，认为本企业目前有 80% 以上的能力完成它，其他就是寻找支援或自行创新来完成，因此将项目快速引回来。他们对市场情况了如指掌，明白自己企业的能力水平，尽管在市场里有更好的项目，但他们更清楚项目的获得一要靠机遇、二要靠能力，他们的劳动强度一点儿也不比项目部门的人低，而且工作环境恶劣，总是希望通过完成某个项目，使本企业员工能力更强，下次就可以拿更好的项目回来了。面对项目组的抱怨，他们也常常觉得很委屈，觉得自己好不容易甚至冒着危险找回来项目，你们还说三道四。

B 就像服务外包企业的项目设计、项目开发、项目维护部门的人员，负责按照发包方需求将项目完成，可是总有一些未知的、需要他们去解决的问题，而且每次项目都不一样，他们总在抱怨："哎，你怎么总是在给我们找麻烦，你就不能找个简单的、干过的活儿回来吗？每次项目都有那么多新东西，总给我们出难题。"

其实，随着现代技术的不断更新，市场运营模式在不断改变，森林里的项目形态也在不断改变。A 作为市场型人才，明白项目不会因为你的能力不够而改变，只会因为市场需求的不同而呈现出不同的特征与要求，因此会带回本企业力所能及的项目。B 也明白必须改变自己，不断学习、不断创新以适应市场的变化，可为什么每次都这么难受？

试想，如果他俩事前有约定，制订并熟练地掌握项目引进过程中相互交流的最佳次序与方法，例如，A 在关门的同时告诉 B："方案 5 +"。这里的"方案 5"是过往他们熟悉的成熟流程,"＋"是本次需要创新的部分,就可以在争分夺秒的项目引进过程中尽力按照合理的步骤,弄清项目目标与过往流程中相同部分与本次需要创新的部分,减少中间摩擦环节,掌握项目的性质,为项目的执行准确、快速地寻找资源。这就是本书要传达给读者的基本信息——严密而高效的服务外包流程管理。它是减少运营成本、减少摩擦、节约时间、获得相互理解最重要的手段。企业的力量应该一直对外,绝非用于内耗。

1 流程外包概述

【学习目标】

清楚流程外包的定义，了解流程外包的内涵及其主要应用领域。

1.1 服务外包与服务外包产业的定义及其发展趋势

1.1.1 服务外包

要了解流程外包，我们首先要了解服务外包是什么。商务部的定义为，服务外包是指企业将原本由自身提供的具有基础性的、共性的、非核心的 IT 业务和基于 IT 的业务流程剥离出来，外包给外部的专业服务提供商来完成的经济活动（见图 1-1）。

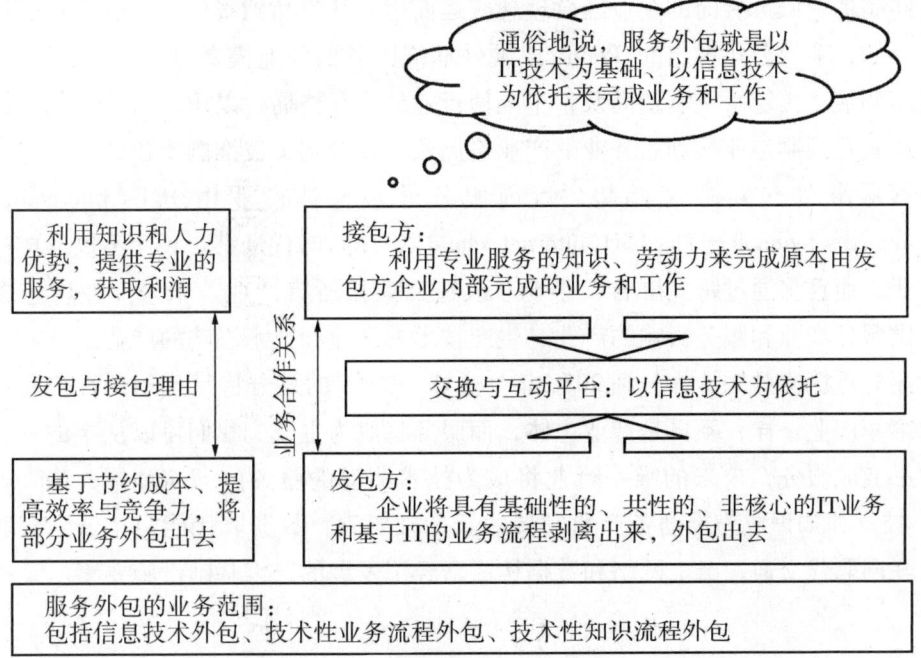

图 1-1 服务外包定义图解

服务外包分为信息技术外包（ITO）、业务流程外包（BPO）和知识流程外包（KPO）。前两者都是基于IT技术的服务外包，ITO强调技术，更多涉及成本和服务；BPO更强调业务流程，解决的是有关业务的效果和运营的效益问题，BPO往往涉及若干业务准则并常常要接触客户。KPO通过提供业务专业知识而为客户创造价值。2016年商务部、财政部、海关总署等有关部门编制了《服务外包产业重点发展领域指导目录》，国家对服务外包业务统计分类进行了更为细致的分类及编码，如图1-2所示。

根据服务外包承接商的地理分布状况，服务外包主要分为两种类型：离岸外包和在岸外包。离岸外包是指发包方与为其提供服务的接包方来自不同国家，外包服务跨境完成。在岸外包指发包方与为其提供服务的接包方属于同一个国家，外包服务在境内完成。

现在信息技术不断创新发展，不再是一个孤立的产业，而是以前所未有的姿态第一次占据全产业链的最高点，成为所有产业的共同技术平台以及新时代的第一驱动力，并产生足以改变经济社会进程的巨大力量。专家将这种变化及趋势称为"泛IT化"。同时，新一代信息技术也在同新能源、新材料、生物技术、节能环保等领域交叉融合发展，这样一种跨界融合趋势使得继工业革命后在保持一个相对较低的成本的基础上去满足最终用户的个性化和定制化的需求再次成为可能，客观上要求生产者要贴近消费者与消费市场。尤其是社会化商务的趋势进一步推动终端用户越来越多地参与到整个生产的设计环节、制造环节的全部流程。

在这一进程中，用户的价值高于企业的价值，以客户为中心，开放、联盟型的创新以及协同制造、服务导向的企业经营理念应运而生，从产品到服务已经成为不可逆转的趋势。例如，苹果公司推出的iPhone以硬件捆绑服务的商业模式创新（亦即服务创新）一夜之间颠覆了传统手机制造商及整个电信行业的生存格局。以用户需求及用户体验为核心，从农业到制造业再到服务业的产业格局及游戏规则将被推倒重建。

根据服务外包新业态趋势，目前服务外包整体产业由ICT（information and communications technology）向ICD（internet，cloud & data）时代迁移。ICD不仅形成一个全新的产业，而且将通过跨界融合，影响、改造并颠覆所有产业。未来产业将包含两大类：提供服务产业和服务影响的产业、生产技术的产业和技术影响的产业。

专业分析机构鼎韬认为，到2050年，全球"三产"的划分将呈现革命性变化：第二产业像第一产业一样，不再是产业主体，而服务将成为主流。我们可以从事的一切产业的基础都变成服务，未来的唯一行业将成为技术驱动的服务（technology driven service，TDS），技术和知识成为推动各产业发展的新基础要素，数据取代能源，云平台取代土地，互联网取代交通，云、网络和数据构成新经济发展的三大基础设施要素。

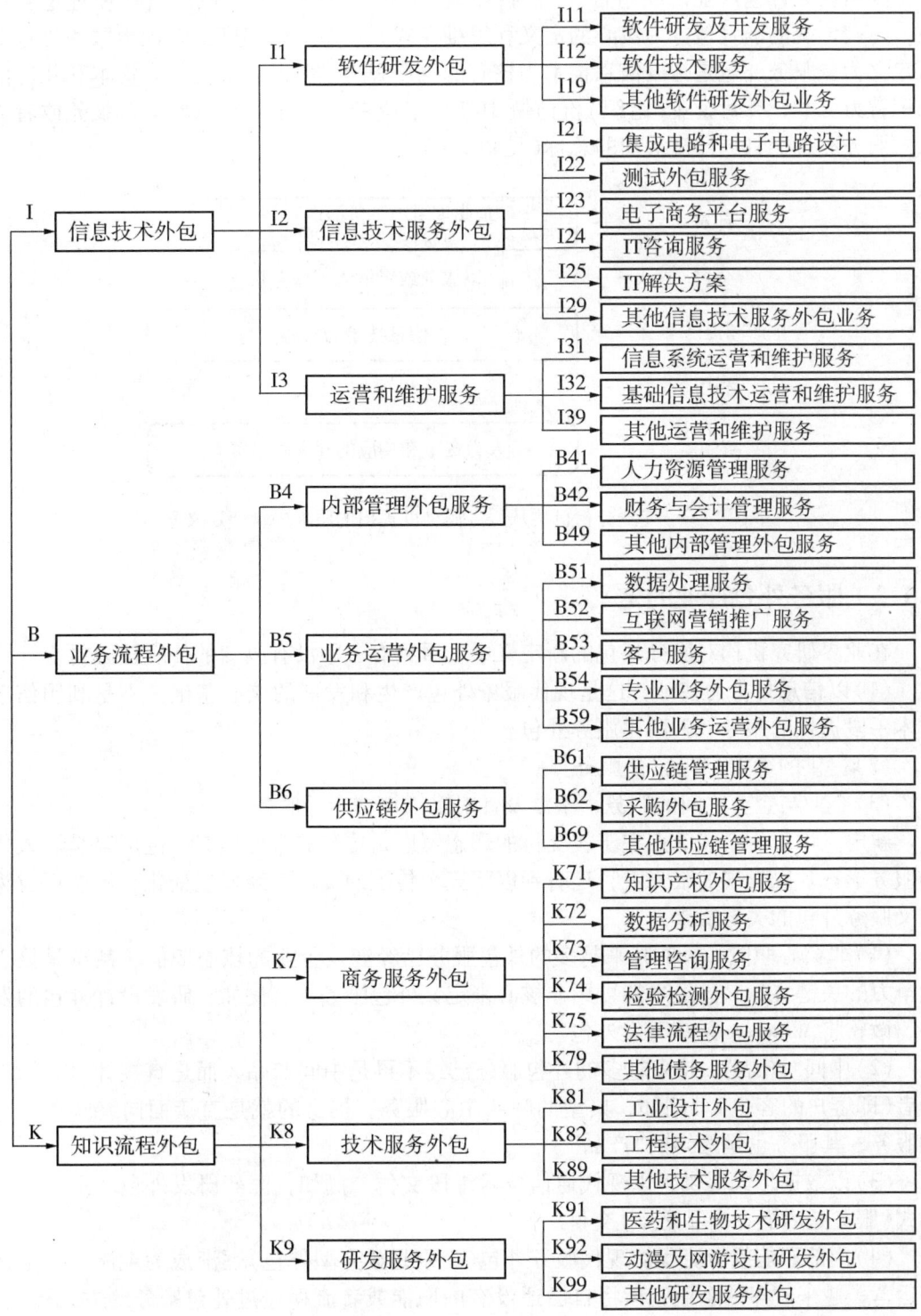

图1-2 服务外包业务统计分类

根据服务外包产业的新特征、新内容和新趋势，回归产业本质，重新梳理逻辑关系，打破传统的以发包方为核心的定义和思维模式，从服务商维度出发提出服务外包的新定义为：服务外包是指以信息技术为核心的生产和提供手段，依托人力资本和相应的知识智力资本，针对企业（组织）价值链中某一个或者多个环节或职能，以服务或者嵌入式服务形态交付的经济活动的总称（见图1-3）。

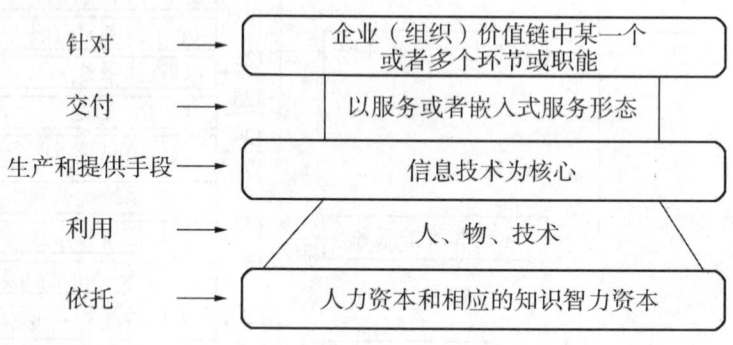

图1-3 专业分析机构从服务商维度提出的服务外包新定义

1.1.2 服务外包产业的定义

在业界研究机构对服务外包的新定义中，看到有三个没有改变的传统核心要素：

（1）以信息技术为基础，这是现代服务外包产生和发展的核心基础。不是利用信息技术手段提供的服务，就不是服务外包。

（2）提供的终端"产品"是服务。

（3）企业与企业之间的服务，不涉及针对个人消费者的服务。

新定义中，一个关键点在于，交付的形态可以是传统的服务形态，也可以是嵌入式的服务形态。以发展的眼光看，还看到以下五个传统的要素已经发生变化，不能再成为定义服务外包的关键要素。

（1）非核心职能。目前越来越多的外包服务已经涉及企业的核心职能，甚至是核心竞争力的关键要素，已经不能再用非核心来定义外包服务了。例如，研发设计外包的发展，微软将Windows系统开发外包。

（2）中间"产品"。越来越多的外包服务已经不再是中间产品，而是直接针对终端消费者（即客户的客户）。例如，典型的呼叫中心服务，提供的就是直接面向终端消费者的服务，其服务也是最终的"产品"。

（3）以数据形式提供，以现代通信技术手段交付。例如，医药研发外包，是以产品形式（服务是内嵌在产品之中）交付。

（4）内部职能或者流程。现代服务外包（特别是放弃型外包）逐渐成为主流，以轻资产运营，越来越多的企业直接将自己还没有的职能或者流程通过外包服务的方式提供。例如，神州租车，其客户服务团队不是先自行建立再向外外包，而是直接寻找外包服务商来完成。

(5)知识产权让渡。例如,在日趋普及的云外包服务中,云的服务商在为客户提供外包服务中,并不让渡知识产权。

同时,依据服务外包的最新定义,可以看到有许多新的领域被纳入服务外包范畴,包括云服务、电子商务外包、移动应用服务以及被 NASSCOM 纳入外包范畴的大数据外包服务等等。

服务外包属于现代服务业范畴,而现代服务业本身就是一个从服务模式到产业部门的发展。服务外包产生之初,也是一种商业模式的创新及企业的经营模式,是一种业态,属于企业的微观决策行为。然而,这一微观行为的普遍化则代表宏观层面的整体生产方式的变革,与物流业、金融、商业等现代服务业一样,是为各行各业提供服务的一种专业服务形态。随着业务规模的不断发展,服务外包从服务模式逐步发展成为一个独立的产业,具有如下特点:

(1)具规模性。即大量生产的产品或服务,服务大量的顾客,具有规模性的产出和企业数量。2014 年全球服务外包总规模为 13 698.4 亿美元。2015 年我国企业签订服务外包合同金额 1309.3 亿美元,企业数量为 28 127 家,从业人员规模达到 607.2 万人,其中大学(含大专)以上学历者 404.7 万人,占从业人员数 66.7%,已经形成了产业所需要的规模。2016 年 1—11 月,我国企业签订服务外包合同额 1194.4 亿美元。

(2)具同性质产品。根据产业新定义,服务外包提供的是以信息技术为基础的服务,所有行业内尽管企业提供的终端服务产品或有不同,但服务产品的性质则是相同的。例如,在金融业中,尽管银行和保险公司提供的服务产品不同,但其以货币为基础的服务性质却是一样的。

(3)具同类目标客户。服务外包的客户群体非常庞大,发包主体覆盖第一产业、第二产业、第三产业的农业、制造业、金融业、电信业、物流业、贸易业以及政府等,既可以是海外机构也可以是国内机构。而这一点也是现代服务业的共同特性,即为各行各业提供同一性质的服务。

(4)具同类企业属性。尽管提供的是来自不同领域和不同内容的服务,但是服务外包企业的运营属性完全一致,即基于信息技术,以智力人力资本为主要服务手段,采取类似的定价模式、交易模式和交付模式,成本结构和利润结构都具有高度的可比性和趋同性。

(5)由各个相关行业组成。产业的一个关键特征就是可以细分为若干相关的行业,就如同金融可以细分为银行、保险、证券等等。服务外包则根据 ITO、BPO、KPO 等划分为呼叫中心、软件外包、IT 服务等多个细分行业领域。各个细分领域在核心要素及本质上具有高度的关联性和一致性。

(6)具完整的供应链。服务外包经过多年在全球的发展,已经形成了从人才培训、人力资源服务、咨询、会展、国际认证、交易以及服务商、发包商和政府园区等完善的产业链条,内部形成了具有不同分工、利益相互联系的供应链体系。

(7)具自给自足性。即生产者通过市场机制直接从消费者手中取得回报,并承担经营风险或分享利润盈余。这一点对于服务外包企业是不言而喻的。

从产业经济学的角度看,服务外包是分工不断深化的产物,是由利益相互联系的、具有不同分工的、具有同类属性的、由各个相关行业组成的企业经济活动集合。简而言之，服务外包企业提供相似的产品和服务，拥有类似的目标客户，已经形成完善的、独立的产业链体系，企业数据已经达到一定规模，在一定程度上影响国民经济的发展。鼎韬服务外包研究院对服务外包产业定义为：服务外包产业是社会经济生活中专门提供以信息技术为基础的服务及嵌入式服务的产业部门的总称，是一个包括ITO（信息技术外包）、BPO（业务流程外包）、KPO（知识流程外包）以及相关培训、认证、咨询、市场等行业服务在内的多领域的经济活动的组合。

1.1.3 服务外包产业的发展趋势

1. 全球服务外包产业的发展趋势

随着服务业和服务贸易成为推动经济复苏的新动力，服务外包成为产业转型与促进创新的引擎。服务外包从成本驱动向价值导向转移，服务外包价值逐步提升。提高产品价值是服务外包永恒的主题。随着服务专业性的提升，服务外包的诉求呈现多元化，开拓市场、提高效率、缓解资本压力、提升技术水平、降低运营风险、探索发展转型等成为企业发包的重要考量因素，服务外包的价值逐渐提升。未来，服务外包领域的长期、深度的战略合作模式有望增加。

信息技术推动服务外包需求变革，ITO长期占据主导，以云计算、物联网、移动互联网、大数据为代表的新一代信息技术正在加速与传统产业融合发展，基于信息化、互联化的新兴商业模式正在重新构建。伴随着终端用户互联网、移动互联网应用的日益普及，无论是传统工业、金融业还是医疗、教育等领域都在发生变化。有别于以往，这一轮变革颠覆性强、快速、紧迫，服务外包需求方更倾向于借助第三方专业服务商的力量重新布局。

云计算驱动服务外包模式创新，提高服务效率。随着越来越多的企业将内部应用和基础设施转移到云端，各个系统从企业数据中心向单一公有云提供商转移。未来云计算的架构趋于简单，云计算的安全解决方案趋于成熟，基于云计算的服务模式被广泛认可。传统服务外包也将会大量采用云端交付模式。交付模式的创新有助于服务效率的大幅提升。

2. 中国服务外包产业的发展趋势

为适应我国经济"新常态"发展，国家对服务外包产业提出了更高的期许。2014年底《国务院关于促进服务外包产业加快发展的意见》国发〔2014〕67号）出台，服务外包产业上升为国家战略。企业在不断寻求转型之道，我国服务外包产业也开始步入常态化发展阶段，主要呈现如下趋势：

（1）产业规模持续稳定增长，从规模扩张向量质并举发展。服务业及服务贸易的发展必然成为全球经济转型的重要选择，而借助服务外包这一高科技含量、高智力集聚的新兴领域来撬动服务业升级、带动服务贸易发展已经得到国家政府的高度重视。在政府重视、市场需要、技术蓬勃发展的带动下，我国服务外包产业稳定增长，从规模扩张向量质并举发展，服务外包产业在横向上向研发、金融、政府服务等更多领域拓展，在纵向上向处于外包产业价值链高端的行业解决方案或者高端技术服务的方向转变提升。

(2)迫使传统产业在市场竞争中转型,向智能制造发展,目前制造业服务需求量有望井喷。有数据显示,在美国,制造与服务融合的企业占制造业总数比例约为58%,而在中国这一比例仅仅为2.2%。进入"中国制造2025"时代,制造业服务将被智能服务这一新型模式所主导,其中智能服务信息化系统是发展关键,依靠数据监控、分析、挖掘提供主动服务成为主要内容。当前我国政府提出开展"中国制造2025"计划,意味着中国制造业企业需要有跨越式的发展思路及发展能力,寻找外部专业团队将成为行之有效的决策之一。要使制造业价值有所增加,就必须赋予它新的价值,如新的技术含量、新的质量高度、新的产能量等新生命,才可能改变目前低利润现象,使产品生产环节的利润有所提高,使产业焕发出新的生命,使目前处于低价值的生产段提高(见图1-4)。这也是国家提出"中国制造2025"的目的所在,是科研转化的必经之路和价值体现的真正内涵。

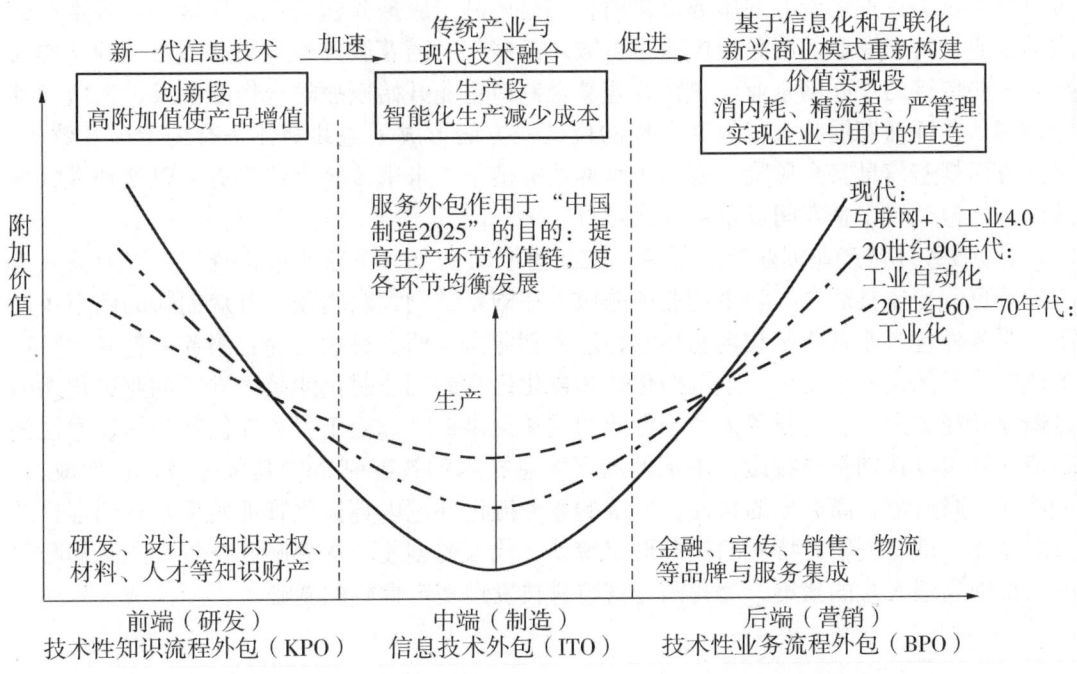

图1-4 现代信息技术服务作用于制造业所呈现的微笑曲线

(3)新一轮信息技术以云计算、物联网、移动互联网、大数据为服务外包产业发展创造了机遇,其中影响较大、首先着力的是信息技术外包(ITO)领域,而为了顺应新技术的变化趋势,ITO在技术手段、业务模式上主动靠拢。随着这些信息技术与传统产业渗透融合的加速,业务流程外包(BPO)、知识流程外包(KPO)领域开始获利。例如,药明康德推出首款针对小分子化学定制合成服务的移动应用APP"掌上化学";阿里云计算和中南卡通开展"动漫云"的研发。

(4)核心业务环节外包需求增加,服务外包业务附加值提升。本轮服务外包的内容不再局限于非核心业务环节,核心业务环节的外包活动日益增多,而其中高附加值的知识流程外包与提供商业解决方案的业务流程外包占比日益增大。另外,根据中国服务外包研究中心的数据监测，2014年我国500万美元以上的离岸大额合同签约数量增加15%，200万美元以上在岸大额合同签约数量增加23.4%，企业承接大额合同的能力在提升，未来这一态势将会持续延续。

（5）区域布局逐渐优化，产业集群区差异化竞争。在政府、企业多方面努力下，适应市场变化，服务外包产业梯度转移持续发展。2015年，国家"一带一路"战略持续推进，互联互通将成为起步之举，部分中西部省市区由"内陆"变"前沿"，开放发展加速，基础设施、人才集聚、资金汇集等各方面全面升级，承接服务外包转移的优势再次提升。此外，《服务外包产业重点领域指导目录》的出台也将成为通盘考虑服务外包产业全局发展的重要依据；国发〔2014〕67号文对产业集聚区科学布局提出了明确要求。未来，特色差异化竞争成为发展必然，区域协调发展的良性格局将逐渐形成。

（6）服务外包企业类型更加丰富，竞争愈发激烈。在我国从事服务外包业务的企业可以分为三类：一是专业的服务提供商，二是产品与服务共营企业，三是以产品生产为主的企业，其中专业的服务提供商占多数。近些年，随着服务外包与垂直行业的合作加深，一些传统的互联网企业、科技企业甚至制造企业开始以战略合作的模式进入服务外包领域，并逐渐发展壮大。战略合作的模式一方面形成利益共赢体，有助于提升效率；另一方面规避信息安全风险，有助于延伸业务链条。未来传统企业将更多以这种模式进入服务外包领域，企业间竞争愈发激烈。

（7）服务外包产业创业热潮开启，以创业带动就业。服务外包轻资产、智力投入为主的特色，是非常适合大学生创业的领域。在国家鼓励大众创业、万众创新的政策环境下，服务外包产业有望掀起创业热潮，进入创业窗口期。特别是随着服务外包孵化环境的成熟，多元化、市场化、全链条化、多样化运行的创业孵化体系建立，创业孵化功能区遍地开花，全方位的服务体系为创业的成功提供保障。处于服务外包前端的技术性知识流程外包以其创新的特质，中端的基于信息技术的智能制造以其节能减排、低成本、低能耗、高质量、高产出的特性，后端的业务流程外包以其优化管理实现服务到客户的直线特质，都与创新为特质的业务形式带动一代人的创业，从而服务外包产业有望吸引一大批中高端人才的聚集，为我国经济与科技发展奠定良好的基础。

1.2 业务流程外包

1.2.1 业务流程外包的定义

达文波特（Davenport，1993）将业务流程（business process）定义为：（一个）业务流程是一组发生在不同时间和空间的、具有特定顺序的作业活动，每个业务流程具有各自的开始点和结束点，具有可标示的输入和输出。

IBM对业务流程的定义为：业务流程是一组相互连接的活动的集合，这些活动通过把输入转换为更多有价值的输出结果而创造价值，输入和输出都可以是人造物和信息，转换流程可以由人、机器或两者共同完成。

综合信息来源，对服务外包业务流程的定义为：服务外包组织为达到特定的目标，由不同的角色（人或机器）在一段时间内共同完成的，以客户为导向的一系列活动。简言之，业务流程是企业中一系列不断创造价值的活动的组合，各活动间有其不同价值的体现，如图1-5所示。

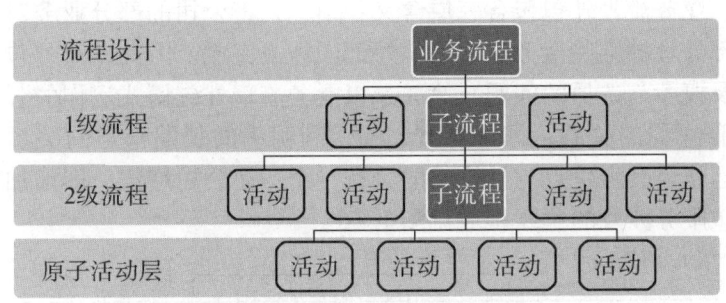

图1-5 业务流程外包活动分层图

1.2.2 业务流程外包的发展

业务流程外包从20世纪90年代开始在世界范围内发展，不少企业从物流、设备运营管理、客户服务、销售营销、人力资源之类的业务流程服务开始。近年，随着科技创新技术的不断运用，业务流程外包发生了深刻的变化。例如，原来采用人工接听服务的银行后台咨询服务，随着智能机器人技术的进步，部分提供后台业务流程外包服务的企业开始采用机器人，对一线语音内容重复率高的、地区时差大的岗位用机器人代替，这大大降低了人工成本和因为压力带来的差错率。

从国际层面看，由于IT技术的发展，加上过去几年来发达国家（主要是美国、欧洲和日本）企业所面临的商业竞争更加激烈，它们开始重新评估其业务运作。在此过程中，它们开始制定新的目标，如严格专注于核心竞争力，实现高效运作，采纳最佳实践，降低成本和风险等。许多领先的企业开始探索和评估业务流程外包在其业务运作中的适用性。这一趋势为业务流程外包服务带来了前所未有的市场潜力，并促使业务流程外包市场竞争格局发生了重大变化，业务流程外包已经成为众多发展中国家企业大力发展的重点之一。

从国内层面看，为适应中国经济新常态发展，中国政府将经济增长的目标从追求GDP的快速增长，转向保持经济适度增长、加速产业结构调整和提高经济增长质量方面，2015年中国政府将GDP增长目标设定为7%左右。为此，中国政府密集出台了一系列指导意见鼓励服务业发展，在研发设计、信息消费、地理信息、政府购买公共服务、电子商务、旅游业、云计算、科技服务业、生产服务业、文化贸易、文化创意和设计服务、健康服务、服务外包等多领域进行指导和部署。同时，2015年中国七大工程包、智慧城市、互联网+、中国制造2025、"一带一路"等战略规划的推进，也将给服务外包产业发展带来新的机遇，智能化、互联网融合、制造业服务化相关的服务外包业务将迅速发展，与"一带一路"沿线国家的合作将更加密切。

1.2.3 业务流程外包的内涵与主要领域

业务流程外包(business process outsourcing,BPO)是指以长期合同的形式,将公司的某项业务交由外部业务提供者去完成,以达到使公司增值的目的。

由此可见,业务流程外包包含三层含义:第一,将公司的部分业务对外承包,即把原来由公司内部处理的某些业务交给公司外部实体去完成。因此,对外包业务与外部承包人的确定涉及权衡与选择的问题。第二,以业务流程外包模式运作的公司与外部承包人之间是"长期合同"的关系,即一种责、权、利明确的长期稳定的关系。第三,实施业务流程外包运作,其出发点与最终目的只有一个,使公司增值,即增加盈利。我国目前业务流程外包服务涉及的主要领域见图1-6。

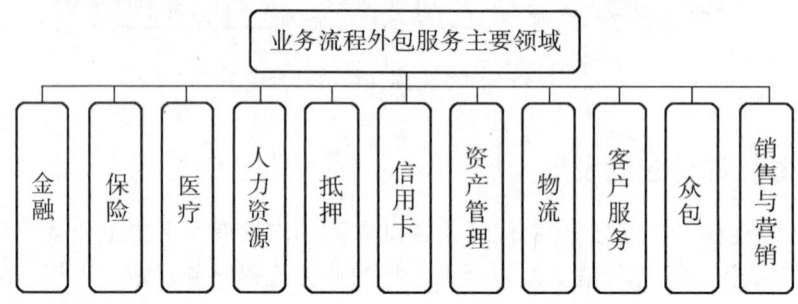

图1-6 业务流程外包服务涉及的主要领域

1.2.4 业务流程外包的分类

业务流程外包合同中的内容通常涉及企业的某项职能,例如,人力资源主要包括派遣、人才测评、人才招聘、薪酬管理、绩效评估、员工背景调查、员工关系管理、内训、职业辅导等;物流主要包括实时数据采集、仓储应用系统、客户系统、供货渠道管理等;行政管理外包主要包括车辆管理、办公用品管理等,也可能是业务职能内的某些分散活动,如福利管理、战略采购、仓储等。按照外包业务的性质,业务流程外包可以分为人力资源、物流、呼叫中心、财务管理、资产管理、行政管理、金融业务外包及业务咨询服务外包等等,是以业务性质归口分类统计的,详见图1-7。

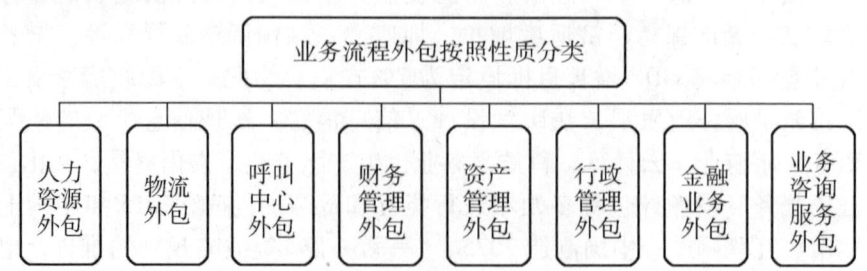

图1-7 业务流程外包按性质分类

1.2.5 业务流程外包的业务范围

企业业务流程涉及服务的业务主要包括内部管理外包服务、业务运营外包服务、供应链外包服务,具体内容见表 1-1。

表 1-1 业务流程外包(BPO)服务业务范围

类别	内部管理外包服务	业务运营外包服务	供应链外包服务
业务范围	后台管理	数据处理服务	
	人力资源管理	互联网营销推广服务	供应链管理服务
	财务审计与税务管理	客户服务	采购外包服务
	其他内部管理外包服务	专业业务外包服务	其他供应链外包服务
		其他业务运营外包服务	

1. 内部管理外包服务

内部管理外包服务业务主要包括为客户企业提供后台管理,如管理平台更新、数据统计、电子文书文档管理等;人力资源管理,如工资、绩效、福利、人才档案管理等;财务、审计与税务管理,如金融支付服务、财务报表、税金核算与支付等;其他内部管理服务。

2. 业务运营外包服务

业务运营外包服务主要包括为客户企业提供数据处理服务,如纸质文档与语音资料转化为电子文档、客户资料电子化、数据整理、金融数据复核等;互联网营销推广服务,如电子商务、客户关系管理等;客户服务,如客户满意度调查、售后跟踪、客户群分析等;专业业务外包服务,如卫生保健服务、政务服务、旅游服务、志愿者服务等;其他业务运营外包服务。

3. 供应链外包服务

供应链外包服务业务主要包括为客户提供供应链管理服务,如仓储场地、运输车辆、导航服务、装卸、有效库存量计算、物质安全、物流的整体方案设计及数据库服务等;采购外包服务,如原材料供应、材料质检、物料筛选等;其他供应链外包服务。

1.2.6 业务流程外包的业务分类

根据不同的标准,业务流程外包(BPO)的业务有不同的分类。

(1)按地域分类,可分为在岸外包(onshore)、近岸外包(nearshore)和离岸外包(offshore)。

(2)按照公司类型的不同分类,可分为:①发包商内部或独资的服务中心。即只在海外为自己的发包商提供离岸服务,接包方为大发包商的子公司(如 Sabre 美国航空公司中央订票系统,从事航空订票业务)。这类公司利用其在该领域的专业性为母公司以及其他发包商提供服务。②专业服务提供商。这类公司专注于非核心、非关键性业务中的某一流程,为全球范围内的发包商提供专业可靠的服务。例如,世界最大的人力资源、HR业务流程外包解决方案提供商之一的ADP提供人力资源服务。③提供广泛服务的服务商。这类服务商不仅在某个流程的处理上非常专业，而且往往还可以提供整套的外包服务。例如，普华永道国际会计师事务所提供成套的ITO/BPO服务。例如，某一专业服务提供商只为客户提供人力资源方面的服务，而从属于本类的服务提供商则可以提供综合人力资源、金融、数据处理等多种流程的整套服务。

(3) 根据服务业务类型的不同分类，可分为计算机及相关服务、金融服务、医疗服务、互联网相关服务、影视和文化服务、商务服务、高等教育和培训服务、各类专业服务等。

(4) 根据服务外包所处的行业不同分类，可分为金融业（如银行将信用卡相关信息的数据录入工作外包）、高科技（如广东电信数据维护的工作外包）、制造业（如将财务工作外包）、运输和物流业（如将运输过程中的仓储外包）、零售业（如将营销策划外包）、公共事业（如将信息处理工作外包）、汽车行业（如将销售工作外包）、航空业（如将订票系统外包）、医药业（如将新药的实验外包）、软件业（如将软件编写外包）、影视（如将后期制作外包）等。

(5) 按照发包商外包的目的不同分类，可分为战略性外包与非战略性外包。

(6) 按照发包商外包的程度不同分类，可分为部分外包（即发包商将自己的部分业务流程外包）和全面外包（即发包商将所有的非核心业务流程外包）。

目前在统计口业务流程外包的主要业务分类见表1-2。

表1-2 业务流程外包的主要业务分类

分类标准	类型
地域分类	在岸外包(onshore)、近岸外包(nearshore)、离岸外包(offshore)
公司类型	发包商内部或独资的服务中心、专业服务提供商、提供广泛服务的服务商
业务类型	计算机及相关服务、金融服务、医疗服务、互联网相关服务、影视和文化服务、商务服务、高等教育和培训服务、各类专业服务
行业类型	金融业、高科技、制造业、零售业、公共事业、汽车行业、医药业、软件业、影视
发包商目的	战略性外包、非战略性外包
发包商外包程度	部分外包、全面外包

1.2.7 业务流程外包的业务特点

(1) 科技含量高，附加值大，资源消耗低，环境污染少。业务流程外包主要集中于服务业中的智力密集型产业，如软件开发、银行、保险、人力资源、管理等领域。发包企业往往为了集中企业核心竞争力而将属于相对低端的业务环节转移到外包企业。即便如此，业务流程外包作为现代服务业的有机构成，依然具有较高的技术含量。作为一种服务业，业务流程外包需要供应商与客户进行大量的业务沟通和交流，具有更强的知识外溢效应。在制造外包的资本与人力分工模式下，发展中国家为了发挥自身的人力资源优势和增加就业，往往在吸引外资的过程中付出了牺牲环境的代价。而业务流程外包作为一种现代服务贸易形式，并不需要生产方消耗自然资源，对生态环境几乎不会造成任何影响。

（2）奉行以人为本的理念。业务流程外包企业的产品提供质量取决于员工的业务水平和积极性，生产设备与资本则相对处于次要位置。以技术含量较低的呼叫中心为例，硬件设施主要是基本的通信设备，而服务质量则取决于工作人员的外语水平和态度。因此，业务流程外包企业一般都会对员工培训有较大的投入，而对员工积极性的重视也使得服务外包企业更具有人文关怀的激励机制。

（3）能有效地改善辅助业务对核心业务的支持作用。公司业务可划分为核心业务与辅助业务，业务流程外包运作的主要对象是对整体业务起支撑作用的辅助业务，如财务系统等。将这些辅助业务承包给专业化公司后，作为业务承揽方的外部专业化公司，对其承揽项目的服务等级、成本构成、质量检测等有着明确的标准和承诺，其业务质量能得到显著而迅速的改善。将部分辅助业务外包，有助于公司管理层有更多的时间和精力、将更多资源投入到核心业务上。另外，与外部公司形成跨业务领域的联合，构建长期的战略伙伴关系，能增强彼此的竞争力，达到双赢。

（4）提高外包业务质量。在公司内部，辅助业务常被视为日常性工作，是一笔经常性费用。当由外部专业化公司的雇员们接手这些业务后，这些业务的性质不再是日常性工作，而是新的就业机会。他们能以一种充满激情的态度，富有创造性地完成这些工作。此外，外部专业化公司常常是所从事业务领域中的技术领先者，它们对所承包的业务施以优化设计、科学运作与管理，并跟踪最新技术发展，不断更新公司的系统。

（5）对信息基础设施有较高的要求。业务流程外包需要具备恰当的互联网基础设施和介入条件，因此对该地区信息基础设施条件有较高的要求。正因为如此，目前的服务外包主要集中在一些发达国家和新兴市场国家。

1.3 知识流程外包

1.3.1 知识流程外包的定义

知识流程外包（knowledge process outsourcing，KPO）是指服务提供商以技术专长而非流程专长为客户创造价值，是比业务流程外包更为高端的知识工作外包，包括研究、设计、分析、咨询、策划、制订规程等服务。

这种服务早在20世纪90年代后期就出现，是服务外包领域发展变化的阶段性结果，而在很多高技术、知识密集化的企业运营活动中，基于成本效率的双重考虑，企业将价值链传统流程中非标准化、知识密集化、专业化、高技术化、更高附加值的活动（如研发、设计、数据挖掘、创意、决策）外包出去。知识流程外包，是业务流程外包的高智能延续，也是其最高端的一个类别。一般来说，它是指将公司内部具体的业务承包给外部专门的服务提供商(KPC)。KPO 的中心任务是以业务专长而非流程专长为客户创造价值，因此，KPO 比传统的业务流程外包能使企业获得更高的附加值，不仅仅提升了传统的 BPO 基于成本所带来的利益，更进一步寻求先进的分析方法与技术技能。KPO 更加集中于高度复杂的流程。这些流程需要有较高的教育背景和丰富工作经验的专家们完成。对于工作的高执行要求，专家们对某一特殊领域、技术、行业或专业具有精准、专业的知识。

1.3.2　知识流程外包的发展

2009 年 4 月，财政部等联合发布《关于技术先进型服务企业有关税收政策问题的通知》，明确规定技术先进型服务企业包括技术性知识流程外包服务企业，并明确了其业务范围。由此，知识流程外包作为一种潜力巨大的高端服务外包类型在业界和政府层面逐渐得到了认可和重视，并呈现出快速发展势头。

服务外包是当今世界新一轮产业革命和转移中不可逆转的推进器，随着服务外包业务范围不断拓宽，技术含量提高，越来越多的国家或地区成为外包承接地，知识流程外包带来的机遇是全球性的，越来越多的国家采取积极措施，努力提升自身在外包产业链上的位置。例如，印度在知识流程外包的优势产业主要包括 IT 产业、制药业、生物科技、知识产权研究、汽车和航空工业设计；菲律宾在知识流程外包的优势产业主要包括动画制作、医学数据编译、工业设计；捷克的优势在生物研发；匈牙利的优势在药品研发和内科研究。随着知识流程外包的高、精、尖化，更多需求方希望以往的知识流程外包企业向他们提供企业级服务，知识流程外包的超大潜力展露无遗。

2015 年，我国企业承接知识流程外包(KPO)的离岸服务外包执行金额为 237.8 亿美元，同比增长 27.4%，占服务外包全业务比为 36.8%。医药和生物技术研发、动漫及网游设计研发、工业设计和工程设计等外包业务快速发展，带动服务外包业务结构稳步优化。

服务外包与垂直产业的融合加深。随着"互联网+"战略和行动计划在 2015 年正式实施，基于互联网和现代信息技术的专业化生产组织方式得到广泛应用，进一步加深服务外包与信息服务业、制造业、批发和零售业、交通运输业、能源业、金融业、卫生健康业等垂直行业的深度融合。2015 年，服务外包模式广泛应用，既提高了国内企业的专业服务能力，又促进了产业结构转型升级，提升了整体生产效率，实现较好的经济效益和社会效益。知识流程外包(KPO)业务增速快。

1.3.3　知识流程外包的内涵与主要应用领域

随着价值链向高端的知识流程外包转移，服务外包新技术研发、新模式设计、咨询技术、数据挖掘等面对典型客户的服务不断推进，其中典型的客户包括市场研究和咨询公司、投资银行、金融服务机构和企业规划部门等。例如，在 IT 领域，系统开发和维护向信息技术咨询转移；编写代码向产品开发和工程设计转移；客户服务向保险受理、风险评估向专利代理转移；数据处理向数据检索和分析转移，这些形成了知识流程外包这一新兴市场。不同行业开始慢慢从业务流程外包市场转向知识流程外包市场。

知识流程外包服务使企业缩短了从设计到市场的导入时间；有效管理关键硬件；提供有关市场、竞争情况、产品和服务的研究；提升组织在业务管理方面的有效性；帮助快速处理预想的业务场景。不同于传统的业务流程服务解决方案的通用和固定价格，优秀的高端流程解决方案为客户提供定制服务，可采用不同的价格。客户定制提升了知识流程外包的价值。知识流程外包的主要应用领域如图1-8所示。

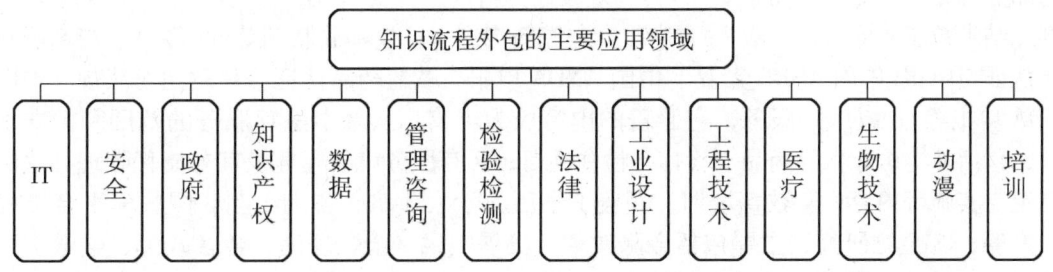

图1-8　知识流程外包的主要应用领域

1.3.4　知识流程外包的分类

知识流程外包按照其工作性质分类，其依据主要以内容方向为主线条。美国TPI公司将知识流程外包分为资产净值和金融研究分析、业务和市场研究分析、工程和设计服务、医药研究外包。Agarwal R（2009）等人将其分为法律服务、工程研发、市场研究、写作与内容发展、医药研发、医疗服务、教育培训。Senf和Shie M（2006）指出KPO类型有：金融领域的信用研究和保险研究；生物医药领域的临床试验、药物发现、医学诊断和生物制剂；法律领域的知识产权研究、专利应用和索赔分析；分析领域的数据搜索整合、数据挖掘与基准分析、风险分析、市场研究和竞争情报；研发领域的产品设计和创新等。

综合以上各分类法及目前国内统计口的惯例，可将知识流程外包归类，如图1-9所示。

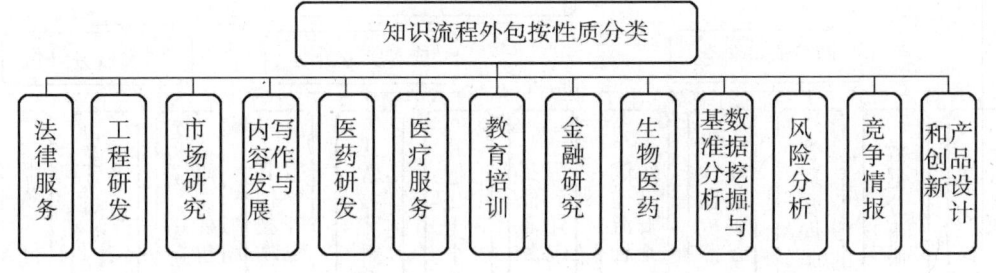

图1-9　知识流程外包的分类

①法律服务，目前主要开展的内容有进入国相关法律咨询、国际法咨询、知识产权的服务等；②工程研发，目前开展的主要内容有生物工程、航天工程等；③市场研究，目前主要开展的内容包括编写可行性报告、商业计划书、项目建议书，资金申请，节能评估，

项目申请、投资价值分析、行业研究、市场预测、竞争格局分析、市场供需分析、产品分析、专项调用、发展分析，等等；④写作与内容发展，主要指流程管理文件的写作与实施；⑤医药研发，目前主要开展的内容有医药研发资讯（业内动态、技术转让、市场报告、专利查询、研发名录等服务），口服缓控释技术研究（标准查询、口服缓控释技术等研发），上市药品动态（美国上市药品、中国上市新药、日本上市新药、欧盟上市新药、生物药品、临床药物等药品动态研究），长效缓控释新剂型研发（口服缓控释制剂、经皮给药制剂、纳米粒脂质体微球、吸入剂制剂、口腔新剂型、长效释放制剂等的研发），制剂国际化认证与申报（中国 ANDA 产品、中国 ANDA 申报、欧盟药品认证、药政注册法规、中国 NDA 申报等）；⑥医疗服务，它涵盖的内容极为丰富，从基本医疗服务的范围和标准来看，包括基本医疗保险药品、诊疗、检验项目、医疗服务设施标准及其各流程管理办法的制定与实施等内容；⑦教育培训，涵盖了学历教学人才培养咨询、互联网教学平台课程研发等；⑧金融研究，主要包括金融改革、发展实践、金融理论、金融政策、金融实践的研究；⑨生物医药，目前开展的主要内容包括基因工程、细胞工程、发酵工程、酶工程、生物芯片技术、药物材料、基因测序技术、组织工程技术、生物信息技术等，用于防病、治病、人体功能辅助及卫生保健的人工材料、制品、装置和系统技术等；⑩数据挖掘与基准分析，它基本涵盖了数据需求理解到挖掘与分析结果呈现的全过程业务，如业务理解、数据理解、数据准备、建模、评估、分析等；⑪风险分析，例如，软件开发的风险分析，实际上就是贯穿在软件工程过程中的一系列风险管理步骤，其中包括风险识别、风险估计、风险管理策略、风险解决和风险监督等；⑫竞争情报，主要包括竞争环境、竞争对手和竞争策略的信息和研究等；⑬产品设计和创新，目前该项工作内容也基本涵盖了从需求分析到创新设计直至产品生产管理的全部过程。

1.3.5 知识流程外包的业务范围

对知识流程外包（KPO）业务分类中的业务范围界定，2015 年政府文件中进行了新的分类，分为商务服务外包、技术服务外包、研发服务外包三大类，如图 1-10 所示。

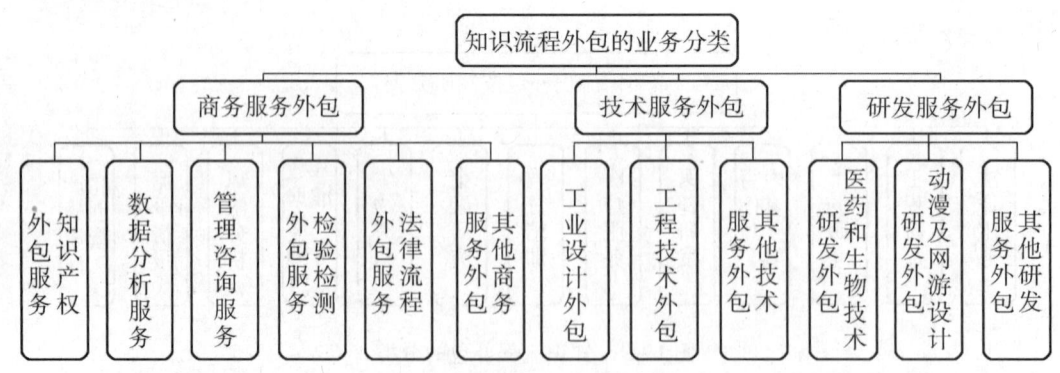

图 1-10 知识流程外包的业务范围

①商务服务外包，具体范围包括知识产权外包服务、数据分析服务、管理咨询服务、检验检测外包服务、法律流程外包服务、其他商务服务外包，涵盖了在商务活动全

过程中涉及知识流程环节的所有内容；②技术服务外包，具体范围包括工业设计外包、工程技术外包、其他技术服务外包，涵盖了运用技术能力实现从无到有的所有内容；③研发服务外包，具体范围包括医药和生物技术研发外包、动漫及网游设计研发外包、其他研发服务外包，涵盖了运用研发能力从需求分析到具体研究与开发的所有内容。本书第3至第5章选择其中部分业务进行详细介绍。

1.3.6 知识流程外包的业务分类

知识流程外包业务范围主要为研发、设计、分析三大类。具体细分业务范围主要包含了知识产权研究、医药和生物技术研发和测试、产品技术研发、工业设计、分析学和数据挖掘、动漫及网游设计研发、教育课件研发、工程设计等领域（见图1-11）。再细化后主要有专业策划服务、知识产权服务、专业培训服务、政策法规调研等。其他服务项目有知识产权研究，股票、金融和保险研究，数据研究、整合和管理，分析学（数据分析学/分析分析学）和数据挖掘服务，人力资源方面的研究和数据服务，业务和市场研究（包括竞争情报），工程和设计服务，设计、动画制作和模拟服务，辅助律师的内容和服务，医学内容和服务，远程教育和出版，医药和生物技术，研发（IT和非IT领域），网络管理，决策支持系统（DSS），等等。

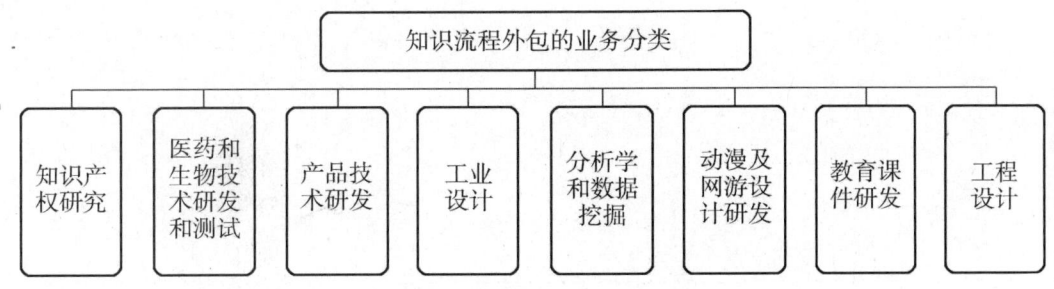

图1-11 知识流程外包（KPO）的业务分类

1.3.7 知识流程外包的业务特点

（1）有利于提升产业结构。承接知识流程外包服务，可以提升产业结构，节省能源消耗，减少环境污染。知识流程外包是现代高端服务业的重要组成部分，对服务业发展和产业结构调整具有重要的推动作用，能够创造条件促进以制造业为主的经济向服务经济升级，推动增长方式向集约化发展。

（2）形成新的出口支撑点。有利于转变对外贸易增长方式，形成新的出口支撑点。承接知识流程外包，可以扩大服务贸易的出口收入。近几年来我国外贸出口在稳步发展，但同时也遇到许多问题，如出口退税政策的调整、国外贸易设限不断增强、贸易摩擦不断增多、人民币汇率不断提高等，要保持持续快速增长已经越来越困难。而开展知识流程外包，有利于出口企业借"一带一路"战略快速发展。

（3）优化外商投资结构。有利于提高利用外资水平，优化外商投资结构。中国制造业利用外资有 20 多年的历史，取得长足进步。而随着经济的不断发展，各个城市都将面临或已经面临着能源资源短缺、土地容量有限的现实问题。据相关资料披露，在全国 15 个副省级城市中已经有许多外资的二产项目虽通过审批却很难落户，即便是三产，由于国家对房地产项目的限制，今后也将面临困难。而服务外包项目由于对土地资源要求不高，一旦外商有投资意向，落户概率将远高于二产项目。我国下一轮对外开放的重点是服务业，服务业的国际转移主要就是通过服务外包来实现的。承接服务外包产业，就能够实现国际先进服务业逐步转移，从而优化利用外资的结构，更加有利于城市经济的和谐发展。

（4）有利于提高大学生的就业率。20 世纪 80 年代以来，服务业吸收劳动力就业占社会劳动力比重逐年提高，而服务外包作为现代服务业的推动器，将创造大量的就业岗位，缓解知识分子尤其是大学生的就业压力。

2 流程外包管理

【学习目标】

清楚流程外包管理的定义，了解流程外包管理的特点、原则、功能与作用，掌握流程外包管理规划与基本方法。

新一代信息技术的运用，迫使企业进行流程再造，以适应新时期产业发展。本轮以技术革命为基础、全球化战略为导向、创新模式为手段的格局洗牌，互联网技术的成熟迫使我们以互联网的游戏规则重新定义商业模式、重构价值链、重新识别利益相关者、重新定义自己的目标客户群体，按照互联网的模式对企业核心业务流程进行重新设计并采用新模式进行管理。

2.1 流程外包管理的含义、特点、原则、功能与作用

2.1.1 流程外包管理的含义

流程外包管理，是供需双方以一种规范化的、构造端到端的、以业务流程为中心的、以持续地提高组织业务绩效为目的的一系列用于研究、设计、定制、分析以及控制可操作流程的方法、技术和工具的总和，详见图2-1。

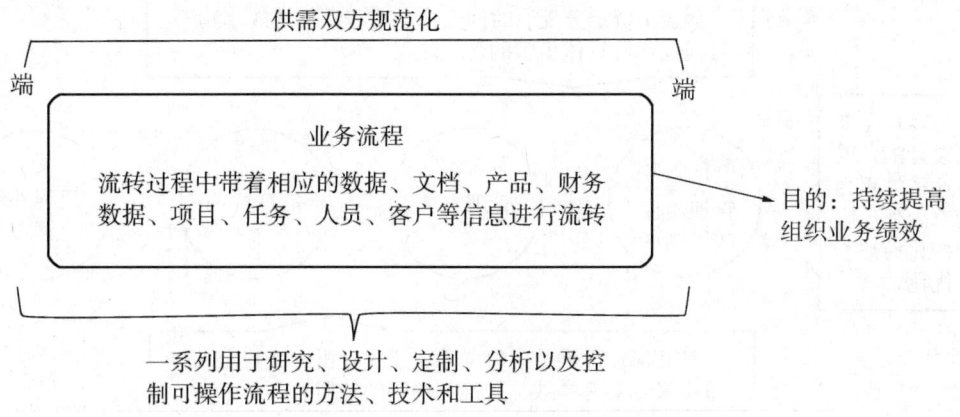

图2-1 流程外包管理的含义

流程外包管理的核心是流程，流程是任何企业运作的基础。企业所有的业务都需要流程来驱动与规范管理，通过流程把相关的信息数据依据不同条件输送至相关部门，得到相应的结果并返回至结果统计部门。流程在流转过程中带着相应的数据、文档、产品、财务数据、项目、任务、人员、客户等信息进行流转，流转的效果取决于流程的合理性与管理的及时性与有效性。

一项流程的设计，首先离不开战略定位，战略决定流程管理，流程需要支持战略的实现，找出实现战略举措的流程，同时对其进行有机整合和管理。流程管理本身是从顶层流程架构开始，形成端到端层级化的流程体系。流程定义了设计流程管理生命周期的方法和标准，设计端到端的流程绩效指标。流程管理是一项专业性极强的工作，要使组织实现以流程为中心的思考方式，首先要培养流程管理推动者，培训流程管理人才队伍，进行流程学习和流程管理知识交流。进行流程管理的相关认证则会更好地推动在领导者、管理者和普通员工中普及以流程为中心的思考方式，进而带来组织的变革。在流程管理工具的选择方面，IT 及非 IT 管理工具应用，对流程思维的普及和实现都具有举足轻重的作用，建立一个企业级的流程管理平台，并将流程与企业的战略目标相结合，进而与 IT 系统进行有效关联，可有效实现组织的流程思维。在子流程的设计与管理方面，根据行业的不同，基于价值链梳理企业的流程框架，进行阶段性流程定义，然后分层级进行梳理，强制流程的执行，子流程未执行完毕，上级流程不予启动。另一方面是流程嵌套的设计与管理，流程嵌套是流程之间的关联查看与前后置关系，该流程体系运行是以流程制度为基础进行建设与执行的。

2.1.2 流程外包管理的特点

流程外包管理是一个将流程与管理方法和信息技术相结合，以改进性能，具有操作性强的定位描述、流程分析、流程定义与重定义，它涵盖了资源分配、时间安排、流程质量与效率测评、流程优化等具体步骤的管理流程，具有高效、敏捷、透明的特质，是为客户需求而设计的，因而这种流程会随着内外环境的变化而被不断优化（见图2-2）。随着合作双方内容的不断扩大与加深，其合作性质的不断变化呈现出新的特色。

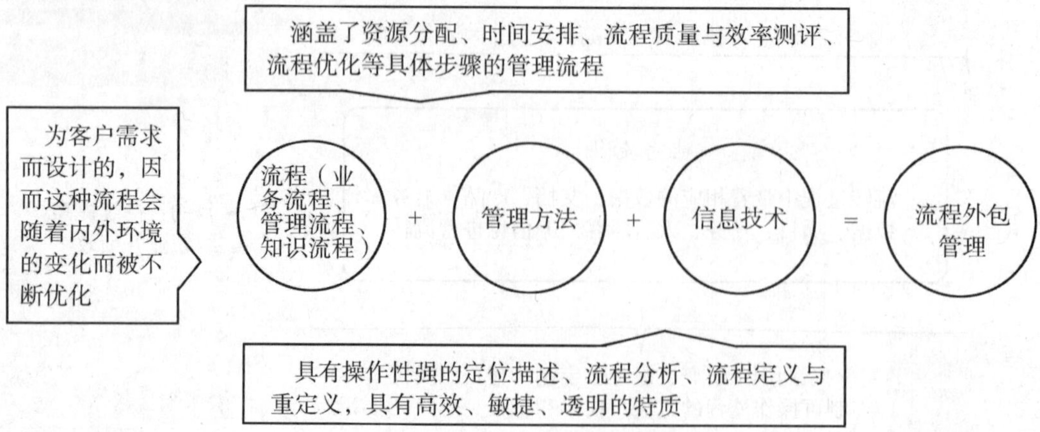

图 2-2 流程外包管理的特点

(1) 现代流程外包管理更高、更快、更强。随着互联网时代的来临，企业的战略、商业模式、营销模式、产品开发、运营、供应链模式均随之而变，从业务流程重新设计与采用新模式进行管理的特征看，它与国际奥林匹克精神一般"更高、更快、更强"。"高"是互联网赋予我们的最大好处，它为企业提供了一个站得更高、看得更远的平台。据统计，近几年互联网积累的数据量超过了过去400年人类积累的数据量，如此庞大的数据库可以让企业完全打开视野，看到更长远的未来。"快"是快到让一个不善于学习的人在很短的时间内就能与社会产生巨大的差距。经营企业也不例外，如果企业对新事物不敏感，组织不善于学习，就会在很短的时间内被淘汰。诺基亚、摩托罗拉、索尼就是典型的失败案例，而林氏木业、小米科技、顺丰物流、Facebook 的异军突起则是典型的成功案例。"强"让企业活得更长。先大后强还是先强后大，这是很多传统企业经常犹豫的问题。在互联网时代，这个问题的答案只有一个，那就是更强才能走得更远。如果把"更高、更快、更强"看作传统企业业务流程再造的基本思路，那么"干掉中层"则是这个时代业务流程再造的核心和关键。2013年小米科技董事长给凡客开过一个秘方"去管理层化，大幅压缩中间管理人员"，让所有员工专心致志地做产品。海尔张瑞敏提出的"管理无边界，企业无领导"也正是这种理念。

(2) 管理模式扁平化。传统企业熟悉的"金字塔式"或者"宝塔式"的组织结构（如职能式组织结构、事业部式组织结构、集团式组织结构、矩阵式组织结构）在当今时代受到巨大的挑战，传统组织模式中分层管理、官僚思想、集中决策、线性领导的模式在新时代显得格格不入。全球化使外界环境急剧变化，需要现场和基层决策的事越来越多，要求必须压缩管理层级和决策半径，实现扁平化管理。企业必须借助于现代科技技术，进行信息化的流程管理，借助互联网信息的准确传达，以避免人为因素干扰，达到快速判断与处理、"一竿子到底"的管理模式。

(3) 企业将不再需要太多的中层管理者。在小米科技，从高层到基层员工只有3级，即高层—部门负责人—基层员工。某世界级银行的管理为8+8，即该国总部管理最高层到世界各地的具体运营底层人员只有8级，1—6层基本为区域管理和业务类型分层的高管，人员需求极少；第7层为基层管理者，1人管8个小组；第8层为小组长，每组30～50人。海尔通过建立2000多个自主经营体减少了几万名管理者。阿里巴巴则通过分拆业务，将事业部从十几个拆分为几十个以压缩管理层级。假设一家企业有10 000名一线员工，按照传统企业每个管理者6～10人的管理幅度计算，这家公司需要设置4个管理层级的管理人员(1名高管+10名中高层管理者+100名中层管理者+1 000名基层管理者)，从高管到一线员工中间需要1 111名；一些适当优化了传统流程管理的企业，管理人员与一线工作人员的比例也高达1∶5，给企业带来巨大的负担与内耗。而在互联网技术运用的时代，这家公司需要设置3个管理层级的管理人员(1名高管+10名中层管理者+100名基层管理者)，从高管到一线员工中间仅需要111名管理人员，减少了1 000名管理者。而通过将部分流程外包给专业公司管理，企业发展环境更好，而接包的服务外包公司一般可以为4～20家业务相同的公司服务，公司只需要一套管理班子，且因专注于一项业务，流程设计更细，更具有专业性，其服务效果更佳，效益更好。

2.1.3 流程外包管理的原则、功能与作用

1. 流程外包管理的原则

流程外包管理的原则，是因客户而存在的，流程外包管理的真正目的是为客户提供更好更快的服务。流程的起点与终点均为客户，在实际工作中，原有部门的藩篱容易使我们忽略客户，甚至不知客户是谁。流程外包管理是从客户服务出发的管理，在流程设计时即已经立意要打破部门的藩篱，消除特权与内耗，以获取最大收益与发展机会。

2. 流程外包管理的功能

流程外包管理按其功能，可以分为业务流程、管理流程、知识流程三大类。业务流程是指以面向顾客直接产生价值增值的流程，重点在业务服务；管理流程是指为了控制风险、降低成本、提高服务质量、提高工作效率、提高对市场的反应速度，最终提高顾客满意度和企业市场竞争能力并达到利润最大化和提高经营效益的目的的流程，重点在有效管理。在我国服务外包管理文件中将业务流程与管理流程合并统计，统称为业务流程。知识流程是源于前两者而高于前两者的流程，是为更进一步提高服务，进行新技术研发、新产品设计、人才素质提高培训、知识产权保护、数据挖掘与分析等服务内容为主的流程管理，重点在知识的高含金量。

3. 流程外包管理的作用

流程外包管理的作用是：通过精细化管理提高受控程度；通过流程的优化提高工作效率；通过制度或规范使隐性知识显性化；通过流程化管理提高资源合理配置程度；快速实现管理复制。

2.2 流程外包管理规划与案例

2.2.1 流程规划的基本方法

流程规划是企业流程管理的第一环节。企业进行科学有效的流程规划，客观评价现有流程状况、员工素质、运行环境，可以为企业即将开展的流程优化活动打下坚实的基础，避免工作开展时失去改进的方向和目标。同时，由于流程管理是以企业的经营整体为主要对象的，通过建立系统的流程体系，可以让企业学会系统思维，而不只是着眼于局部的最优化管理。如图2-3所示，流程规划的基本方法包括价值链分析法、重要性－绩效矩阵分析法、学习五角星分析法、成本－收益矩阵分析法和流程优化矩阵分析法。它们各自所着眼的流程优化管理角度不尽相同，需要我们根据流程优化的目的进行科学、合理的使用，实现流程管理与战略管理、客户需求管理、价值管理的有效衔接，建立清晰的逻辑关系和保障体系。而在需求分析中常常会先用到思维导图加以清晰化的分析与逻辑关系梳理，帮助我们运用图文并重的技巧，把各级主题的关系用相互隶属与相关的层级图表现出来。

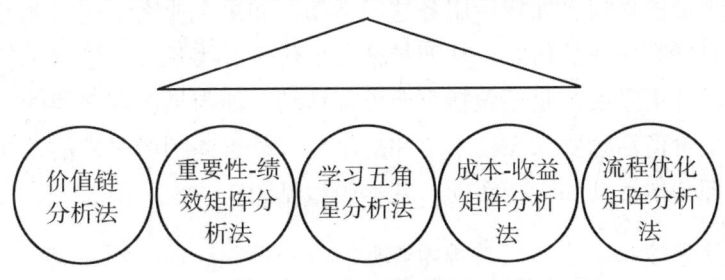

图2-3 流程规划的基本方法

(1)价值链分析法。从流程优化的角度看,是从企业价值活动环节出发,对企业运作体系进行规划设计,其主要解决的问题是有助于对企业流程运作体系的整体识别及建立和分解,是进行流程化的基础。

(2)重要性-绩效矩阵分析法。从流程优化的角度看,是从现有流程运作重要性和绩效出发,对流程运作环节进行分析与改进,主要解决的问题是以企业实际资源状况和能力为出发点,改善短期内的流程运作现状,提高顾客满意度。

(3)学习五角星分析法。从流程优化的角度看,是以相关利益方对现有流程的运作评价为改进方向、以满足客户需求为目标进行流程优化,主要解决的问题是提高流程利益关联方对其满意度。

(4)成本-收益矩阵分析法。从流程优化的角度看,是以实际流程的成本收益为评价标准,对相关流程实施不同的管理手段,主要解决的问题是提高流程的产出效率,尽可能促使流程增值。

(5)流程优化矩阵分析法。从流程优化的角度看,是以关键成功因素为评价标准,对相关流程进行配比识别,主要解决的问题是发现与公司战略最为相关的关键流程,明确流程与战略的关键关系。

2.2.1.1 价值链分析法

价值链分析法是由美国哈佛商学院教授迈克尔波特提出来的,是一种寻求确定企业竞争优势的工具。即运用系统性方法来考察企业各项活动和相互关系,从而找寻具有竞争优势的资源。

价值链思想认为企业的价值增加过程,按照经济和技术的相对独立性,可以分为既相互独立又相互联系的多个价值活动,这些价值活动形成一条独特的价值链。价值活动是企业所从事的物质上和技术上的各项活动,不同企业的价值活动划分与构成不同,价值链也不同。

虽然不同的企业其经营活动的表象不同,但我们都可以按照一些分类方法对企业内部的经营管理活动环节进行细分,从而建立起企业初步的流程框架体系。例如,对于制造企业,可将企业的整体经营运作环节分为材料供应、成品研发、生产制造、成品储运、市场营销和售后服务等环节,并将每个环节进一步细化,形成企业的整体流程树。

价值链的含义可以概括为：第一，企业各项活动之间都有密切联系，如原材料供应的计划性、及时性和协调性与企业的生产制造有密切的联系；第二，每项活动都能给企业带来有形或无形的价值，如售后服务这项活动，如果企业密切注意顾客所需或做好售后服务，就可以提高企业的信誉，从而带来无形价值；第三，价值链不仅包括企业内容各链式活动，而且更重要的是还包括企业外部活动，如与供应商之间的关系，与顾客之间的关系。识别价值活动要求在技术上和战略上有显著差别的多种活动相互独立。价值活动有两类，即基本活动和支持活动，基本模型见图2-4。

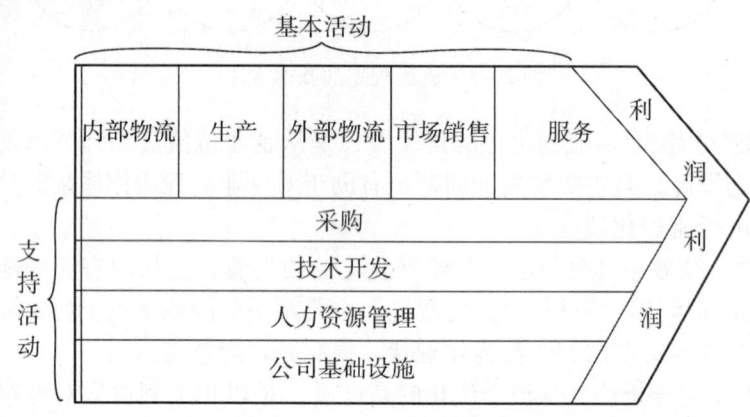

图2-4 企业价值链基本模型

价值链分析方法主要有3种，内部价值链分析、纵向价值链分析和横向价值链分析。

（1）内部价值链分析。这是企业进行价值链分析的起点。企业内部可分解为许多单元价值链，商品在企业内部价值链上的转移完成了价值的逐步积累与转移。每个单元链上都要消耗成本并产生价值，而且它们有着广泛的联系，如生产作业和内部后勤的联系、质量控制与售后服务的联系、基本生产与维修活动的联系等。深入分析这些联系可减少那些不增加价值的作业，并通过协调和最优化两种策略的融洽配合，提高运作效率、降低成本，同时也为纵向和横向价值链分析奠定基础。

（2）纵向价值链分析。它反映了企业与供应商、销售商之间的相互依存关系，这为企业增强其竞争优势提供了机会。企业通过分析上游企业的产品或服务特点及其与本企业价值链的其他连接点，往往可以十分显著地影响自身成本，甚至使企业与其上下游共同降低成本，提高这些相关企业的整体竞争优势。在对各类联系进行分析的基础上，企业可计算出各作业活动的成本、收入及资产报酬率等，从而看出哪一活动较具竞争力、哪一活动价值较低，由此再决定往其上游或下游并购的策略或将自身价值链中一些价值较低的作业活动出售或实行外包，逐步调整企业在行业价值链中的位置及其范围，从而实现价值链的重构，从根本上改变成本地位，提高企业竞争力。

（3）横向价值链分析。这是企业确定竞争对手成本的基本工具，也是企业进行战略定位的基础。例如，通过对企业自身各经营环节的成本测算，不同成本额的企业可采用不同的竞争方式。面对成本较高但实力雄厚的竞争对手，可采用低成本策略，扬长避短，争取成本优势，使得规模小、资金实力相对较弱的小企业在主干企业的压力下能够求得生存与发展；而相对于成本较低的竞争对手，可运用差异性战略，注重提高质量，以优质服务吸引顾客，而非盲目地进行价格战，使自身在面临价格低廉的小企业挑战时，仍能立于不败之地，保持自己的竞争优势。

如果从更广阔的视野进行纵向价值链分析，就是产业结构的分析，这对企业进入某一市场时如何选择入口及占有哪些部分，以及在现有市场中外包、并购、整合等策略的制定都有极其重大的指导作用。

宏碁集团创办人施振荣先生于1992年提出了"微笑曲线"（见图2-5），可以看到，微笑嘴型是一条曲线，两端朝上，在产业链中，附加值更多体现在两端，即研发和营销两端，处于中间环节的制造目前附加值最低。

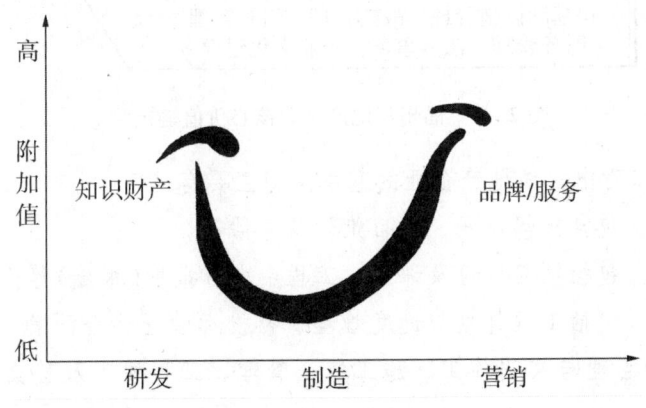

图2-5 宏碁微笑曲线

微笑曲线中间是制造，左边是研发，右边是营销，在全球化战略下均属于全球性的竞争，当前制造产生的利润低，全球制造也已供过于求，但是研发与营销的附加价值高，因此产业未来应朝微笑曲线的两端发展，也就是在左边加强研发创造知识产权，在右边加强客户导向的营销与服务，抓住客户，赢得终端。随着企业竞争格局的加剧和世界产业分工不断细化，企业要想在经营上获得巨大的成功，微笑曲线的两头应是首选。很多成功的案例如耐克（研发设计、品牌）、苹果（研发设计、品牌）……这些企业都是通过占领产业链的制高点获得了巨大的成就。但并不是所有的企业都是通过研发和销售获得成功。例如，富士康的核心在于制造，它通过在全国范围内大规模建厂，分包苹果的iPhone和iPad制造业务，同样获得了成功。

可见，企业价值链模型决定了企业的核心业务选择和流程增值方式，企业流程规划的起点是从核心价值链分析开始的。要提高制造业的附加值，就必须实行智能制造，以减少人工费用，提高产品合格率，减少能源消耗，解决信息传递速度，优化流程设计，完善流程管理，从而提高制造业价值，增加利润。

案例2-1 福州某地产企业核心价值链分析

图2-6所示为福州某地产企业核心价值链模型。

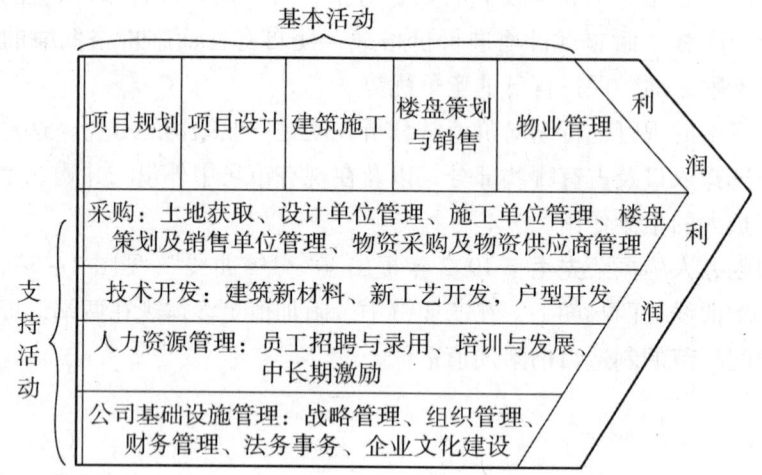

图2-6 福州某地产企业核心价值链模型

由图2-6可以看出，该地产企业的基本活动主要有：

(1)项目规划。包括市场调研、项目策划及评估等。

(2)项目设计。包括项目设计及评审、工程申办与报批(报建)等。

(3)建筑施工。包括工程计划与进度管理、招投标管理、合同管理、工程调度、工程测量管理、现场管理与文明施工、施工安全管理、工程竣工及移交、工程预(决)算管理等。

(4)楼盘策划与销售。包括营销策划、销售管理、办证服务、按揭服务、入伙管理等。

(5)物业管理。包括物业产品规划、物业服务等。

同时，该地产企业的支持活动有：

(1)采购。包括土地获取、外包商(设计单位、施工单位、楼盘策划及销售单位)管理、相关物资采购及物资供应商管理。

(2)技术开发。包括建筑新材料、新工艺开发、户型开发等。

(3)人力资源管理。包括员工招聘与录用、培训与发展、中长期激励等。

(4)公司基础设施管理。包括战略管理、组织管理、财务管理、法务事务、企业文化建设等。

案例2-2　深圳某快递企业的核心价值链分析

图2-7所示为深圳某快递企业核心价值链模型

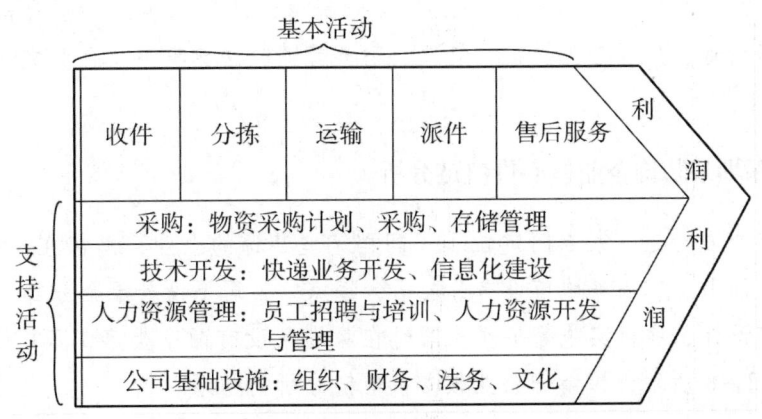

图2-7　深圳某快递企业核心价值链模型

由图2-7可以看出，该快递企业的基本活动主要包括以下几个方面。

(1)收件。包括预约取件、收件准备、接收取件信息、验视快件、面单填写和快件包装等。

(2)分拣。包括快件入仓、分拨、出仓、留仓件处理及快件操作信息上传等。

(3)运输。运输是占快递成本最高的环节，也是快递作业活动中最重要的环节。因为速度是快递企业的第一生命，而快件的快慢取决于运输。快递企业获得快递业务后，首先应该为快件选择合理的运输方式，规划运输路径，然后综合利用自有运输网络和商业航班网络，为快件安排航线航班、预订舱位。同时，快递企业应该具备高效紧密的地面运输能力，充分提高干线和支线物流班车的使用效率，最大限度地发挥物流中心、运输设备的利用率，从而降低快件单位成本。

(4)派件。派件作为快递服务流程中的最后环节，是快递企业服务质量的重要体现。

(5)售后服务。售后服务是快递企业快递服务的延续，是保持或提高消费者可察觉收益的活动。它主要包括以下几个方面：衡量客户满意度，对客户满意度进行追踪调查和评估，这是持续改善服务的关键；规划好营销后服务系统，主要是建立客户资料库，以便做到对客户了如指掌，不定期进行意见反馈，为客户个性化服务；快件的跟踪查询服务；接受并妥善解决各种快递服务投诉，等等。

该快递企业的支持活动包括以下几个方面。

(1)采购。快递企业的采购在所有支持活动中并不是关键，主要包括包装及辅助材料采购、办公用品采购、物流设施采购、物流分包商选择与管理等。

(2)技术开发。物流企业的技术开发主要包括快递业务开发、快递服务产品开发、管理信息系统的开发等。

(3) 人力资源管理。快递企业是一个人力资源高度密集型的企业，员工数量需求巨大，这对物流企业的人力资源管理提出了极大的挑战，需要物流企业在人力资源计划、岗位人员配置、人员招聘与培训、绩效考核、薪酬制度等方面做出特色。

(4) 公司基础设施。因为物流公司涉及多地经营，所以应重点加强公司的基础设施建设，如组织设置、权限分配、机构管理、财务管理、法律事务、企业文化建设、风险管控等。

案例2-3　深圳某装饰企业核心价值链分析

深圳某装饰公司是一家专门定位于中高档家庭装饰的企业，总部在深圳，在深圳、东莞、中山、佛山、广州等城市设有分公司，每家分公司下设若干个分部，主要负责业务拓展、装饰设计、项目实施等工作，同时在深圳还设有两家生产工厂（家具和配套装饰材料）。图2-8所示为该装饰企业核心价值链分析的结果。

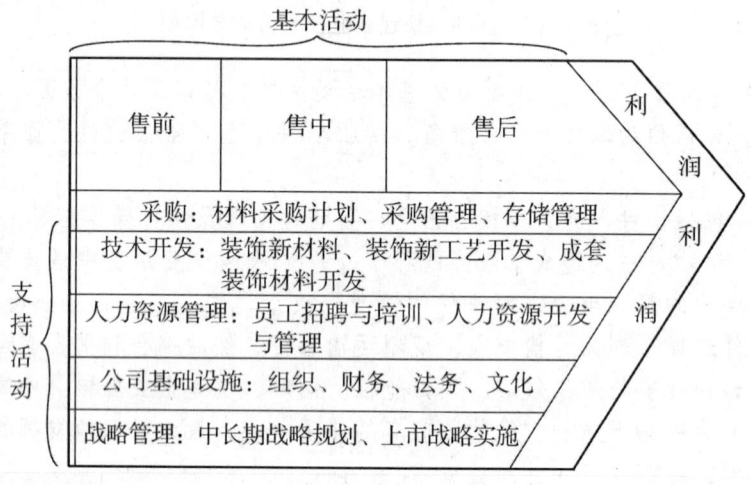

图2-8　深圳某装饰企业核心价值链分析图

该企业价值链分析中，其基本活动包括：

(1) 售前。包括协议签订、平面图设计、施工图设计、施工预算、退单管理等。

(2) 售中。包括施工派单、开工手续办理、工程开工、工程现场增减、基础项目施工与验收、水电项目施工与验收、防水防潮项目施工与验收、泥水项目施工与验收、木工项目施工与验收、乳胶漆打底项目施工与验收、家具漆面项目施工与验收、白蚁防治项目及施工、地面及前面装饰项目施工与验收、安装项目施工与验收、施工材料申领与验收、完工结算、工程进度款申请、项目决算等。

(3) 售后。包括售后回访、售后维修跟进等。

案例2-4 深圳某色纺企业核心价值链分析(见图2-9)

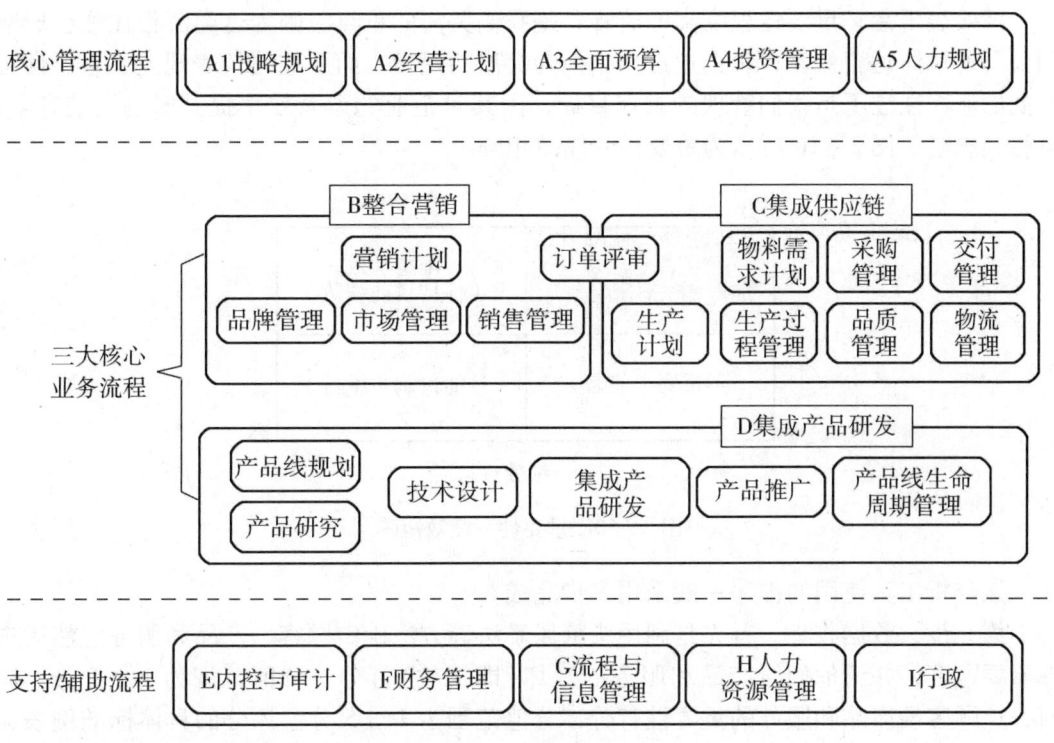

图2-9 深圳某色纺企业核心价值链分析图

通过前面4个企业的价值链分析案例不难看出,不同行业的企业其价值链是不同的,特别是价值链模型中的基本活动差异很大。即便是同一行业的企业,其价值链也不尽相同。例如,地产行业的两大巨头万科的核心价值观是"创造健康丰盛的人生",而碧桂园的核心价值观是"诚信",因此万科和碧桂园的价值链选择就有很大的差异。

2.2.1.2 重要性-绩效矩阵分析法

重要性-绩效矩阵分析(importance & performance analysis)是分析顾客对供方的产品和服务的重要性和绩效的感知,从而找到提高顾客满意度和顾客忠诚度的途径。这是一个与顾客互动的工具,它可以用于分析顾客满意度,从顾客处获取关于产品和服务改进的有用信息,寻找顾客不满意的原因,做到合理配置服务资源,制定客户服务策略。

外包企业根据重要程度,对不同流程以及流程本身绩效水平的高低,设计相关流程进行识别,并采取不同的管理方式,提高企业流程的管理水平。具体来说,分析者可以采取如下步骤进行流程规划:

第一步,根据企业内部经营运作特点,按照价值链分析法将企业内部的流程运作体系进行梳理,建立并明确企业的整体流程运作体系。

第二步,按照重要性-绩效矩阵要求,将影响流程重要性和绩效表现的相关因素进行识别,并按照5分制进行打分评价(5分为最高,依次降低)。

第三步，根据打分评价最终结果，将相关流程绘制于矩阵图中，即可对不同流程采取不同的管理方式。

绩效表现差、重要性程度高的流程，是我们关注的重点。因为这类流程往往会影响到公司的整体运营效率，是企业运作中最为突出的短板。而那些绩效表现差、重要性程度低的流程往往不是我们管理的重点目标，因其对企业的运营效率提升影响比较有限，可将其忽略。图2-10所示为重要性-绩效矩阵。

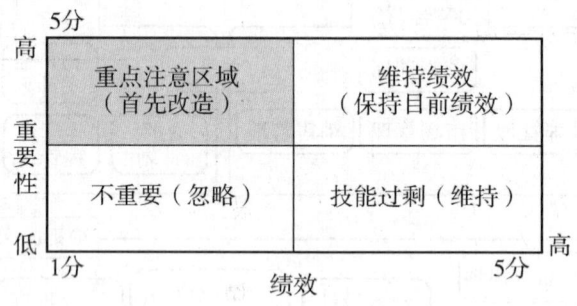

图2-10　重要性-绩效矩阵

该分析工具使用的程序一般采用三步完成。

第一步，数据收集。首先是利用头脑风暴法等方法确定顾客、产品和服务。然后选择重要顾客，并请他们给产品和服务的好坏（即绩效）打分，分值范围为1～5分。同时，让顾客给产品和服务的重要性打分，分值范围为1～5分。评分的具体标准例表见表2-1。

表2-1　产品及服务分值例表

绩　　效	分值（1～5分）	重　要　性	分值（1～5分）
产品和服务足够好	5分	比较重要	4分
有待提高	3分	愿意拥有，但不必需	3分
缺乏一致性	1分	不需要	1分

第二步，以同样的标准，自己（供方）给产品和服务的重要性及绩效打分。并将顾客的打分和你自己的打分记入该表（见表2-2）。

表2-2　产品和服务的重要性及绩效评分例表

服　　务	供方给重要性打分	顾客给重要性打分	供方给绩效打分	顾客给绩效打分

第三步，利用矩阵进行重要性-绩效分析。

1. 顾客的评价分析

首先设立象限 1—4，并设立横竖重要度轴 1—5 度，如图 2-11 所示。

象限 I 表示最令人满意。顾客认为位于这一象限的产品或服务对他们最重要，而且做得很不错。象限 II 表示必须提高。顾客认为位于这一象限的产品或服务对他们重要，但做得不够好。象限 III 中的产品或服务需要改进，但重要程度低于象限 II 中的产品或服务。象限 IV 中的产品或服务的资源可以转移到其他更重要的产品和服务中去，因为这一象限的产品或服务做得好，但重要性不高，使之做得好的资源可以转移出去。

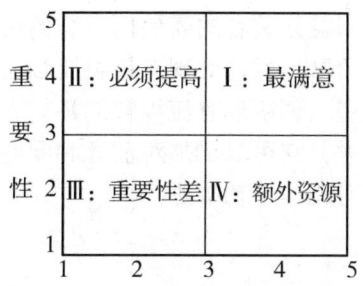

图 2-11　顾客重要性-绩效分析矩阵图

2. 顾客评价的重要性与自己评价的重要性比较分析

在完成了顾客重要性-绩效分析后，接下来将顾客评价的重要性与自己评价的重要性进行比较分析，如图 2-12 所示。

象限 II 和 IV 中的产品和服务，顾客的评价和自己的评价不一致，我们与顾客有很大的沟通空间。象限 III 中的产品和服务，顾客和我们自己的重要性打分都是 1 分或 2 分，我们应该与顾客讨论用更重要的产品或服务代替现在的产品或服务。

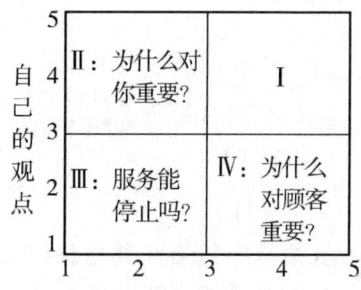

图 2-12　顾客与自己的评价比较-重要性矩阵图

3. 顾客评价的绩效与自己评价的绩效分析

在完成了顾客重要性-绩效分析和顾客与自己的评价比较-重要性分析后，就应该进行顾客评价的绩效与自己评价的绩效分析，如图 2-13 所示。

象限 II 和 IV 不一致说明与顾客还有很大的沟通空间。象限 III 的产品或服务是我们和顾客都认为绩效较差的，应该找到问题所在。象限 I 的产品或服务是我们和顾客都认为好的，也应该找出原因，从中发现可供借鉴的经验。

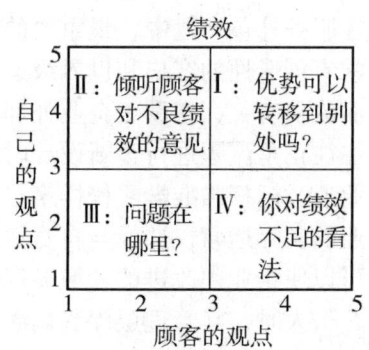

图 2-13　顾客评价的绩效与自己评价的绩效分析矩阵图

2.2.1.3　学习五角星分析法

公司可以从不同的来源学习了解需要改进的领域——客户、顾问、供货商、员工以及标杆企业瞄准最佳实践的过程，这五个学习的来源被称为"学习五角星"（见图 2-14）。学习五角星方法是价值链分析者开展流程分析、发现问题流程的重要诊断工具和方法。采用学习五角星进行流程规划,是基于这样一种假设前提:企业生产运营会受到各类利益相关者的影响,企业的存在必须平衡和满足这些利益相关者的需要。为了满足这些利益相关者的需要而组织的活动就构成了企业的各类流程活动。因此,从利益相关者的角度出发,对现有各类流程进行识别和分析,可以更为有效地满足利益相关者的价值期望。理解现有流程图的最好方法是将它们画在图上。流程图有用,而绘图过程的作用更大,它可以增加对任务和问题以及自己如何支持同伴完成任务的认识,可以促进分析者对流程主动改进。

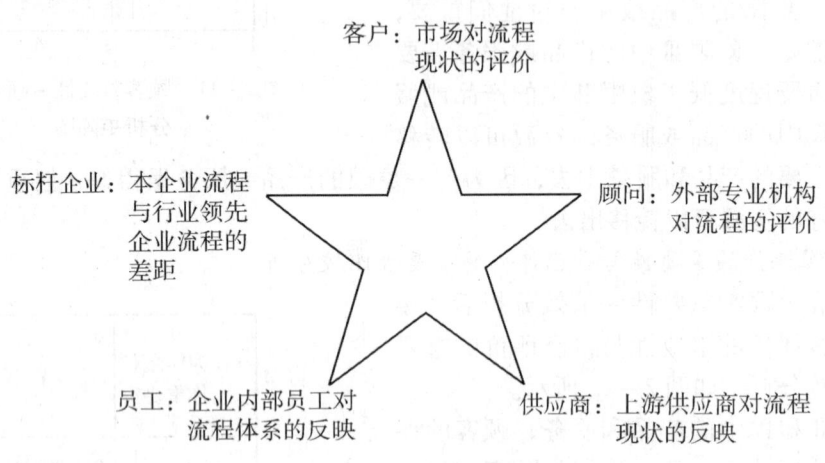

图 2-14 学习五角星

学习五角星中包括五类利益相关者的需求,分别是客户、标杆企业、员工、供应商和顾问。通过利益相关者对现有流程运作状况的评价,可以发现相关的问题流程,进而进行有效的分析和改进。

一般来说,客户和供应商常常直接与企业打交道,客户是企业需要了解信息的重要来源。在服务外包产业中,最重要的客户往往是改进领域的最好入手之处,当然有必要包括非常有创造性的客户和世界级运营水平的客户,因此他们的评价多与企业所接触的相关界面流程有关,有助于企业外部相关流程的改进分析,某些特别挑剔的顾客所提出的观点往往正是流程进行全新设计时需要考虑的目标。

企业通过标杆瞄准学习榜样来寻求知识和启发,标杆企业相关流程的分析评价则要结合企业的实际运营,选择与自身情况接近的流程进行分析,指出标杆管理所能达到的水平,可以使企业须改进的领域显现出来。例如,当福特公司了解到马自达公司的收款部仅有 5 个人时,其管理层深受刺激,对其原有的收款管理方式进行反思,最终下定决心实施流程改造。

标杆瞄准的范围一般有:同一分支中的不同部门,同一组织中的不同分支,同一行业中的不同组织及不同行业中的不同组织,等等。

标杆瞄准可以比较的内容一般有:预算或财政绩效、顾客服务提供系统及其度量指标、生产率、技术应用、计划和项目管理业绩、人力资源管理、财务控制系统等。

顾问作为专业人士,能够从专业管理的"外部观察家"角度对企业流程现状提出专业化的指导意见，具有较强的科学性和合理性。流程管理的实施工作一定要由可承受变化的企业员工来完成，因此顾问所提出的意见往往更具有现实性。员工作为企业内部流程的执行者，对流程的运作有较为深入的了解，也能提出具针对性的改进意见，是改进流程思路的重要来源。

2.2.1.4 成本-收益矩阵分析法

成本-收益矩阵分析法主要是针对流程的花费成本与产出价值之间的关系进行分析评价，通过发现绩优流程，提高公司对现有流程的价值管控能力，增加流程的增值空间。成本-收益矩阵分析图见图2-15。

图2-15 成本-收益矩阵分析图

该方法是将流程按照收益与成本的相对关系分为以下4类：

(1) 收益高、成本低的运作流程是我们优先进行流程优化和重组的对象，应重点对其进行投资和建设。比如，对于高科技企业来说，产品研发活动花费的成本低而产出价值大，其流程活动应是公司考虑的重点。

(2) 收益高、成本高的流程是企业流程运作体系中不可缺失的重要组成部分，应着重降低其运营成本，以增加企业的增值空间。对于许多服务外包企业来说，职能部门的管理活动就是最为突出的例子，它们是履行监控和管理职能的必要体现，但如果成本耗费过高，将不利于提升企业的产品价格竞争能力，因此将部分管理职能信息化或外包给专业公司是减少成本的一种方法。

(3) 收益低、成本高的流程耗费了企业过多的人力、物力、财力，其流程的实际表现与企业的期望存在较大的差距，可考虑取消或者外包。例如，美国著名的体育用品商耐克公司，将低价值的生产制造环节外包给中国、越南等国家的许多企业，利用这些国家的廉价劳动力实行定牌生产和贴牌生产，省去了大量的管理费用，而耐克只进行必要的质量监控，将最核心的产品研发环节和市场营销环节掌握在自己手中，从中赚取大量的利润。

(4) 收益低、成本低的流程环节可以逐渐减少，并最终将其忽略掉。这类流程往往对企业不能起到较大的支撑和管理作用，使企业总感到犹如吃鸡肋般食之无味弃之可惜，它并无多大存在的必要性，如果不是本企业必不可少的环节，可以考虑将其取消或外包给专业公司。

2.2.1.5 流程优化矩阵分析法

流程优化矩阵分析法主要是从实现企业战略的关键成功因素出发，观察相关的运作流程与企业战略目标之间的关联，从而识别出对公司未来发展起关键作用的核心流程，提高企业对这些核心流程的管控水平和能力。流程优化矩阵分析表见表2-3。

表2-3 流程优化矩阵分析表　　　　　　　　　　　　　　　　　单位：分

关键成功因素	关键成功因素1	关键成功因素2	关键成功因素3	关键成功因素4	关键成功因素5	总分
KPI	KPI11/KPI12/KPI13	KPI21/KPI22/KPI23	KPI31/KPI32/KPI33	KPI41/KPI42/KPI43	KPI51/KPI52/KPI53	
流程1	2	1	0	0	0	3
流程2	0	1	2	1	0	4
流程3	2	2	1	1	1	7
流程4	0	0	2	1	1	4
流程5	2	2	1	0	0	5
流程6	0	0	1	1	2	4

具体运用步骤如下：

第一步，根据价值链分析工具，将企业内部的流程整体框架进行梳理，建立完整、清晰的流程体系。

第二步，召集企业相关高层管理人员，从实现企业战略目标的角度出发，得出相关的关键成功因素（KSF），并提炼至少三个相关的关键业绩指标（KPI）。

第三步，将识别出的企业相关分级流程与企业关键成功因素的KPI指标分别进行两两配比，观察这些流程对KPI指标的实现有效性和保障性，并据此由企业高层人员进行相关性打分评价（以2分代表关联程度最高，以此类推）。

第四步，将各个流程的关联性打分结果进行汇总，得分高的流程即为企业的核心流程，也就是我们所要重点关注的流程。

从操作方式上看，重要性-绩效矩阵、成本-收益矩阵和流程优先矩阵都比较相似，而它们的侧重点却不尽相同，规划者在运用以上这些工具时，应注意结合流程优化的目的合理使用。

对以上这些工具方法进行总结分析，规划者可以发现它们基本体现了以下四种工作导向。对未来在进行流程规划时，也可以参照表2-4进行思考和分析。

表2-4 流程规划思路分析

思考导向	含义	对应工具
策略导向	在公司既定的策略下，应先改造哪个流程对达成策略目标最为有利？	流程优化矩阵
顾客导向	对顾客而言，哪些流程是最重要的？	学习五角星
问题导向	现有运作流程中，哪个流程的问题最大、对企业运作造成最大困扰？	重要性-绩效矩阵
收益导向	哪些流程是最容易见效且成功的？哪些流程可以证明是行之有效的？	成本、收益矩阵

2.2.2 服务外包企业内部控制流程管理

业务外包企业内部控制是为了加强业务外包管理，规范业务外包行为，防范业务外包风险，企业将日常经营中的部分业务委托给本企业以外的专业服务机构或其他经济组织（以下简称接包方）完成的经营行为。

企业对外包业务实施分类管理，通常划分为重大外包业务和一般外包业务。重大外包业务是指对企业生产经营有重大影响的外包业务。目前我国外包业务量较大的业务通常包括研发、资信调查、可行性研究、委托加工、物业管理、客户服务、IT服务等。

企业的业务外包至少应当关注的风险有：外包业务能力评价标准制定不准确，外包范围和价格确定不合理，接包方选择不当，可能导致企业遭受损失；业务外包监控不严，服务质量低劣，可能导致企业难以发挥业务外包的优势。

在接包方的选择控制方面，一般企业设计的核心、非核心业务外包申请流程与风险控制管理如图2-16至图2-23所示，表2-5至表2-12所示为相应的参考例。在具体实施中还应考虑各行业特点、业务特征、服务对象、本企业发展战略等诸多因素，对流程管理各环节进行严格细致的制订。

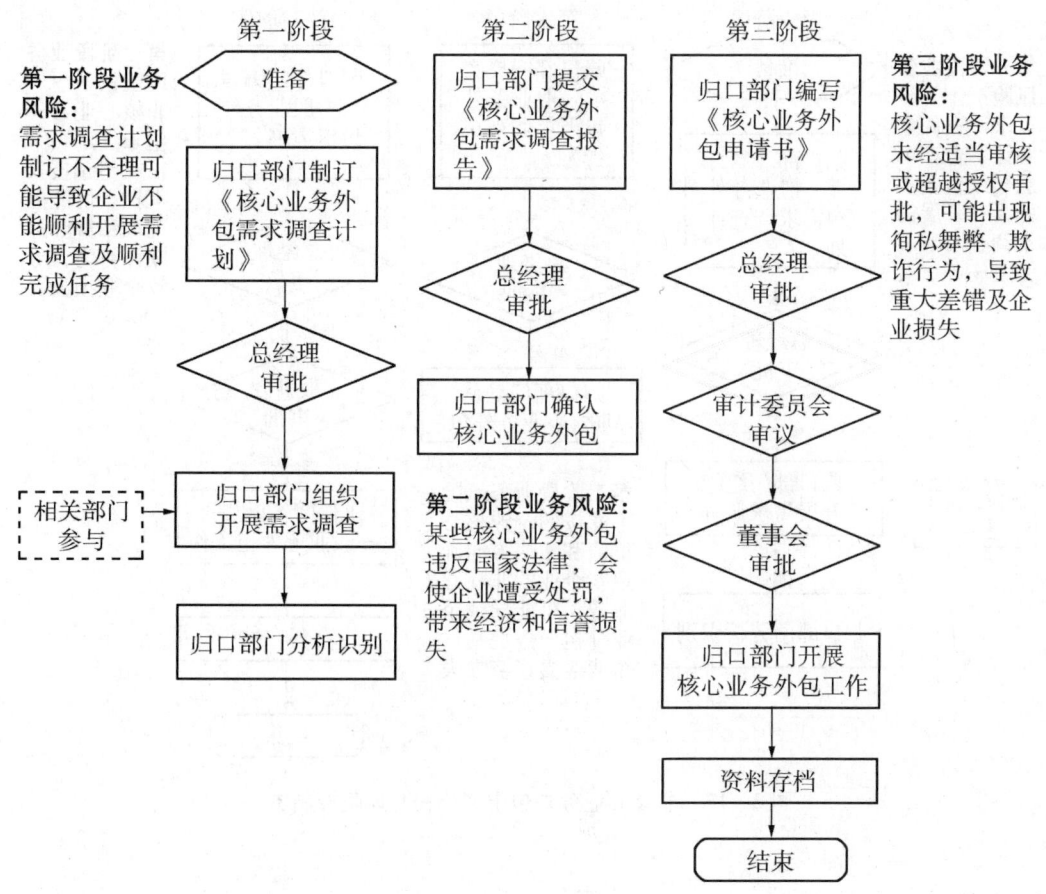

图2-16 核心业务外包申请流程与风险控制图

表2-5 核心业务外包申请流程与风险控制表

阶段控制			相关规范		文件资料	责任部门及责任人
第一阶段	第二阶段	第三阶段	应建规范	参考规范		
根据企业实际生产状况及年度生产计划制订《核心业务外包需求调查计划》，确定外包业务的范围和目标	企业所经营的业务按照同企业核心能力的关联来划分企业外包业务的类型，当关联度超过某个特定值时，应定位为核心业务，反之为非核心业务	企业核心业务外包应当提交董事会及其审计委员会审议，通过后方可实施	《核心业务外包管理制度》	《中华人民共和国公司法》《中华人民共和国合同法》	《核心业务外包需求调查计划》《核心业务外包需求调查报告》《核心业务外包申请书》。各级审核、审议、审批等资料	董事会、审计委员会、归口部门，董事长、审计委员会工作人员，归口部门相关人员

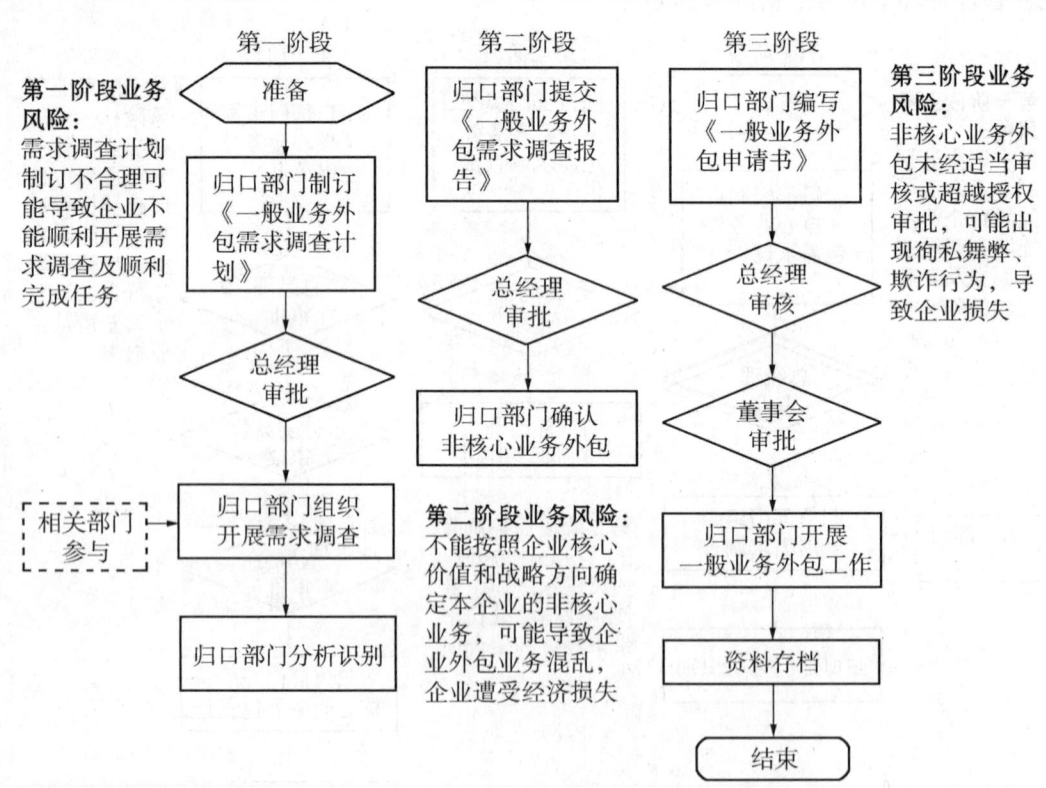

图2-17 非核心业务外包申请流程与风险控制图

表2-6 非核心业务外包申请流程控制表

阶段控制			相关规范		文件资料	责任部门及责任人
第一阶段	第二阶段	第三阶段	应建规范	参考规范		
根据企业实际生产状况及年度生产计划制订《一般业务外包需求调查计划》，确定外包业务的范围和目标	企业所经营的业务按照同企业核心能力的关联来划分企业外包业务的类型，当关联度超过某个特定值时，应定位为核心业务，反之为非核心业务	企业非核心业务外包或涉及金额较小的业务外包，应当由相关部门在授权范围内提出申请，报董事长审批通过后实施	《一般业务外包管理制度》	《中华人民共和国公司法》《中华人民共和国合同法》	《一般业务外包需求调查计划》《一般业务外包需求调查报告》《一般业务外包申请书》。各级审核、审议、审批等资料	归口部门，董事长、总经理、归口部门相关人员

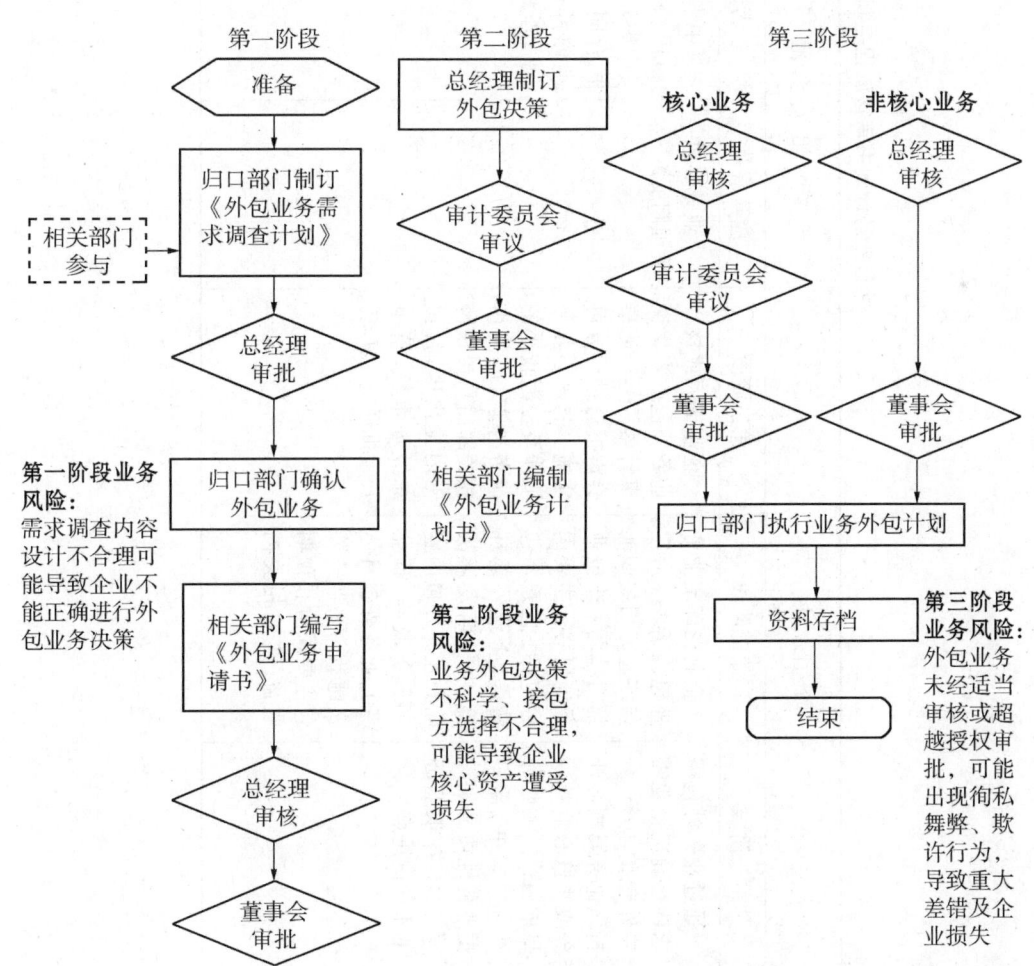

图2-18 外包业务计划书审核流程与风险控制图

表 2-7 外包业务计划书审核流程控制表

阶段控制			相关规范		文件资料	责任部门及责任人
第一阶段	第二阶段	第三阶段	应建规范	参考规范		
通过业务外包需求调查确定企业需要外包的业务,分析该业务属核心业务或非核心业务项目的性质。《业务外包申请书》需根据业务性质分别编写,突出各项业务的不同侧重点	企业在确定业务外包内容后,指定与该部门相关职能部门编写《外包业务计划书》,主要内容包括:业务外包背景(企业外部环境、中长期发展战略);业务外包内容(部分或全部业务);业务外包实施程序;业务外包主要风险和预期收益;其他相关内容	企业重大或核心业务外包应当提交审计委员会、董事会审批通过后方可实施。非重大额较小的或涉及金业务外包,应当由相关部门在授权范围内提出申请,报总经理审核、董事长审批通过后实施	《业务外包管理制度》	《中华人民共和国公司法》《中华人民共和国合同法》《企业内部质量控制管理》	《外包业务需求调查申请书》《外包业务计划书》,各级审核、审议、审批等资料	董事会、审计委员会、归口部门、归口部门长、总经理、归口部门相关人员

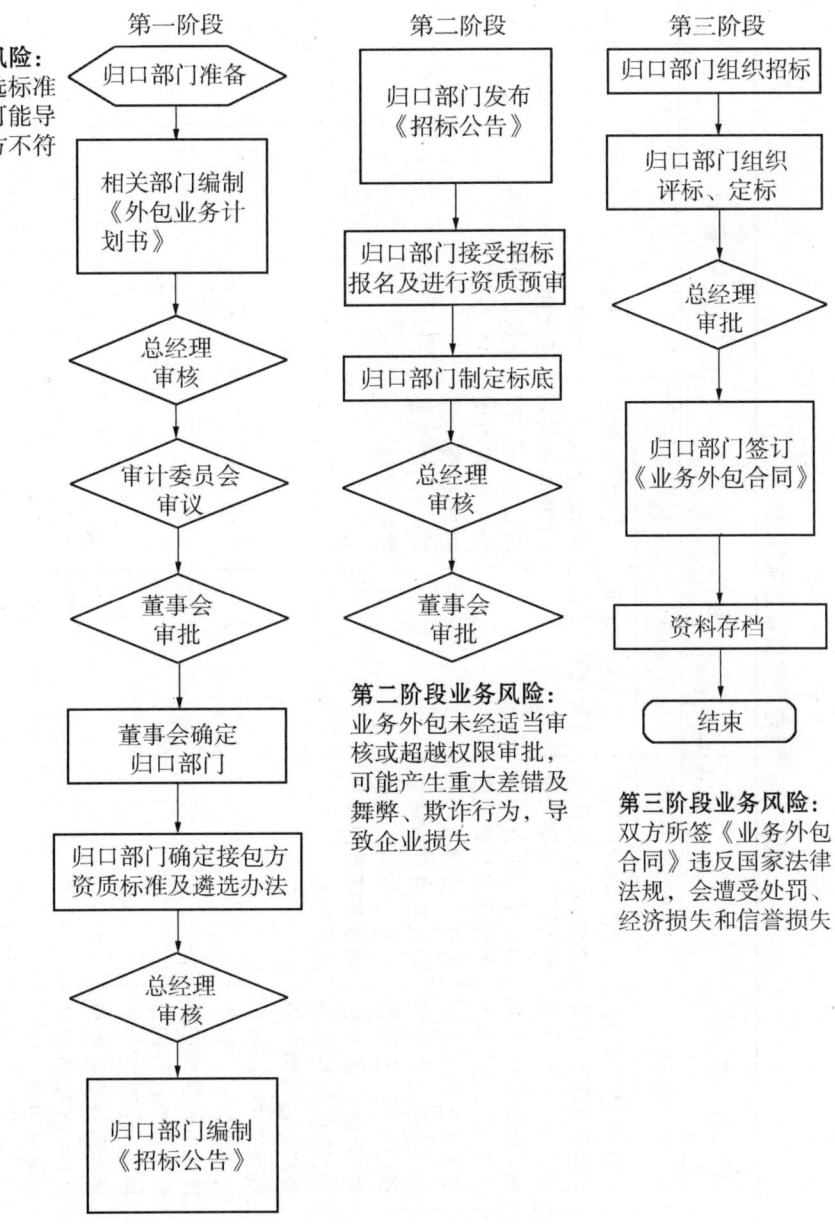

图 2-19 接包方资质审查流程与风险控制图

表2-8 接包方资质审查流程控制表

阶段控制			相关规范		文件资料	责任部门及责任人
第一阶段	第二阶段	第三阶段	应建规范	参考规范		
根据企业外包业务的性质确定接包方应具备的资质标准及遴选办法	选择接包方时,归口管理部门对接包方进行资质预审,评估接包方的综合能力,评估因素主要包括五个方面:接包方能力、资格认证与信誉、资格认证与信誉、业务核心竞争力或竞合关系;接包方自身知识产权的保护能力及合作中对双方知识产权提供的服务业务性价比;其他有助于本业务的因素	归口管理部门通过评估,对候选接包方综合竞争力进行排名,并会同相关部门及其他职能管理层负责人分析候选接包方能与接包合同的风险,建立外包合同的风险,根据实际情况挑选出接包方	《业务外包管理制度》	《中华人民共和国公司法》《中华人民共和国合同法》《中华人民共和国招标投标法》《企业内部质量控制管理》	《招标公告》《外包业务计划书》《业务外包合同》,各级审核、审议、审批等资料	董事会、审计委员会、归口部门、董事长、总经理、归口部门相关人员

44

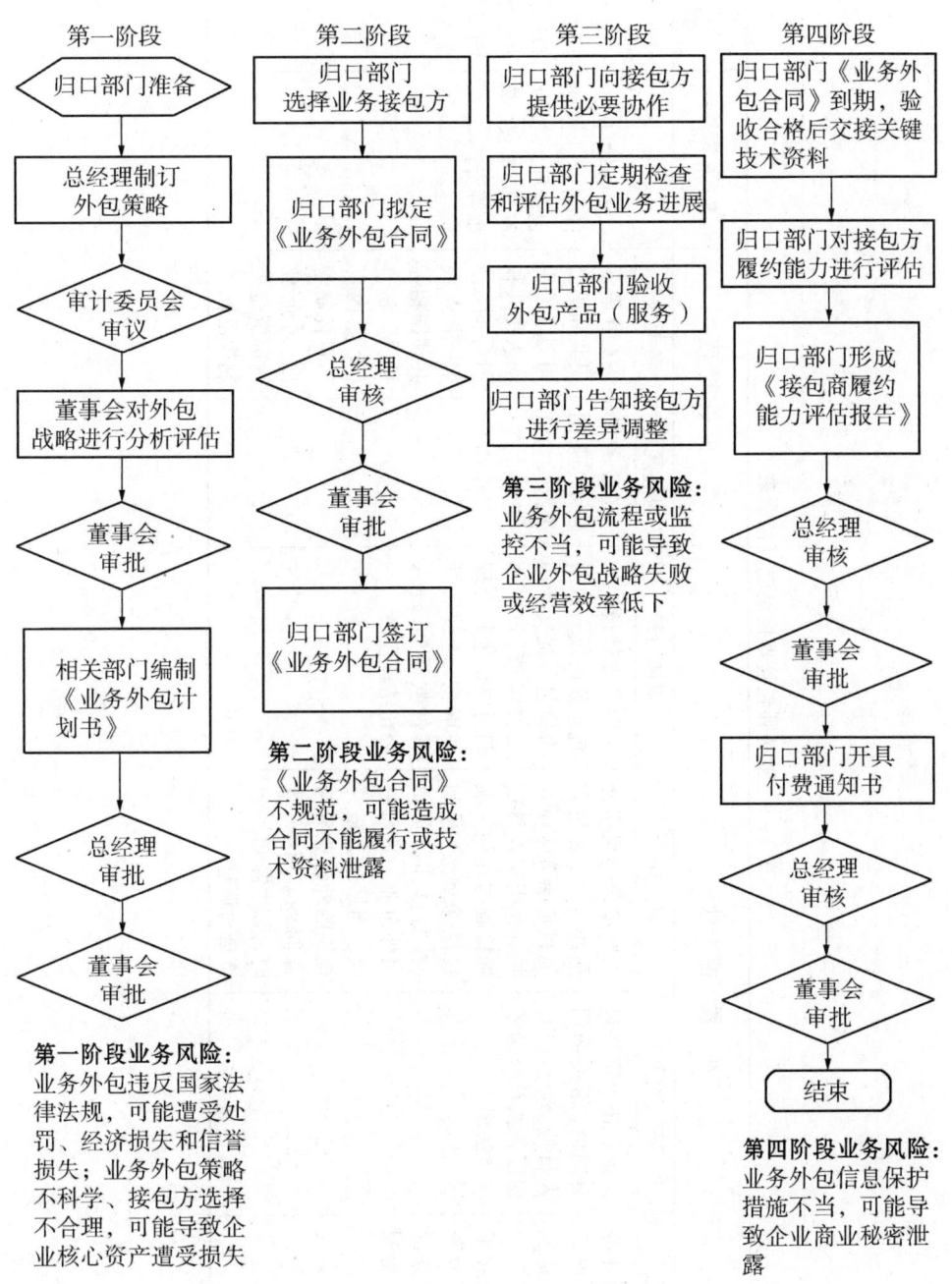

图 2-20 业务外包管理控制流程图

表2-9 业务外包管理控制流程控制表

阶段控制				相关规范		文件资料	责任部门及责任人
第一阶段	第二阶段	第三阶段	第四阶段	应建规范	参考规范		
在界定是否业务外包前,应考虑三方面因素:本企业设备、生产系统、专业人员及专门技术是否适合开展业务外包;此项目的的真正利弊平衡	企业在拟定外包合同时,相关部门人员应参与其中,保证条款符合国家法律法规	归口部门根据合同约定,为接包方提供必要的协作,并应有指定人员定期检查与评估。项目结束或合同到期,归口部门负责对外包业务进行验收。当接包方提供的外包业务与合同约定不一致时,及时告知接包方进行调整	接包方就最终外包业务达成一致后由接包方提交费用支付申请,归口部门对申请进行合理性审核,通过后进入公司结算程序	《业务外包管理制度》	《中华人民共和国公司法》《中华人民共和国合同法》《中华人民共和国招标投标法》《企业内部质量控制管理》《企业内部资金控制规范》	《外包业务计划》《业务外包合同》,各级审核、审议、审批等资料	董事会、审计委员会、归口部门、总经理、归口部门相关人员

46

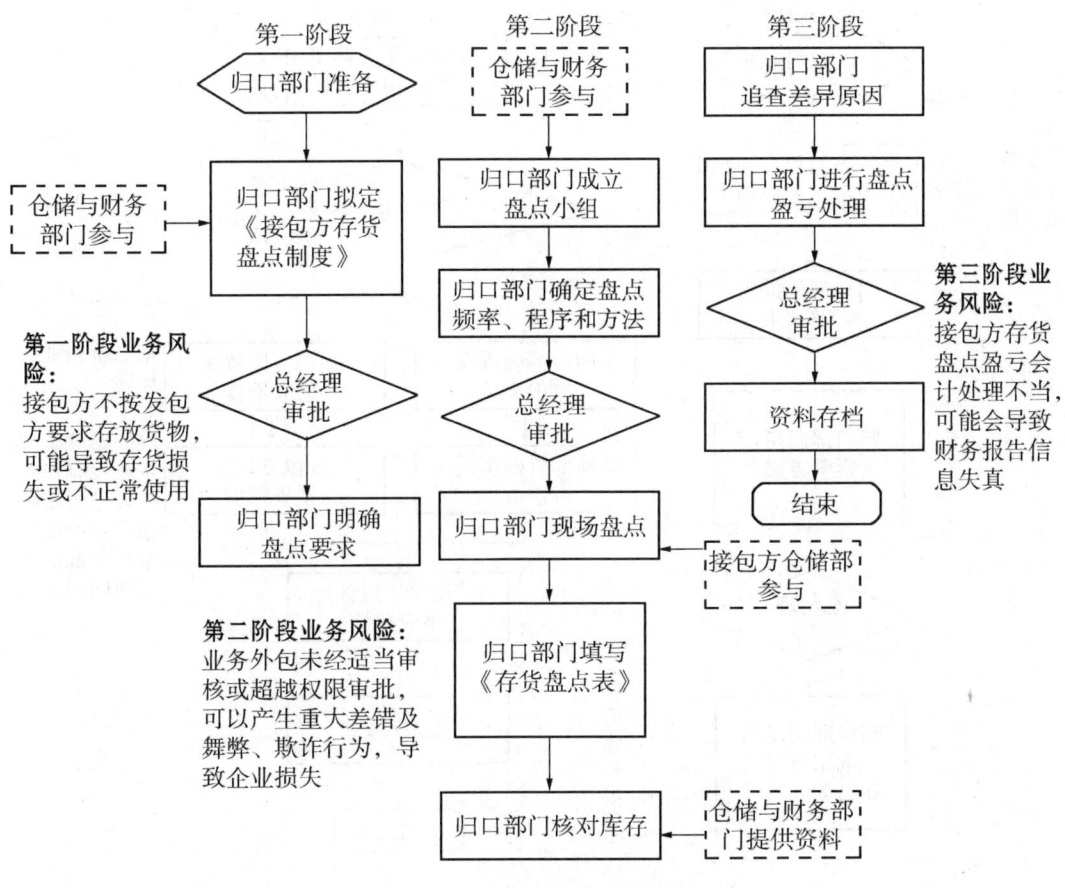

图 2-21 接包方存货盘点流程与风险控制图

表 2-10 接包方存货盘点流程控制表

阶段控制			相关规范		文件资料	责任部门及责任人
第一阶段	第二阶段	第三阶段	应建规范	参考规范		
仓储和财务部门相关人员参与拟定《接包方存货盘点制度》，归口部门负责按企业存货管理制度准确、及时地在存货系统中记录与反映	归口部门根据具体约定，负责定期组织相关部门人员组成盘点小组对接包方存货进行盘点	存货盈亏经发包方总经理审批后方可进行相关处理	《业务外包管理制度》《接包方存货盘点制度》	《企业内部资金控制规范》《企业内部质量控制管理》	《存货盘点表》	仓储部、财务部、归口管理部门、总经理、归口部门、仓储部门、财务部门相关人员

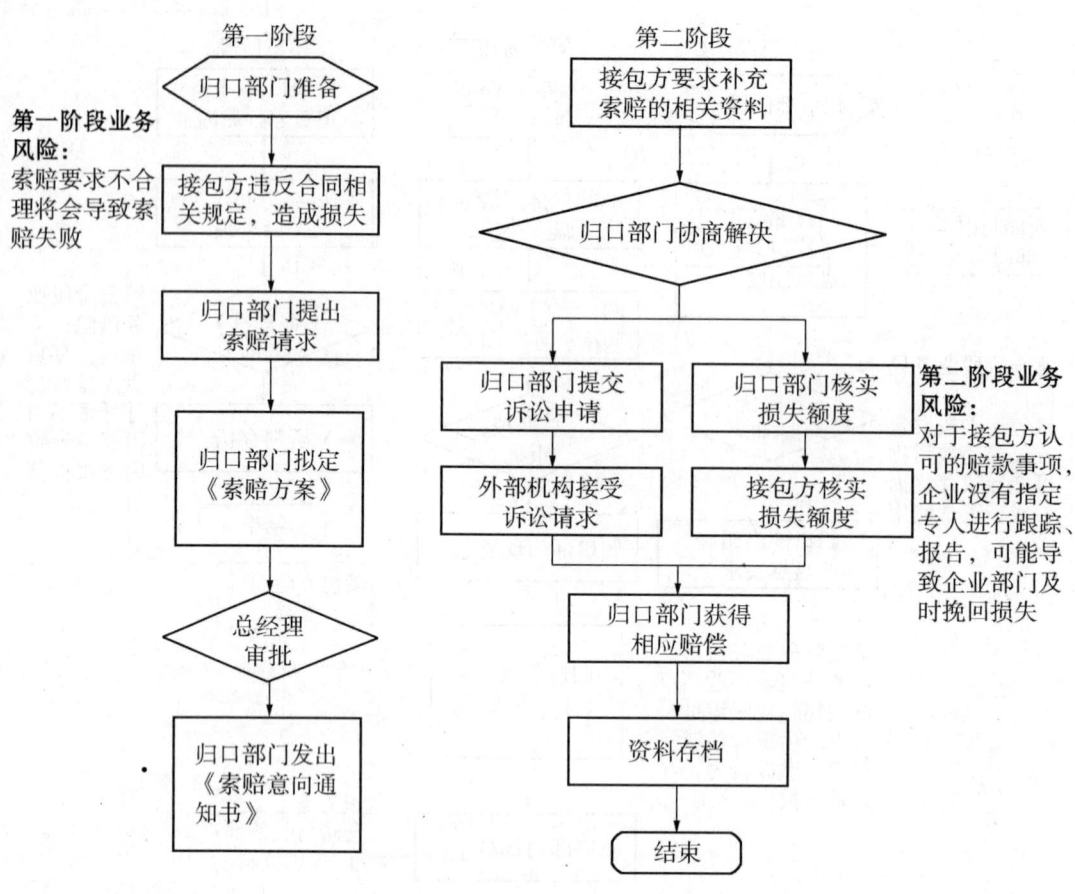

图2-22 外包业务索赔申请流程与风险控制图

表2-11 外包业务索赔申请流程控制表

阶段控制		相关规范		文件资料	责任部门及责任人
第一阶段	第二阶段	应建规范	参考规范		
根据外包合同的相关规定，确定接包方违反合同规定，应及时提出索赔。归口部门确定损失后，拟定《索赔方案》，上报总经理审批，并提出修改意见	归口部门确定发出《索赔意见通知书》之后，接包方应要求发包方提供证明资料，作为赔偿依据	《业务外包管理制度》《接包方存货盘点制度》	《企业内部资金控制规范》《企业内部质量控制管理》《中华人民共和国合同法》《中华人民共和国民事诉讼法》	《存货盘点表》《索赔方案》《索赔意向通知书》	归口管理部门，总经理、财务部门相关人员

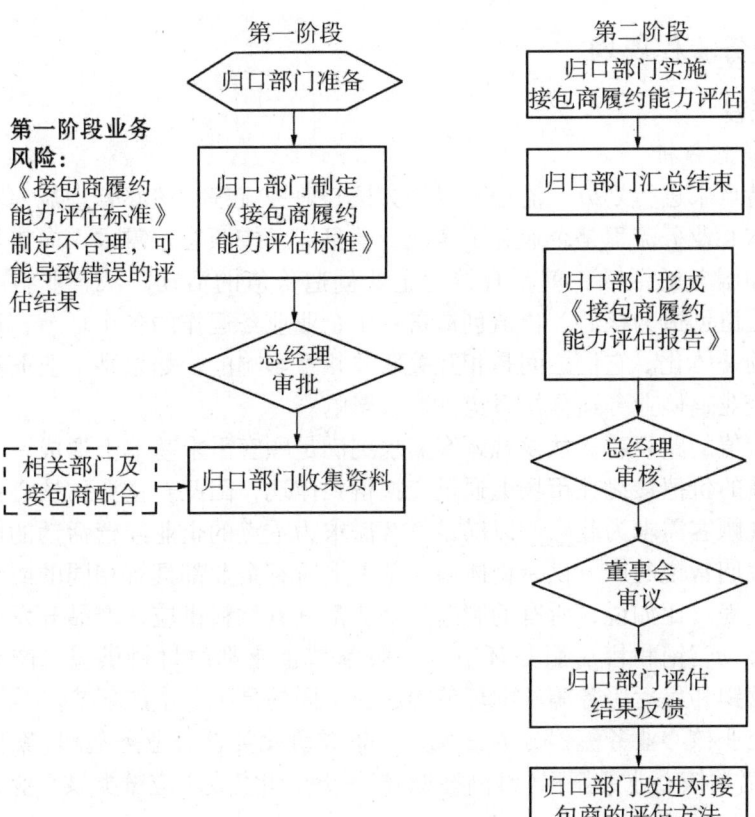

图 2-23 接包方履约能力评估流程与风险控制图

表 2-12 接包方履约能力评估流程控制表

阶 段 控 制		相 关 规 范		文件资料	责任部门及责任人
第一阶段	第二阶段	应建规范	参考规范		
归口部门拟定《接包商履约能力评估标准》，该标准由归口部门负责人审核，并提出相应的修改意见后送总经理审批。归口部门应安排专人收集各部门相关资料，如《接包商生产进度报告》《产品检验报告》《成本费用报告》等作为重要的依据	接包商履约能力评估内容主要有三个方面：接包商的生产进度情况、送检的产品质量报告、生产费用控制情况报告	《接包商履约能力评估标准》	《企业内部资金控制规范》《企业内部质量控制管理》《中华人民共和国合同法》	《接包商履约能力评估标准》	董事会、归口部门、生产部、财务部、质检部、董事长、总经理、归口部门负责人

2.2.3 服务外包业务流程规划

2.2.3.1 核心业务流程

1. 核心业务流程特点分析

按照流程的功能特点来进行划分，流程可以分为核心业务流程、核心管理流程和核心辅助流程。其中，核心业务流程是企业为了实现经营目标，按照客户需求，向市场生产、制造并提供产品和服务的活动，就是直接为企业创造价值的活动。从企业自身来看，其经营活动是以价值创造为核心，价值创造贯穿了企业业务运作的各个环节，形成了企业内部业务活动的一体化。它们之间是相互关联并相互影响的。如果某个业务活动运作不畅，将会导致企业整体业务运作体系遭受巨大影响。

从企业实现自身价值的路径看，从发现顾客需求到满足顾客需求基本上形成一个循环，可以让企业所创造的价值最终在市场上通过交换得到体现，因此，企业的核心业务流程可以看作为以发现顾客需求为起点、以满足顾客需求为重点的企业经营活动的横向一体化进程，也就是我们常说的产－供－销体系。基本上所有企业都具有相同的或者相类似的横向业务运作流程。比如说，所有的制造型企业都具有材料供应、产品开发、生产运行、成品储运、市场营销和售后服务环节，而服务型企业都由材料供应、产品开发、服务提供、市场营销和售后服务等基本环节构成，不同的是少了生产环节。

在通常情况下，企业核心业务流程分为三大类：集成研发类核心业务流程（案例参见表2－13）、整合营销类核心业务流程（案例参见表2－14）和集成供应链类核心业务流程（案例参见表2－15）。

2. 核心业务流程规划说明

进行核心业务流程划分，必须注意把握企业的核心价值链要素，满足企业的经营管理需要，照顾客户需求以及遵循配套管理体系要求。

（1）把握企业的核心价值链要素，是指企业在进行核心业务流程设计时必须分清楚哪些是直接创造价值的业务活动、哪些是为创造价值提供辅助支持服务的管理活动和辅助活动。企业的业务活动具有横向连贯性，在设计相关业务流程体系时，应注重整体的完整性，不可缺失任何一个重要的业务运作环节。

（2）满足企业的经营管理需要，是指对相关核心业务的设计，我们应识别出哪些是亟须改进的、哪些是有待改进的、哪些是可继续维持的、哪些是可以忽略的。只有以满足企业的经营管理需要为出发点，将业务流程进行有效的分类，我们才能够提高业务流程管理的针对性和有效性。

（3）照顾客户需求，是指企业生存和发展的基础是发现和满足客户需求，企业内部必须建立起以市场为导向、以客户需求为目标的业务流程运作体系以及业务流程管理模式。

（4）遵循配套管理体系要求，是指企业在进行业务流程设计时，需要同时考虑和照顾配套管理体系的要求，比如ISO 9000管理体系、企业内部职权划分要求CMMI评估要求等等。流程管理仅仅是企业管理的一个分支，它主要是从如何提高系统效率和整体运作能力的角度去解决问题的，在进行相关流程设计时，还应注意与其他配套管理体系有效结合以便形成合力,这样才能系统提高企业的管理水平和能力,而不是造成相互的矛盾和冲突。

案例2-5 KF公司集成研发-整合营销核心业务流程规划(表2-13)

表2-13 KF公司集成研发业务流程规划清单(举例)

序号	流程名称	对应业务活动编号	流程主人	流程相关部门	流程输入	流程输出
D1	产品线规划和管理流程	1-1、1-2、1-3、1-5、4-6	产品开发中心	公司领导、营销系统、产品设计中心、经营管理中心	产品中长期规划	年度产品线规划图
D2	产品开发流程	2-1、2-2、2-8、2-9、3-1至3-13	产品开发中心	营销系统、品质中心、产品设计中心、经营管理中心、财务系统、生产大区、生产工厂	产品需求调研产品线规划	新产品项目评价和总结
D2-1	产品市场信息研究和分析流程	2-1	产品开发中心	营销系统、采购与物流系统、生产大区、生产工厂	产品市场信息收集计划	产品市场信息需求趋势分析报告
D2-11	目标客户锁定流程	2-1	产品开发中心	营销系统、采购与物流系统、生产大区、生产工厂	产品市场信息收集计划	目标客户分析报告
D2-12	目标客户需求挖掘流程	2-1	产品开发中心	营销系统、采购与物流系统、生产大区、生产工厂	产品市场信息收集计划	目标客户核心需求分析报告
D2-2	产品立项评估流程	2-8、2-9	产品项目部	公司领导、营销系统、产品设计中心、开发中心、经营管理中心	年度产品开发计划、年度产品线规划图	技术和收益评估分析
D2-3	项目生产性评审流程	3-6、3-9	产品项目部	产品设计中心、生产大区、生产工厂、品质中心	新产品小试	项目可生产性评审确认报告
D2-4	项目成本管理流程	3-4、3-8	产品项目部	采购中心、财务系统、产品设计中心	新产品项目预估成本	新产品成本检讨分析和总结
D2-5	项目质量评审流程	3-5、3-7	品质中心	产品设计中心、生产大区、生产工厂、产品项目部	项目质量标准	质量评审确认报告

（续表 2-13）

序号	流程名称	对应业务活动编号	流程主人	流程相关部门	流程输入	流程输出
D2-6	产品结案评审流程	3-12	产品项目部	产品设计中心、生产大区、生产工厂、产品项目部	项目种类评审报告	项目评审报告
D2-61	客户体验评审流程	3-12	产品项目部	产品设计中心、生产大区、生产工厂、产品项目部	项目种类评审报告	客户体验评审报告
D2-7	新产品技术转移管理流程	3-13	产品设计中心	开发中心、采购中心、品质中心	新产品项目结案评审	新产品技术资料系统维护和知识档案
D2-8	新产品推广流程	4-1 至 4-6	产品项目部	公司领导、营销系统、产品设计中心	新产品推广评审	新产品收益分析、评价和总结
D2-9	新材料、新工艺、新技术研究和导入流程	2-2、2-3	产品开发中心	采购中心、营销系统、生产大区	研究计划	导入立项评审
D3	设计变更管理流程	2-1、2-2、2-8、2-9、3-1 至 3-13	产品开发中心	营销系统、品质中心、经营管理中心、财务系统、生产大区、生产工厂	设计变更申请	设计变更总结分析
D4	专色设计流程	1-4、1-5、2-5、2-6、2-7	产品设计中心	营销系统、经营管理中心、开发中心	专色年度规划	色咭标准制作和发布
D4-1	市场色彩趋势研究和分析流程	2-5	产品设计中心	外部顾问、开发中心、营销系统	市场色彩趋势调研计划	市场色彩趋势分析报告
D4-2	色咭制作与发放流程	2-7	产品服务部	产品设计中心、销售大区、市场中心	色咭标准制作和发布	色咭发放
D4-3	新替原料引进流程	2-2、2-3	采购中心	研发生产系统	新替原料开发	原料进入商品目录

案例 2-6　KF 公司整合营销核心业务流程规划(表 2-14)

表 2-14　KF 公司整合营销核心业务流程规划清单(举例)

序号	流程名称	对应业务活动编号	流程主人	流程相关部门	流程输入	流程输出
B1	营销预测与计划流程	1-3、1-4、1-5、1-6、1-7、1-8、1-9	营销管理中心	市场中心、销售大区、终端开发部、产品研发中心、经营管理中心、品牌宣传部	年度整合营销计划	月度预测与销售计划
B1-1	销售承包管理流程	1-10	营销管理中心	销售大区、财务系统、公司领导	销售承包方案	评价和结果应用
B2	客户开发和管理流程	1-7、3-1、3-2、3-3、3-4、4-1	营销管理中心	销售大区、市场中心、财务系统	年度客户规划	客户满意度分析
B2-1	价值客户评价流程	3-3、4-1	营销管理中心	销售大区、财务系统、公司领导	价值客户标准	评价结果应用
B2-2	终端开发管理流程	3-1	营销管理中心	终端开发部、市场中心、销售大区	终端开发计划	终端开发总结分析
B3	客户订单管理流程	3-7、3-8	经营管理中心	销售大区、采购与物流系统	客户询单/PO	客户订单转单
B3-1	新产品报价流程	3-7	经营管理中心	财务中心、产品设计中心	报价申请	价格审批
B3-2	订单变更流程	3-7	经营管理中心	营销管理中心	订单变更需求/申请	订单变更审批
B3-3	打样管理流程	3-7	营销管理中心	各销售大区	打样申请	样品提交
B4	客户服务流程	4-2、4-3、4-4、4-5、4-6、4-7、4-8、4-9	产品服务部	销售大区、品质中心、物流中心、经营管理中心	客户服务年度计划	客户服务总结分析
B4-1	价值客户项目管理流程	4-3	营销管理中心	各销售大区	客户需求	客户服务记录
B4-2	大客户项目管理流程	4-2	营销管理中心	各销售大区	客户需求	客户服务记录

(续表 2-14)

序号	流程名称	对应业务活动编号	流程主人	流程相关部门	流程输入	流程输出
B4-3	客户投诉/退货处理流程	4-7	营销管理中心	各销售大区	受理投诉	投诉得到妥善处理
B4-4	客户满意度管理流程	4-5	营销管理中心	各销售大区	客户满意度调查方案	客户满意度结果发布
B5	市场推广流程	1-6、2-2、2-3、2-4、2-5、2-6	市场中心	销售大区、营销管理中心	市场推广计划	市场活动效果评估
B5-1	市场活动管理流程	2-4、2-5、2-6	市场中心负责人	品牌传讯部	市场活动选题	活动效果评估
B6	市场拓展流程	2-1到2-6	市场中心	营销管理中心	市场拓展计划	市场拓展总结
B7	品牌管理流程	1-9、2-13、2-15、2-16	品牌策划部	市场中心、销售大区	品牌战略	品牌监测与分析
B7-1	品牌推广活动管理流程	2-13、2-15、2-16	品牌策划部	市场中心、销售大区	品牌活动选题	活动效果评估

案例 2-7　LX 生物集成供应链核心业务流程规划（表 2-15）

表 2-15　LX 生物集成供应链核心业务流程规划表（举例）

编号	主要流程清单	流程主人	流程可能参与的部门	建议流程输入	建议流程输出
C1	生产计划流程	生产部	供应部、奶源部、品控部、物流部、分管领导	销售预测计划	生产订单下达
C2	物料供应计划流程	供应部	品控部、分管领导	生产计划、物料市场趋势分析、使用部门的采购申请	物料需求计划下达
C3	生鲜乳供应计划流程	奶源部	品控部、分管领导	生产计划、生鲜乳市场趋势分析	生鲜乳需求计划下达

（续表2-15）

编号	主要流程清单	流程主人	流程可能参与的部门	建议流程输入	建议流程输出
C4	采购管理流程	供应部、奶源部	品控部、财务部、生产部、研发部、公司领导	物料需求计划、生鲜乳需求计划	采购物料入库
C41	供应商开发与评估流程	供应部、奶源部	品控部、财务部、生产部、研发部、分管领导	供应商标准建立	合格供应商进入供应商库
C42	供应商评价与考核流程	供应部、奶源部	品控部、生产部、研发部、分管领导	供应商考评申请	考评结果应用
C43	招标采购流程	供应部	品控部、财务部、生产部、公司领导	招标采购需求	招标合同签订
C44	现货采购流程	供应部、奶源部	品控部、财务部、生产部、研发部、公司领导	现货采购申请	物料到货
C45	采购价格管理流程	供应部、奶源部	财务部、公司领导	采购价格申请	采购价格审批
C46	采购异常处理流程	供应部、奶源部	品控部、财务部、生产部、研发部、公司领导	采购异常处理申请	采购异常处理总结
C47	采购货款管理流程	供应部、奶源部	品控部、财务部、公司领导	资金计划	采购货款支付台账
C48	原材料入库管理流程	供应部、奶源部	品控部、财务部	原料检查报告	入库
C49	原材料安全库存管理流程	供应部	品控部、财务部、生产部、销售部、分管领导	销售预测计划	补货单
C5	原料检验控制流程	品控部	供应部、奶源部、生产部	原料检验申请	原料检验分析报告
C6	生产过程控制流程	生产部	品控部、财务部、供应部、分管领导	生产计划、客户订单	成品入库
C61	生产订单管理流程	生产部	供应部	排产计划	物料下单
C62	送退料流程	生产部	供应部、财务部	物料下单	送退料台账
C63	工艺管理流程	品控部	生产部、研发部、销售部、公司领导	工艺开发、改进需求	生产工艺分析与总结
C64	制程检验控制流程	品控部	供应部、奶源部、生产部	排产计划	制程检验分析报告
C65	生产异常反馈处理流程	生产部	品控部、供应部、奶源部	生产异常反馈	处理措施跟进

（续表2-15）

编号	主要流程清单	流程主人	流程可能参与的部门	建议流程输入	建议流程输出
C66	生产成本控制与核算流程	生产部	品控部、供应部、奶源部、公司领导	定额标准	生产成本统计与分析
C67	成品入库管理流程	生产部	品控部、财务部	入库申请	入库
C68	成品存货统计与分析流程	生产部	品控部	成品入库	存货异常处理
C7	成品检验控制流程	品控部	供应部、奶源部、生产部	成品送检申请	成品检验分析报告
C71	成品品质异常处理流程	品控部	供应部、奶源部、生产部、市场部、销售部、物流部、公司领导	成品检验分析报告、投诉反馈表	不合格品处理
C8	物流配送流程	物流部	品控部、销售部、市场部	销售订单/调拨单	客户签收
C81	物流规划管理流程	物流部	品控部、销售部、市场部	销售预测计划	物流配送规划

（案例来源：水藏玺《互联网时代业务流程再造》）

2.2.3.2 核心管理流程

1. 核心管理流程特点分析

为了对企业的业务运作活动进行有效的监督、控制、协调、计划、指挥，企业需要实施相应的管理活动，而实施这些管理活动的流程即是企业的管理流程。不同的企业具有不同的管理流程，同一家企业不同的战略举措也将导致不同的管理流程。管理流程具有较强的个性化色彩，它是企业经过长期积累、有效整合而形成的管理技能、管理机制、管理手段和管理方式，是企业核心竞争能力的主要体现。

管理技术在一定程度上仍具有共通性。参考借鉴标杆单位的优秀管理流程做法，并结合自身的实际情况和管控要求，进行有针对性的设计服务。

与业务流程不同，核心管理流程主要是对某一具体业务运作环节实施管理和监督，它并不具有横向一体化的色彩。某一核心管理流程运作的好坏并不会对其他管理流程的运作造成直接的影响和障碍。

2. 核心管理流程规划说明

职能部门掌握着公司的相应资源，对下属业务单位进行监督管理，形成不同的管理活动。资源本身代表着企业对生产经营活动的投入，企业按照资源的分类，就可以对相应的管理流程进行不同的划分。企业资源分类及核心管理流程如表2-16所示。

表 2-16 企业资源分类及核心管理流程

资源类别	含义说明	核心管理流程
人力资源	指能够推动公司业务发展的具有智力劳动和体力劳动的人员的集合	薪酬管理流程、目标绩效管理流程、培训管理流程、人力资源规划流程、招聘管理流程、组织管理流程、文化建设管理流程
财务资源	指公司所掌握的相关资金、资产、现金等综合财务资源	预算管理流程、投资管理流程、固定资产管理流程、内部审计流程、财务核算管理流程、合同管理流程
信息资源	指公司内部存在的、通过综合开发利用能够对企业经营产生良好效益和影响的信息总和	网络建设管理流程、网站维护管理流程、信息化系统管理流程
市场资源	指公司所掌握的相关市场信息、品牌形象、营销渠道、客户信息等资源	品牌管理流程、市场信息管理流程、经销商管理流程、顾客管理流程
供应链资源	指公司所掌握的相关供应商信息、物料信息、市场供应状况等对公司采购仓储起促进和提升作用的相应资源	供应商管理流程、原料采购检验流程、招标采购管理流程、成品品质检验流程
技术资源	指公司内部的相关技术成果、技术标准、技术方案等经转化可为企业技术发展提供保障的资源	专利管理流程、技改项目管理流程、技术保密管理流程
管理资源	指公司内部所掌握的相关管理技能、管理技术、管理经验的集合	战略规划流程、战略调整流程、年度经营计划管理流程

需要说明的是，对上述资源的划分并没有一个统一的标准。由于许多企业的管理活动也存在于辅助流程中，因此随着公司管理重点的调整和变化，管理流程和辅助流程之间也是可以相互转换的。

2.2.3.3 核心辅助流程

1. 核心辅助流程特点分析

辅助类流程主要是指公司的相关辅助工作业务和正常开展的管理工作之间的传递和转移的过程。管理类流程是针对某一具体业务环节进行管理和监督，具有较强的导向性和针对性；而辅助类流程则不具有上述的特点，它所服务的对象并不针对企业价值链的某一特定环节，同时辅助类流程之间也不具有必然的逻辑关系，它可以是孤立存在的。

2. 核心辅助流程规划说明

进行核心辅助流程的划分，并没有特定的方法和技术。一般来说，主要是从为企业提供的各种后勤保障服务的角度入手进行划分。常见的企业后勤保障服务包括办公用品服务、用车管理服务、食堂保障服务等。由于辅助流程并不直接创造价值，而只是消耗成本，同时对价值创造的提升作用也没有管理流程那么明显和直接，因此并不是我们关注的重点。

一般情况下，企业内部辅助类流程包括四大类。

（1）设备类辅助流程。包括设备选型评审流程、设备验收流程、设备维护保养流程、设备维修流程等。

（2）工程类辅助流程。包括工程项目预算流程、工程项目规划流程、工程项目建设流程、工程项目监理流程、工程项目决算流程等。

（3）行政类辅助流程。包括档案管理流程、印章管理流程、会议管理流程等。

（4）后勤类辅助流程。包括车辆服务流程、宿舍服务流程、接待服务流程、食堂服务流程、日常办公服务流程等。

案例2-8　KKD核心流程规划（表2-17）

表2-17　KKD核心流程规划清单

流程名称	流程层级规划			流程类型规划		
	一级流程	二级流程	三级流程	业务流程	管理流程	辅助流程
1　战略管理流程	√				√	
1.1 战略规划流程		√			√	
1.2 年度经营计划管理流程		√			√	
1.2.1 年度研发规划流程			√	√		
1.2.2 年度投资规划流程			√		√	
1.2.3 年度品牌推广计划流程			√	√		
1.2.4 年度营销计划流程			√	√		
1.2.5 年度供应链计划流程			√	√		
1.2.6 年度流程与信息化建设计划流程			√		√	
1.2.7 年度人力资源规划流程			√		√	
1.2.8 年度经营预算流程			√		√	
2　研发管理流程	√			√		
2.1 目标客户锁定流程		√		√		
2.2 市场调研流程		√		√		
2.3 需求管理流程		√		√		
2.4 产品线管理流程		√		√		
2.5 新产品定义流程		√		√		

(续表2-17)

流程 名 称	流程层级规划			流程类型规划		
	一级流程	二级流程	三级流程	业务流程	管理流程	辅助流程
2.6 新产品开发流程		√		√		
2.6.1 新产品开发立项流程			√	√		
2.6.2 新产品开发验证流程			√	√		
2.7 产品生命周期管理流程		√		√		
3 资源管理流程	√			√		
3.1 物料供应商开发流程		√			√	
3.1.1 合格供应商管理流程			√		√	
3.2 贴牌工厂开发流程		√			√	
3.3 进口资源开发流程		√			√	
3.4 智力资源开发流程		√			√	
4 安全门事业部流程	√			√		
4.1 订单管理流程		√		√		
4.1.1 常规订单评审流程			√	√		
4.1.2 特殊订单评审流程			√	√		
4.1.3 工程订单评审流程			√	√		
4.2 生产计划管理流程		√		√		
4.3 采购管理流程		√		√		
4.3.1 采购订单管理流程			√	√		
4.3.2 采购货款管理流程			√		√	
4.4 制程管理流程		√		√		
4.5 仓储及物流流程		√		√		
5 室内门事业部流程	√			√		
5.1 订单管理流程		√		√		
5.1.1 常规订单评审流程			√	√		
5.1.2 特殊订单评审流程			√	√		
5.1.3 工程订单评审流程			√	√		
5.2 生产计划管理流程		√		√		
5.3 采购管理流程		√		√		
5.3.1 采购订单管理流程			√	√		
5.3.2 采购货款管理流程			√		√	
5.4 制程管理流程		√		√		

(续表2-17)

流 程 名 称	流程层级规划			流程类型规划		
	一级流程	二级流程	三级流程	业务流程	管理流程	辅助流程
5.5 仓储及物流流程		√		√		
6 贴牌工厂流程	√			√		
6.1 生产计划管理流程		√		√		
6.2 生产过程跟踪流程		√		√		
6.3 品质抽检流程		√			√	
6.4 入库及发货流程		√			√	
7 品质、工程、工厂管理流程	√				√	
7.1 研发品质管理流程		√			√	
7.2 原料品质管理流程		√			√	
7.2.1 原料品质检验流程			√		√	
7.2.2 不合格物料处理流程			√		√	
7.3 生产品质管理流程		√			√	
7.3.1 半成品品质检验流程			√		√	
7.3.2 成品品质检验流程			√		√	
7.4 工艺管理流程		√			√	
7.5 设备管理流程		√				√
7.6 工厂管理流程		√			√	
7.6.1 现场管理流程			√			√
7.6.2 安全管理流程			√			√
7.6.3 精益生产流程			√			√
8 电商业务流程	√			√		
8.1 电商平台管理流程		√		√		
8.2 电商店铺管理流程		√		√		
8.3 商品管理流程		√		√		
8.4 电商订单管理流程		√		√		
8.5 电商物流及客服流程		√		√		
8.6 电商货款管理流程		√		√		
9 市场营销流程	√			√		
9.1 品牌管理流程		√			√	
9.2 市场管理流程		√			√	
9.2.1 市场研究流程			√		√	

(续表2-17)

流程名称	一级流程	二级流程	三级流程	业务流程	管理流程	辅助流程
9.2.2 市场培训流程			√		√	
9.2.3 市场推广流程			√		√	
9.2.4 促销管理流程			√	√		
9.2.5 客户体验流程			√		√	
9.3 销售管理流程		√			√	
9.3.1 代理商开发与管理流程			√	√		
9.3.2 销售政策管理流程			√		√	
9.3.3 货款管理流程			√	√		
9.4 客户服务流程		√			√	
9.4.1 客户满意度管理流程			√		√	
9.4.2 客户投诉受理流程			√		√	
10 财务管理流程	√				√	
10.1 预算管理流程		√			√	
10.2 费用报销流程		√			√	
10.3 会计核算流程		√			√	
10.4 资产管理流程		√			√	
10.5 财务分析流程		√			√	
10.6 税务管理流程		√			√	
10.7 财务风险及合规管理流程		√			√	
11 组织及人力资源流程	√				√	
11.1 招聘管理流程		√			√	
11.1.1 内部招聘流程			√		√	
11.1.2 外部招聘流程			√		√	
11.2 培训管理流程		√			√	
11.2.1 入职培训流程			√		√	
11.2.2 在职培训流程			√		√	
11.3 绩效管理流程		√			√	
11.4 薪酬管理流程		√			√	
11.5 指令管理流程		√			√	
11.6 流程与信息化管理流程		√			√	
11.7 组织管理流程		√			√	

(续表 2 – 17)

流程名称	流程层级规划			流程类型规划		
	一级流程	二级流程	三级流程	业务流程	管理流程	辅助流程
11.8 组织文化管理流程		√			√	
11.9 集团管控流程		√			√	
11.9.1 投资管理流程			√		√	
11.9.2 融资管理流程			√		√	
11.9.3 资金调度流程			√		√	
11.9.4 干部任用流程			√		√	
11.9.5 高管绩效管理流程			√		√	
11.9.6 审计管理流程			√		√	
11.9.7 印章及用印管理流程			√		√	
11.9.8 合同管理流程			√		√	
11.9.9 集团权限管理流程			√		√	
11.9.10 档案及保密管理流程			√			√
12 行政后勤管理流程	√					√
12.1 行政管理流程		√				√
12.2 后勤服务流程		√				√
12.3 基建管理流程		√				√

（案例来源：水藏玺《互联网时代业务流程再造》）

3 我国业务流程外包管理主流业务与案例分析

【学习目标】

了解业务流程外包管理主流业务,基本掌握业务流程外包管理服务方式。

国内目前比较主流的服务外包业务有:财务与会计管理服务;市场调研(通过电话对消费者进行调研,比如,某公司一些会流行外语的客户中心员工通过电话对相应国家的消费者进行客户关怀或市场促销);专业金融业务管理服务;电子商务运营服务;数据处理(将大量纸张或声音文件转化为电子文档,比如,在大连,很多小型数据处理公司为日本发包商进行大量的数据录入工作);物流业务外包,采购外包服务,应收应付账款业务(由业务提供商根据预先确定好的执行标准和原则来管理执行这些业务);人力资源外包(发包商将人力资源的有关流程交给具有专门知识或技能的专业提供商来运作,比如,宝洁公司将 80 个国家的近 9.7 万名宝洁员工的工资管理、津贴管理、补偿计划、移居国外和相关的安置服务、差旅和相关费用的管理以及人力资源数据管理交给IBM 公司来运作);客户交互服务(包括呼叫中心管理、关系管理、自接营销等);业务流程外包服务(包括数据处理、保险索赔处理、医疗转录、数据数字化等);后台办公处理(包括薪资处理/人力资源服务、简历法律数据库、数字内容开发等)。

3.1 内部管理外包

3.1.1 财务与会计管理服务

3.1.1.1 财务与会计业务管理外包基本情况

财务业务管理外包在中国开展初期,财务总监们感到有几分不踏实。而随着大环境的改变,财务总监工作重点正在慢慢地转移,由原先会计工作为核心转变为企业"军师"。传统的财务模式已无法满足企业快速发展的需求,企业在设计自身的财务管理模式时会考虑发展战略、成本控制、效率提高、安全防范等问题。财务业务管理外包是企业将财务管理过程中的某些事项或流程外包给外部专业机构代为操作和执行的一种财务战略管理模式,是近年来在我国发展较快的一种财务管理模式。不少企业在面对财务管理的问题时优先考虑外包解决方案,因为很多企业领导发现由于财务管理人员的素质问题,使企业多交税费问题严重,或因政策理解不透造成偷税漏税被罚,费用报销人情分量重、漏洞大,人为干扰因素太大,更有甚者,因为怕麻烦而给企业带来高额税费,使企业收益大大降低。目前我国财务与会计业务管理外包根据其外包形式可分为传统财务与会计业务管理外包和现代网络财务业务管理外包。

1. 传统财务与会计业务管理外包

财务业务管理外包传统的做法主要是,将整个财务管理活动根据企业的需要分解成若干模块,如总账核算、往来账款管理、工资核算、固定资产管理、报表系统、纳税申报等模块,将这些模块中企业不擅长管理或不具有比较优势的部分外包给那些在该方面居于行业领先地位的专业机构处理,例如,将财务资金管理外包给银行等金融机构管理,将应收账款外包给收账公司管理。对于相对需要分析能力的工作,经理们更愿意将那些重复的日常工作外包,例如,工资发放和费用报销经常是最先外包的。据调查,工资发放是占外包比例最多的业务,达到了37%;需要专业知识的业务,如税务筹划,也是相对外包比例较高的业务。英国石油公司全球后台事务财务部副总裁艾伦·爱勒斯认为:"任何涉及说明、政策或判断的财务决定都必须内部留存,而其他方面均可能作为外包对象。"总的指导原则是,那些确定投入带来确定产出的财务流程适用于外包;而那些需要一定程度的说明、分析以及创造性见解的流程则不大适合外包。

2. 现代网络财务与会计业务管理外包

互联网技术带来的便捷,给现代网络财务业务管理外包提供了绝佳的途径。现代网络财务业务外包是利用提供财务应用服务的网络公司(如 ASP,即应用服务提供商)搭建的网络财务应用平台,双方制订具体的业务流程,通过合同或协议的形式,企业将全部或部分财务系统业务外包给服务商,由服务商通过互联网上的专营网站代替企业执行财务操作流程及财务信息的生产职能,而分析、决策的职能仍由本企业高层财务管理人员执行,同时服务商需保证财务信息质量并给予必要的咨询和指导的一种财务业务管理外包方式。

现代网络财务业务管理外包是网络技术普及后传统财务业务管理外包发展的高级形式,能将各项外包财务职能通过网络技术平台形成有机的逻辑联系。这种方式还可以实现整体财务职能的外包,而且效率极高,它不仅降低成本和减少费用支出,还使企业集中发展和管理核心部门,突出主营业务优势,占据更大的市场份额。

3. 最常见的财务与会计业务外包流程层次

目前最常见的财务与会计业务外包流程层次,依外包程度列为三层,第一层为应付账款、应收账款、现金及银行业务、职工薪酬、固定资产及总账;第二层为差旅费用、财务报告、管理报告、信用及收账、人事工作及资金;第三层为计划和预算、收益管理及税务。

有外包经验的财务总监们强调外包范围的完整性。例如,不仅仅要外包工资薪金,还要外包整个人事工作;不仅仅要外包应付账款,还要外包采购;不仅仅要外包应收账款,还要外包信用管理。因为价值的产生有赖于各个环节,不仅仅在于费用的降低,还在于不经过对企业流程进行非自然的割断就能使得服务及质量大幅度提升。

财务业务管理外包已在西方实践多年，并在外包服务市场中占有相当比重。美国是最早进行财务外包服务的国家。随着经济全球化的到来和互联网技术的高速发展，财务外包领域开始不断地拓展，不仅限于交易管理，还包括财务分析、风险管理等，逐渐成为增强企业活力的方式和进行业务转变的战略武器。

在我国，刚刚出现财务业务管理外包，且运用范围比较窄。目前企业一般会将会计记账、纳税申报等业务委托专业的会计服务公司（如会计师事务所、会计记账公司、税务师事务所等）来完成。但大多数的国内企业仍认为财务系统是企业最核心的机密，除公开上市必须公开的财务信息以外，其他信息都不能让高层以外的任何人知晓。目前国内的财务管理外包市场发展还处于初级阶段，企业一般先尝试外包一些相对较为独立的工作操作环节。将财务业务管理外包给更加专业的公司，往往在税收、费用控制、资金回收率方面有奇效。

3.1.1.2 财务与会计业务管理外包基本原则

在决定把应收账款、薪酬管理、差旅费、招待费或其他财务方面的业务甚至是全部业务外包出去之前，遵循本企业发展战略，从长远的角度看问题，可参考以下的指导原则。

1. 外包业务量的选择

对于传统企业，财务外包只有当出现迫切的理由时，企业才会考虑进行财务业务与管理的外包；而新兴企业大部分会选择将部分财务业务与管理外包，留下核心业务自行管理；小型企业基本选择全部业务外包。

在考虑财务外包前，企业须确定从长期战略看，业务外包的效果是否比自行处理更专业、更规范，获得的资源更加丰富，人为干预更少，制度执行力度更高；是将全部业务外包还是将部分业务外包。

2. 接包方的选择

在选择接包方的时候，企业需对其业务能力、资质、过往经验、资金、突出服务项目有所了解，并且应对比多家服务商。虽然节省成本是进行外包的一个主要目的，但是，如果采用价低者得的方式未必会有好的收效，因为服务商的成本使得他们应该提供的相关服务无法及时跟进，这样通常会使企业陷入被拖欠付款的境地。

3. 制定指标

管理者一旦确定所需外包的业务类型和具体内容，下一步就是进行流程设计，拟订合同或服务协议，具体阐明合作关系中双方的责任和义务，以及用于评估这一关系的相关指标。对大多数企业来说，最困难的就是如何在把成本进行具体细分和制定令人头痛的绩效评估标准之间取得平衡。要找到一个平衡点，企业必须找出绩效的5个最主要的动因，并且为每个动因制定5项评估指标。这些指标不能是主观的，而且不能被任意解释，它们必须能够被清楚地量化，而且具有客观性、可实施性、流程清晰，比如说完成一项交易所需要的时间，或者是交易成本等。一旦流程确定、量化指标被确立，在外包合作关系开始之前，企业应该给每项指标制定相应的绩效标杆，也可以使用最佳实践的数据作为提高绩效的指引。

4. 保障过渡

在整个外包过程中，最大的挑战可能就是如何在保持业务的正常运作不受过多影响的前提下，使这个外包业务能够顺利过渡。要做到这一点，企业就必须考虑专门为此设立一个项目办公室，由首席财务官或其他有着重大影响力的企业成员发起并主导这一过程。

3.1.1.3 财务与会计业务管理外包实施的基本对策

1. 更新观念

财务业务外包是企业解决自身财务问题的捷径，但是它并不能让企业所有的财务问题都得到解决。事实上，财务业务管理也是根据企业实际运营模式在不断改变管理方式，因此，必须从战略的角度看待财务外包，将企业资源集中在效率高、效益好、柔性强、有发展前途的财务业务中，最大限度地利用外包商在专业技能上的长处，获得事半功倍的效果。

2. 确定边界

确定财务外包的边界就是确定哪些业务可以外包，哪些业务必须自己来做。任何一个企业不论规模大小实力强弱，都拥有其核心技术和优势资源，任何产品和服务的生产都牵涉到一系列的财务活动，核心职能业务需要其他非核心业务的支持。如果拟外包的职能对其核心竞争能力、核心控制力起着举足轻重的作用，构成长期战略的一部分，就不宜为了短期目标实施外包策略。因此，企业在实施财务外包策略时，要充分考虑其自身的财务管理能力和可能涉及的商业机密及潜在的风险，合理确定财务外包边界，权衡利弊轻重，保证外包策略的实施不会损害其他部门的利益或影响企业的战略规划。

3. 确立外包商

选择合作伙伴时，重点应考虑战略伙伴的业务能力、发展战略与经营理念，因双方不是简单的买卖关系，而是利益共同体。企业应对外包商进行充分评估，选择业务强项与企业的业务有一定关联，并有足够的能力且愿意解决本企业困难的外包商作为长期外包合作伙伴。

企业在选择外包服务商时应客观考虑以下几个因素：①质量承诺能否满足企业预期要求，是否有能力解决企业的问题。这是挑选外包商的首要因素。例如，国家政策的及时享受往往给企业带来不小的额外效益。②外包服务的专业程度。服务过的企业越多、财务业务管理时间越长、财务业务管理经验越丰富、市场地位及市场成熟度越高的外包商越值得信赖。例如，各行各业的行业条规熟悉程度、"盾牌"的合理运用、行业运作特点给财务带来的可能危机防范能力、特殊业务流程优化带来的效益等。③价格。企业进行财务外包的一个重要原因是降低成本，在选择外包商时，当其他条件相差无几、资金安全度高时，应该选择报价最低的外包商。

4. 签订合约

财务业务外包的最大目的是降低成本、遵从法规、行业整合、降低环境复杂性和接触新技术及管理门户。如果受信用危机的打击，公司的成本必然加大，外包就没有任何意义，所以企业在实施财务业务外包之前，需制定好详细的合约与实施流程及严格的管理制度和量化的目标，与外包商签定的合约中不仅要包括外包的具体业务、业务执行流程、价格、期限、双方的责任和义务等问题，还要根据财务外包的特殊性，就某些特殊问题进行详细说明。

首先，企业与外包商必须在合约中明确财务的收益分配和风险承担原则，即选择合适的外包方式，通过与外包商进行充分协商，在外包商的独立程度与企业的控制能力之间建立有利于双方的制衡机制，明确收益分配标准和责任归属、权利与义务，使风险和收益得到理想的平衡。其次，由于财务部门涉及众多的商业机密，因此签订合约时必须在充分了解提供外包的公司为保守商业秘密而采取的措施、处理相关业务人员的职业道德和外包公司内部制定的防范制度的基础上，就财务信息的保密措施签订详细的条款，既要提高效率又要避免商业秘密的泄漏是财务外包决策的原则，同时还要注意外包的应只是公司财务中相对基础的部分和薄弱的管理部分。最后，合约中应当考虑可能发生的变化并商定一个处理这些变化的程序。

5. 利用 IT 技术实现财务外包的对接

对于国内大多数实施财务外包的企业来说，由于企业与外包商之间的财务信息和单证传递的频率较低（基本上一个月两三次），因此多用人工或信件传递的方式，但在路途遥远、信息传递量大而频繁的情况下，人工传递就显得效率低下。因此，在信息技术广泛应用的今天，企业实行财务外包策略，必须以网络信息技术为依托。

在网络环境下，企业要保证财务外包策略的有效实施，除了更新经营管理理念，使之与时俱进外，还必须更新和升级配套的硬件设备，完善企业内联网，并充分利用企业外联网、国际互联网等信息高速流通渠道。同时，还要提高企业内部财务人员处理信息的技术能力和水平，利用网络平台和信息技术，对财务外包实行全天候监控，并做出及时反应，真正实现企业同外包商的对接。

3.1.1.4 财务与会计业务管理接包的基本服务流程

1. 准备程序

（1）与潜在客户沟通，了解客户合作意向。

（2）更周到地为客户提供良好的服务，深入了解客户公司成立的时间、所属行业、营业收入状况、税务状况，公司是外资、中外合资、内资等，公司的员工人数、员工资质结构、经验值等。

（3）根据第二条了解客户情况后，结合公司的服务定价政策，初步向客户提供报价。

（4）登记客户意向表。

（5）与客户多次确认，上门做进一步沟通计划，并与客户完成业务管理流程与协议的初步条款。

2. 签订协议

（1）与客户达成初步合作意向后，就客户提出的服务开始日期、服务期限、服务内容、服务价格等初步协议转交客户。

（2）与客户达成一致意见，签订服务协议，或将服务条款修改至客户满意后签订最终协议。

3. 执行协议

此阶段为双方将制订好的具体流程中所涉及的业务必须项进行合理交接，并将流程所需的业务梳理，将不合理的地方进行修订，确认无误后进入正式运行。

（1）财务顾问与客户相关人员初步确定第一次服务前的准备工作。具体内容有：确定客户专职或兼职出纳人员，财务顾问指导出纳建立内部管理用现金与银行存款日记账，指导客户日常资金暂支单和费用报销单等单据的填制和办理工作。要求客户提供营业执照与税务登记证复印件，税务局批准的税种及税率表复印件，客户单位所属税务局地址、税务专管员姓名及联系方式。客户的出纳人员每月25日将费用报销单、暂支单、发票、银行往来收据、工资及社保金明细表、原材料、半成品、产成品、库存商品等出入库单、购销发票、经济合同等资料原单快递（或通过网络电子版传递）给指定的财务顾问。

（2）确定具体报账、做账日。在做账过程中，对不确定的问题（如发票等资料短缺或内容不清楚等）及时与客户方沟通。

（3）确定填制税务报表资料并指导客户出纳划转税款。

（4）需到客户税务机关部门报税的，由财务顾问或客户出纳上门或网上报税。

（5）财务顾问将税单、财务报表、纳税申报表、记账凭证等资料快递给客户公司。

（6）财务顾问就税务部门提出的问题及最新财税政策及时向客户反馈。

3.1.1.5 目前国内企业外包的主要财务业务

目前国内企业财务业务外包的主要内容如图3-1所示。

图3-1 国内企业外包的主要财务业务

1. 纳税工作

目前国内的税务制度十分复杂，合规性要求很高，企业一不小心违规就要支付较高的成本，而企业一般很难配备专业的精通税务知识的会计人员或办税人员，所以大部分企业会选择将纳税工作外包。国外企业在进行经济交易之前，都以税务优先，需要咨询税务顾问，还经常请税务顾问对公司财务进行健康检查以降低成本。

2. 应收账款的管理

应收账款对企业的财务管理十分重要，如果出现大量拖欠现象，就会造成资金紧张、坏账损失，影响资金的流动，而催收应收账款会耗费企业大量的时间和人力，得不偿失。所以，企业会选择将应收账款管理外包，从而提高资金运转效率，减少企业人力耗费。

3. 员工工资的核算和发放

将员工工资的核算和发放外包，可提高员工工资保密性，使内部员工无从打听和进行比较，因为所有的信息都在服务商那里。员工的工资外包是目前国内企业最受欢迎的财务外包形式。

4. 差旅费和招待费

对于企业而言，差旅费和招待费往往占了费用的相当大比例，而且，这两种费用的控制比较复杂和繁琐，企业往往鞭长莫及，是违规违纪多发地段。想管理好，需要大量的专业人员和十分具体和详细的制度。例如，各级别员工出差的住房标准，乘坐交通工具的类别和级别，不同级别的员工招待费的授权金额，等等。这些制度均需要详细规定并定期监督检查执行情况，给企业管理带来很大的复杂性和内耗。因此，将差旅费和招待费外包给专业化的服务商，可以及时反馈费用支出信息，帮助企业监控费用预算执行情况，外部监管部门也能够认可支出的合法、合规性。而且，这些服务商往往与酒店和交通部门采取业务协作的方式，可以取得较好的价格折扣，降低差旅费和招待费支出。

5. 财务报告的编制

随着企业会计制度的完善，财务报告的编写要求越来越高，由提供财务报表发展到提供财务会计报告，由以年度提供报告发展到中期财务报告和年报的结合，另外要求企业提供现金流量表。然而，目前仍有许多企业的会计尚不会编制现金流量表。相关机构在监督企业经营情况时采取的主要形式之一就是对财务报告进行审查，投资者也是依据财务报告来决定自己的投资取向，所以，财务报告是否能满足各主体的要求，是否符合会计制度和准则的规定，对企业来说非常重要。因此，企业可以选择专业服务机构代为编制财务报告。

6. 小型企业财务全业务外包

小型企业由于人手紧缺、利润不高，很难按照国家规定账款分离管理，为规范管理和防范财务风险，一般会选择财务全业务外包，也有部分只将工资、财务报告、应收账款、差旅费等外包，还有委托专业公司制定财务制度、进行纳税咨询。

案例3-1　宜久财务外包服务

某门窗生产美资企业，其产品主要为接包境外订单，有部分自营外销。该公司成立于2002年，原有专职财务人员6人，公司销售收入1.2亿元，但利润率很低。经美国总部财务审计，发现存在存货管理混乱、往来账务混乱、内部控制不健全、成本核算不实、纳税申报出现错误、出口退税延迟，导致税金无法挽回等问题。

该企业决定将部分业务进行财务外包，经对多家财务公司进行筛选，他们选择了宜久财务公司，对业务流程及内部控制制度进行深度了解后，进行了如下步骤的工作。

(1)根据公司业务流程，结合财务管理的特点，重新规划并使用ERP管理软件，同时对美资企业员工进行培训，重新规划了财务工作岗位和职责，重新制订了成本核算流程，使财务管理同企业的业务特点相结合，通过ERP软件进行规范管理与监控。

(2)重新规划企业内部控制制度，进行及时有效的授权管理、物资管理和资金管理。

(3)根据企业的财务管理和业务管理的特点，除资金管理、催收账款外的其他财务项目(成本核算、记账报税、往来账款、内部财务监控、税收筹划、出口退税业务)全部由宜久财务公司外包服务。

通过以上规划，宜久财务公司帮助该美资企业实现了财务管理的几个控制点，达到了管理层如下要求。

(1)人员精简后，节约了人力成本，增强了业务保密性，提高了财务管理独立性。设计新业务流程管理运行细则，该公司财务人员从原来的6人减少到2人。宜久财务公司员工不隶属于客户，在各种制度的监控执行和业务的保密性上，更能够保持中立和独立，减少了公司原有制度不严谨、有制度不执行、信息不通畅等弊端。

(2)享受专家级的专业服务。宜久财务公司指派的外包项目小组负责人，是具有多年大型生产型财务管理经验的注册税务师，对美资企业的生产型企业内部控制制度、税收筹划等进行了标准设定，为该公司提供了标准的专家级管理。

(3)财务外包两年实现了企业管理增值5650万元。本次美资财务外包的规划及培训历经了6个月，正式执行两年时评估结果，为客户创造了直接和间接的经济效益。其中，直接效益包括：税收筹划及优惠政策退税330万元；成本合理筹划节约流动资金700万元；库存管理明晰，盘活资产520万元；加强企业往来款账龄分析，盘活资金1600万元；投资分析对比，建议外包加工节约固定资产投资资金1000万元。另外，其他人力资源节约不计，间接创造经济效益1500万元以上。

【分析】

我国大部分企业的财务管理沿用了人治理念，在传统企业中喜欢将财务管理的位置留给"亲信"，老板们认为钱在自己人手里管着就不会有大问题。财务人员的能力和价值观决定了管理的结果，传统企业管理的理念已不适合现代经济社会的发展。而利用现代技术、管理理念、管理规范流程、法规、机构、信息系统的流程外包管理正是规避风险的好手段。

例如，有家私企聘用亲戚做出纳，三年间每月平均工资4800元。前不久由于该亲戚没有核实资金支付信息，导致按照诈骗信息错划80万元无法追回。老板面对的结果是，亲戚上门赔礼道歉哭诉自己无能，决定离职表达自己的歉意，老板面对这位亲戚是打不得、骂不得、起诉不得，自己只能默默承担80万元损失。经咨询与评估多家财务公司后，该企业选择了一个对本公司业务非常熟悉、优势明显的财务外包公司，每月1800元进行财务全业务流程管理外包，当年节约财务人员工资15.6万元；享受税收优惠4.9万元；获得政策性项目支持资金32万元；获得财务公司指导，搬迁公司到园区，获房屋租金减免12万元；在财务公司支持与指导下获评高新企业，减少贷款利息8.8万元。当年共实现直接效益20.5万元，间接效益52.8万元，减去给财务公司的效益管理分成15%即11万元，该企业较前一年合计提高收益约62.3万元。

案例3-2 国际四大财务服务公司

德勤会计师事务所

世界四大会计师事务所之一的德勤会计师事务所(Deloitte & Touche)是德勤全球(Deloitte Touche Tohmatsu)在美国的分支机构。公司的咨询部门德勤咨询(Deloitte Consulting)在全美有2900名员工，是业内最大的公司之一，其特长在于国际商务、公司75%以上的业务都来自老客户。德勤全球是一个由全球各地众多的成员所/公司组成的组织，提供专业服务及咨询，在约150个国家执行全球性客户服务战略。拥有由12万名专业人士组成的全球服务网络，在审计、税务、企业管理咨询和财务咨询等四个领域为超过一半的全球最大型企业、全国性大型企业、公共机构、当地的重要客户以及众多发展迅速的全球性公司提供专业服务。目前，德勤公司的主要服务项目有会计和审计、税务咨询和税务规划、信息技术咨询、管理咨询以及兼并和收购咨询。

毕马威会计师事务所

毕马威会计师事务所（Klynveld Peat Marwick Goerdeler，KPMG）是世界上最大的专业服务机构之一。雇佣员工约136 500名，在全球超过140个国家或地区设有分支机构。毕马威主要提供法定审计和金融审计、商务及个人税务服务、会计咨询服务、商务绩效服务、公司财务、金融风险控制、取证、内部审计、信息技术咨询、结构调整、并购咨询。

在中国有毕马威华振会计师事务所和毕马威企业咨询（中国）有限公司两个法律实体。在北京、沈阳、青岛、上海、南京、成都、杭州、广州、福州、深圳、香港特别行政区和澳门特别行政区共设有12家分公司，专业人员超过8 500名。在美国雇用了大约600名中国人。

安永会计师事务所

安永会计师事务所（Ernst & Young）是全球领先的专业服务公司，提供审计、税务及财务交易咨询等服务。目前安永在全球140个国家有办事机构700个，员工114 000名。英国石油、美国石油、时代华纳、希尔顿、麦当劳、沃尔玛、可口可乐、苹果公司都是安永的客户。在我国内地的客户包括中国海洋石油、宝山钢铁、武汉钢铁、马鞍山钢铁、江西铜业、西部矿业、中国工商银行、平安保险、太平洋保险、浦发银行、中信证券、深圳发展银行、三九医药、复星医药、中国铁建、中国南车、上海电力、张裕、美特斯邦威、华硕、百度、联华电子、中兴通信、用友软件、中国国际航空、大连港等。

普华永道会计公司

普华永道会计公司是四大国际会计师事务所之一，由普华（Price Waterhouse）和永道（Coopers & Lybrand）于1998年合并组建而成。PWC是成员机构网络所运营和提供服务的品牌。客户中25%为大型企业，30%为中型企业，45%为小客户、私人企业、非营利组织和公共机构。主要服务领域包括审计、税务、人力资源、交易、危机管理等。他们还通过制订解决方案及提供实用性意见，为客户提升价值。目前在154个国家和地区有超过161 000人的专业团队所组成的全球服务网络，对22个行业进行专业研究，分享其思维成果、行业经验和解决方案，并为客户开拓新视野及提供实用的建议。

【分析】

如果公司将提高财务职能部门的效率视为主要目标，那么应选择的转型实现模式就是外包，而且要特别注重服务供应商的财务处理能力。外包所具有的流程效率、灵活性、可扩展性以及在合约的约束下不断改进等优点，被视为一种既有时效又值得投资的更好选择。财务外包商通过运用标准化的流程和先进的技术而获得强大的规模经济效应，使得各种类型和规模的公司都能为流程改进进行持续的投资。在一个竞争激烈的市场中，小公司也可以在平等条件下和大公司竞争。由于目前该类服务已经非常普遍，费用也很低，对比本身企业管理的成本，外包的费用基本为原来成本的10%～20%。如果小公司将财务外包给一般性的财务公司，成本比较可降至5%，即原来需要支付1万元工资，外包后只需500元就满足原有需求。

3.1.2 人力资源管理服务

3.1.2.1 人力资源管理服务的基本情况

人力资源外包就是企业根据需要，将某一项或几项人力资源管理工作或职能外包出去，交由其他企业或组织进行管理，以降低人力成本，实现效率最大化。采用人力资源外包可以通过合理地运用外部资源，促使企业对内部资源进行最合理、最有效的配置，从而发挥企业外部资源和内部资源的协同作用，建立企业竞争优势。总体而言，人力资源外包是渗透到企业内部的所有人事业务，包括人力资源规划、制度设计与创新、流程整合、员工满意度调查、薪资调查及方案设计、培训工作、劳动仲裁、员工关系、企业文化设计等方方面面。

我国目前人力资源服务外包较多的服务项目和内容如下：

(1)猎头。主要有高层员工猎头。

(2)人才中介。如专业人才中介。

(3)人才派遣。包括长期员工派遣、临时员工派遣、全风险职能外包、国际劳务输出。

(4)多渠道招聘。包括招聘会、招聘网站、招聘报纸。

(5)人才评测。主要有性格测试、职业性向测试、专业技能测试、胜任力测评。

(6)培训。主要有语言培训、技术培训、管理培训、认证培训、企业内训、职业辅导。

(7)管理服务。包括招聘管理、绩效管理、薪酬管理、福利管理服务、HR软件租赁服务(ASP)、员工体检服务。

(8)信息调查服务。主要有员工背景调查、薪酬调查、福利调查、员工流失及保留调查。

(9)数据处理服务。主要有绩效数据处理、薪酬数据处理、出差及报销管理、呼叫中心外包服务、年金账户管理服务。

(10)人事外包。主要有档案管理、录用工手续代理、社保代缴、工资代发、异地员工安置服务、裁员安置服务。

(11)管理咨询。包括人力资源战略咨询、组织设计咨询、工作岗位分析咨询、绩效管理咨询、薪酬管理咨询、企业能力素质模型咨询、企业激励体系咨询、企业福利咨询(本金咨询)、流程及制度咨询、职业生涯规划、领导继任计划咨询、人力资本审计、员工留保咨询。

根据人力资源顾问公司翰威特的调查显示，美国89%的公司对其外包的安排感到满意，20%的公司在外包服务中得到了意想不到的收获。多数美国机构对其将人力资源服务外包的决定感到满意，并计划继续扩大这类业务的外包。

目前国外企业纷纷将部分人力资源工作进行外包管理，从而使企业内部的人力资源管理人员摆脱了繁琐的事务性工作，企业将注意力集中在核心工作上；而由于国内企业考虑保密性的问题，或出于便于操控等原因，HR 部门要完成大量事务性工作，致使效率普遍低下。企业想要大力节约人力成本，需要经历一个新兴期、成长期、发展期，最后走向成熟，人力资源的外包也是如此。新经济时代的到来，使得技术的发展日新月异，知识的更新瞬息万变，因而企业在提高效率、赢得竞争优势方面面临比以往更大的压力。越来越多的企业开始认同并接受这一管理方式，逐渐改变传统的做法，将那些能借助外部力量完成的事情尽量交给专业机构完成。

3.1.2.2 企业各阶段发展对人力资源管理外包的需求

企业处于不同发展阶段对人力资源外包的需求有所不同，下面简略介绍企业发展处于不同时期的特点及人力资源外包需求。

1. 创业初期人力资源管理的特点及外包

企业刚开始创业时，实力不足，财力有限，规模小，投入多，产出少，各项管理制度不全。这一阶段企业经营管理工作事无巨细均要创业者一手去办，企业员工人数少，各部门、各岗位职责不清，缺乏科学有效的绩效考评、薪酬制度，企业还处于不断探索阶段，薪酬待遇主要与个人完成的绩效挂钩，属效益工资。处于这一阶段的企业人力资源外包管理工作，对外包市场的人力资源咨询服务顾问公司要求较多。人力资源咨询服务顾问公司能提供质优价低的服务，对于创业期的企业来说，外包可以节省大量成本。这样将人力资源外包就会使企业专注于其核心竞争能力的提升，快速走出创业期。

处于创业期间的企业，员工需求不确定，员工离职率较高，企业付出的显性成本和隐性成本都高，将其外包给专业公司，可以很灵活地调整，节省大量人力资本投资。

2. 成长期人力资源管理的特点及外包

企业进入成长期后，人力资源管理逐步迈入正轨，企业的薪酬待遇较之创业期明显提高。此时企业急需大量员工，大量员工的涌入带来的是如何管理的问题。处于成长期的企业由于利益导向驱动增大，会对竞争对手采取追随战略，因而其竞争对手的人力资源外包选择和效果优劣会影响到本企业的选择，所以既要考虑人力资源的战略性方面，又要对日益突出的人力资源行政事务问题加以科学合理的解决。

成长期企业人力资源管理独特性方面正在形成之中，选择人力资源外包，所付成本不会因此而有较大增长。因而，处在这一阶段的企业考虑将人力资源外包的量较大。

3. 成熟期人力资源管理的特点及外包

企业进入成熟期，可以说达到了事业的巅峰。企业人力资源管理体系制度已相当完善，并形成了浓厚的企业文化氛围，企业人力资源管理的独特性已形成；战略性人力资源管理有效且富有特色。企业既要想办法克服机构臃肿、多重领导、人才流失的"大企业病"，又要谋求超越自我，实现事业上新的突破；而人力资源外包市场的完善程度对成熟期的企业外包的影响和以上阶段的情况相似。

成熟期企业实力强大，有能力派专人研究主要竞争对手的外包情况，并吸取经验，从而对自己的人力资源外包政策做相应的调整，抑或采取领先竞争对手的策略，采用更先进的人力资源外包手段，提高核心竞争能力，减少成本。

4. 衰退期人力资源管理的特点及外包

处于衰退期的企业走向衰败，职工队伍不稳定，士气低落。人力资源管理工作面临着如何合理裁减冗员，控制人力成本，对剩余员工重新合理组合，进行再次创业的问题。人力资源管理战略层面需要进行二次创新，在人力资源管理行政事务上也需要面对如何处理冗员问题等。而通过外包手段能解决冗员合理安置、减少被裁员工不满、使职工队伍稳定，冗员通过外包公司在外包委托方之间转移，减少企业成本，使企业能专注于自身的二次创业。

3.1.2.3　云时代下的人力资源管理服务创新模式

新技术的力量席卷了人力资源外包服务领域，颠覆了传统的人力资源服务模式。企业开始利用云计算、大数据等新兴技术创新人力资源服务模式。

创新模式一：单一职能云化。主要利用新兴技术搭建职能平台，如招聘平台、社保平台，实现在线招聘、移动招聘、在线缴纳社保及云平台处理社保事务等。目前社保管理方面，业内典型代表是 51 社保网，它是一个社保办理服务网站，致力于为企业提供社保办理、工资代付等服务，网站还有一个 HR 社保论坛，覆盖了常见社保实务问题，帮助 HR 成长。

创新模式二：部分职能云化。这种模式主要是利用云平台整合人力资源服务部分职能，以低成本方式提升企业管理（主要是员工管理）水平，改善企业生存环境，稳定企业发展。"爱员工"就是一种给中小企业提供员工管理的新服务模式平台，它采取"低价服务＋免费工具＋自购福利补贴"策略，既为企业提供员工的培训、考勤、招聘、激励等低价服务，利用自主开发的移动管理系统提供企业管理，增强企业和员工的互动，同时又补贴中小企业员工福利，在最短时间内改变客户习惯，实现客户数量的快速增长。

创新模式三：一站式人力资源云服务。利用云 SAAS（software as a service）模式，打包中小企业的一切人力资源服务，给企业提供人力资源管家式服务。目前"金柚网"提供的人力资源服务就是这种模式，它为企业提供招聘、入职、社保、生日、假期、司龄、培训、多元化福利采购及发放、圈群交流等一站式人力资源在线管理服务，有效降低了企业管理成本，提升了人力资源管理水平。

3.1.2.4　档案云提供人才资源管理的档案服务

进入大数据时代，数据成为经济的核心枢纽与企业的核心资产。纸质档案下的服务模式显然已经不能适应市场的需求。互联网＋档案服务，更不是简单地将档案信息化，而是交叉着移动互联网、社会化媒体、云存储等系列趋势，实现海量信息、即时互动、智能服务的立体化和多元化发展。因此，档案云是凌驾于信息化基础上的智能云平台，是云端的档案服务业。将档案信息化、云端化是人力资源管理必不可少的重要手段之一，它有利于人才诚信、运动轨迹、能力等的记录，方便人才外包管理与合理流动，而人才服务外包管理的规范化促进了其成长。

例如，宝葫芦集团在原有档案管理系统的基础上定制开发的一款更为安全、高效的综合档案管理系统——档案云平台。无论是在功能上还是在使用模式或信息安全上，档案云都体现了人性化、智能化和科学化，符合档案管理人员的使用习惯。

在功能上，档案云针对当前档案管理的特点，提供一套档案管理的全过程服务，包括：案卷的著录、管理、鉴定、统计、检索、利用工作及档案室管理等；在此基础上还涵盖了文书处理过程（包括收文发文和资料的登记、分发、传阅、承办、催办、检索、统计等）以及归档文件处理过程（包括文件归档、盒号调整、检索等）。档案云区别于百度云、有道云等云存储，它不是只简单地储存信息，而是能够很专业地根据资料和档案的属性分类保管。档案云根据档案法分类管理，把人员所有资料进行专业分类，按照文件或档案的重要性、保密级别及其他属性保管到"云端"，可以根据各种检索条件进行查阅，用起来非常方便，更加具有专业性。它不受时间和空间的限制，在任何地点和时间都可以通过电脑、手机 APP 查询和调阅。例如，宝葫芦集团获得国家保密存储许可证背书，信息安全得到保障。

案例 3-3　在线招聘流程服务新秀拉勾网

3W 咖啡推出的招聘垂直平台"拉勾网"，目前估值已超过 1 亿美元。拉勾网于 2013 年 7 月 20 日上线，截至 2017 年 3 月，拥有超过 11 万企业用户和 600 万个人用户。这其中既有百度、腾讯、阿里巴巴等成熟稳重的大企业，也有去哪儿、锤子科技、豌豆荚等高速成长的行业新秀。地域覆盖大中小城市 30 多个，企业细分领域覆盖包括移动互联网、电子商务、金融、企业服务、游戏、教育等 20 多个互联网市场。

拉勾网人才服务与管理流程有如下特点。

1. 只做互联网，以行业聚焦快速形成资源聚集和服务深化

拉勾网聚焦在互联网领域，凭借专业化和在垂直领域的深耕，获得了一定的口碑。例如，据拉勾网调查，互联网人跳槽周期在 24 个月之内，平均每天有接近 6 万家互联网公司招人，接近 150 万注册用户，每天产生接近 10 万次的投递。因此，互联网行业对人才的需求更加旺盛，甚至需要更多定制化的需求。拉勾网模式深度挖掘互联网行业，符合当下互联网对于精细化深度运营的要求，增加的个性化企业服务，更符合互联网企业快速、新颖、个性鲜明的特点。

在管理流程的设计上，上拉勾网招聘的企业想要看候选人的信息，除了购买账号外，还需要候选人和企业双方互相愿意。基于这种双方的确认机制，拉勾网能让互联网企业更方便、快捷地找到适合自己企业的人才，扩大和形成互联网企业的人脉圈和生态圈。此外，拉勾网在商业模式上选择按照效果收费，即以入职为标志来收费，且收费标准仅为传统猎头公司的 10%，为企业节省了招聘成本。

2. 少而精，数据挖掘提升人才与岗位的匹配度及面试效率

拉勾网的招聘流程管理以精、准、细为特点，保证高效率的人才推荐。首先，限制海投简历，简历控制在每天投 10 份，能够同时节约 HR（人事部门）和求职者双方的时间和精力；其次，网站推荐算法技术过硬，只要投过或搜索过，就会相应自动匹配一些职位，匹配率高达 90%；此外，还有及时的投递情况跟踪，HR 查阅简历、邀约面试、拒绝面试等系统都会记录，HR 可以清晰地看到自己的招聘进度，避免反复查看、错看漏看。如果 HR 因其他事情忘了查看简历，没有及时反馈，系统会帮忙及时发送邮件通知求职者。据了解，拉勾网的面试效率很高，基本上求职者投 3 份简历就会被预约一次面试。

3. 信息透明，节约用户时间，提升服务体验及信任度

拉勾网的设计，将人才检索按照商品网站的标杆平台淘宝网站比对设计，例如，网站有多种分类，每个商品主页上都有商品的详细介绍、商家信用情况、月销量、公司信息、包换退货、其他服务等信息。应用到拉勾网求职网站设计上，求职者作为客户在类似购买（即找工作）的过程中，除了能看到求职岗位外，还能看到企业的经营阶段、注册信息、企业规模、经营领域、岗位工资、其他福利等信息。此外，网站公司版块，清晰列出了发布职位的企业，企业页面介绍简洁清晰，除了有公司简介、发展历程、公司地址这些常规介绍，还有面试评价、简历处理率、简历处理用时等展示。这种模式很大程度上提高了双方的信息透明度，大大缩短用人单位的时间和降低了成本。

4. 移动端招聘，跟踪服务提升客户黏性及深度需求挖掘

上线的"拉勾网 APP"实现了移动管理招聘简历和招聘流程，帮助 HR 提高招聘效率，让用户实现招聘过程全程跟踪。此外，用户关注拉勾网的微信公众账号后，还会获得互联网行业信息和相关职位的推荐信息。对企业来说，拉勾网的移动服务功能又给企业提供了一个招聘利器。

【分析】

由于拉勾网只关注互联网行业的在线招聘业务服务，其业务范围只覆盖了互联网发展比较迅速的一线城市或优秀的二线城市，因此从行业及地域覆盖上明显小于传统招聘网站，很难满足企业大规模用人的需求；另外，在高端人才和紧俏人才方面的资源也不足，很难同猎头公司形成正面竞争。因此，在通过专业聚焦快速建立影响力后，如何深化和延伸服务、完善商业模式是拉勾网必须解决的问题。而这种从自己擅长的细分领域内快速发展的模式颇值得创业企业学习。

同时，在平台互动方面拉勾网也面临"淘宝差评师"等类似问题，比如其商务网站设计有面试人员对企业的评价版块，一些差评在某些程度上存在偏颇，如何更好地帮助求职者之间以及同类企业之间互动交流、分享经验，营造一个更加公平开放的平台，值得进一步去思考与创新。

以拉勾网为代表的新型招聘网站创业创新项目正在推动整个招聘行业的服务理念、服务体系、商业模式以及市场格局，带来更优的用户体验、更高的价值平台。

案例 3-4 互联网+档案服务管理产品"宝葫芦"

传统档案服务商宝葫芦集团在档案管理界有稳定、专业、安全的美誉，客户数量超过 3 万家，分布在北京、天津、湖北、江西、陕西、河南、河北、山西、贵州等地。2016 年 1 月 13 日，宝葫芦集团首次发布"档案云"产品。与传统的管理软件不同，档案云采用的是 IP 分布式系统，无须安装即可访问云平台登录界面。同时发布的还有档案云 APP。苹果手机可以直接在 APP Store 搜索"档案云"，安卓手机可以在以上登录界面二维码处扫一扫下载并安装。PC 端登录可以看到四大核心功能，即档案录入、档案查询、借阅登记、备份恢复。

（1）档案录入。提供档案编辑相关的新增、修改、删除、排序、档案分类设置、档案导入及档案原文管理功能。界面上还提供了快速查询功能，可以输入关键词进行数据检索。

(2) 档案查阅。类似"百度"的检索方式,输入关键字(可以一次输入多个关键字,各关键字之间用空格隔开),点击"查询"执行查询操作。档案查阅主要分为目录检索和全文检索两种检索方式。

(3) 借阅登记。对档案的借阅行为进行管理。借阅信息、借阅状态根据实际行为实时变更;系统使用不同颜色区分借阅状态,以便用户查阅借阅记录。

(4) 备份恢复。系统提供档案目录、原文数据的备份,且支持备份数据的下载,可以将下载的备份数据进行离线存储。系统还提供了恢复功能,将系统数据恢复到任意备份状态。

相对于PC端的档案批量导入、管理及备份功能为主,手机端则更强调移动和个人应用功能,依据移动端使用习惯集中在拍照上传、档案浏览、档案查询、借阅记录、借阅审批和业务咨询等功能。主要应用场景是在异地洽谈业务或是在家办公,调出相关数据非常快速便捷。点击档案浏览,可以直观地看到所有档案目录,点击每一个目录会显示该目录下包含的所有资料,档案查询功能根据关键字通过目录和全文搜索迅速精准定位并支持直接查看和收藏。

拍照上传功能通过直接拍照或从相册选取已有图片上传到已有目录或直接新增。同时还强调互动性,在使用过程中有问题或者建议,可以通过业务咨询和用户反馈发送至后台,收藏夹功能增强了用户的自主性。

【分析】

1. 档案信息化

进入数字化和信息化时代,电子文件广泛运用,纸质档案逐步向电子档案转变,而"互联网+"的浪潮,进一步加速了档案无纸化和虚拟化演变的脚步。而海量数据的几何量级增长也为档案服务行业带来了前所未有的机遇与挑战。云计算、大数据、移动互联网等新兴技术发展迅猛,为档案信息化行业创造了更多应用的技术条件。据估计,全国市场容量价值达数百亿,而能够从事档案管理软件生产和档案数字化服务的企业不多。对资质要求相当严苛,目前,取得甲级国家秘密载体印制资质(涉密档案数字化加工)的企业,全国不超过5家。

2. 借助云和移动

"档案云"服务平台是一款专业的资料、档案保管和管理软件,基于云计算技术,通过整合虚拟化资源,提供数据存管、统筹以及交互,并结合"互联网+"来实现各级档案资源信息化管理的数据云平台。通过互联网把所有资料进行专业分类,按文件或档案的所属部门、重要性、保密级别、日期及其他属性保管到"云端"。平台最人性化的设计是可以通过电脑、手机APP两个端口进行操作,打破传统档案管理的物理空间限制,还打破以往信息化的时间限制,可以随时随地查询和调阅,大大释放了人力,方便快捷。

3. 功能模块

一般平台主要包括档案录入、档案查阅、借阅管理、备份恢复、档案设置、人员管理等功能模块,满足政府部门、社会组织、各行业企业单位等主体的不同需求。

4. 目标定位

在企业级服务领域，大批量及不断崛起的中小企业的需求不容忽视，如宝葫芦档案云平台抓住这个长尾市场，定位于服务中小企业。通过 SAAS 模式来实现中小客户各级档案资源的信息化管理，各种业务平台与云平台的无缝对接，建立与中小企业携手共赢的伙伴关系。

这类服务模式可以使此类服务企业快速累积用户，以中小企业为主。

案例 3-5　宝洁人力资源外包

2003 年 9 月，宝洁与 IBM 签订了为期 10 年、价值约 5 亿美元的人力资源外包合同。从 2004 年 1 月起，宝洁全球各地的 800 名人力资源部门员工转入 IBM，协同 IBM 原有员工一起为全球的宝洁员工提供包括工资管理、津贴管理、补偿计划、移居国外和相关的安置服务、差旅和相关费用的管理以及人力资源数据管理在内的服务。IBM 还利用宝洁公司现有的全球 SAP 系统和员工门户网站，为宝洁的人力资源系统提供应用开发和管理服务。

通过外包，宝洁成功实现了业务转型，专注于产品的配送和公司资源的重组，把更充足的资源放在开发核心业务上。IBM 专业的外包服务使宝洁公司通过流程改造、技术集成和最佳实践来改进服务和减少人力资源成本，为高层管理人员提供统一、精确和标准化的实时员工报告，进一步改善决策质量。此外，还以更加实时、灵活和随机应变的方式提供各种员工服务。

【分析】

目前一些企业普遍存在的问题是，一些基层管理部门往往"一山不容二虎"，现有人才怕失去自己的位置而拒绝新人才进入，对于本企业人力资源部门找来的能人，会被现有部门的"能人"拒绝，使企业无法使用到真正的能人，效率低下的现象难以改变。而外包人力资源部门则会按照企业运作中对人力的真实需求来配备人才，内部人员无法左右优秀人才的加入，人才的供给是双方企业按照具体制订的流程来管理，而人才给发包企业带来的效益接包方有间接的效益收获，因此，容易进入人才的良性流动。

3.2 业务运营外包

3.2.1 专业金融业务管理

1. 金融业务外包的基本情况

目前，金融企业持续地利用外包服务商（集团内或集团外实体）来完成以前由自身承担的业务已经是常态。在金融业务外包领域，随着离岸外包和整个经营过程外包业务流程外包的崛起，金融企业从外包中获得的利益大大提高，因此金融业务外包也成为国际外包市场的主流。金融业务外包始于 20 世纪 70 年代的欧美，证券行业的金融机构为节约成本，将一些事务性业务（如打印和存储记录等）外包。

2. 金融外包业务的特性

金融服务业务外包以后勤支持服务类业务外包、专有技术性事务外包、银行业务的部分操作环节外包为主。其中，专有技术性事务外包具有专业上的特殊性，银行本身不是这方面的专家，而利用第三方的服务可以获得更高的服务质量。

谋求低成本、提高核心业务能力是金融业务外包迅猛发展的主要动力。欧洲中央银行对欧盟国家银行的调查显示，89%的受调查银行外包目的在于降低成本。与作为发包方的金融企业相比，专业化分工和规模效应使外包服务供应商拥有更丰富的专业经验和资源，以及更低的成本和更高的效率。而将特定业务外包到服务成本更低的国家和地区，能直接降低金融企业的固定成本、人力成本和管理成本。不仅如此，服务外包还有利于金融企业节省大量的固定资产投资，减少由于资产专用性而产生的沉没成本。

此外，通过服务外包还能有效降低金融企业的新产品开发风险。金融企业与外包服务供应商建立战略联盟，利用后者的优势资源能够缩短金融产品从开发、设计、生产到销售的时间，降低由于技术或市场变化所造成的新产品开发风险。在这种战略合作中，由于各方都可以充分利用原有的技术和设备，从而在整体上降低了项目的开发成本和投资风险，使金融企业能灵活地应对快速变化的外部环境和顾客需求。服务外包带来的大量效益也使得金融企业相比于其他行业企业具有更加积极的外包倾向。

3. 金融外包发展环境

目前，我国也已经进入了金融业务外包的高速发展阶段。国务院高度重视服务外包产业的发展。从2009年以来，国务院办公厅相继印发了《国务院办公厅关于促进服务外包产业发展问题的复函》（国办函〔2009〕9号）、《国务院办公厅关于鼓励服务外包产业加快发展的复函》（国办函〔2010〕69号）和《国务院办公厅关于进一步促进服务外包产业发展的复函》（国办函〔2010〕33号），这三个文件在财政、税收、金融、特殊工时制度等方面出台了一系列适合服务外包产业特点的政策措施。2015年1月，国务院印发的《关于促进服务外包产业加快发展的意见》提出，到2020年，服务外包产业国际国内市场协调发展，规模显著扩大，结构显著优化，企业国际竞争力显著提高，成为我国参与全球产业分工、提升产业价值链的重要途径。"金融服务外包业务"作为其中一个产业发展导向，在《关于促进服务外包产业加快发展的意见》中被重点提出，鼓励金融机构将非核心业务外包，对金融服务外包企业构成实质性利好。

与印度相比，我国金融服务外包虽然处于发展的初级阶段，但未来潜力十分巨大。随着我国金融业对外开放的深化，金融业竞争日益加剧，都将带来金融外包的发展。毕马威调查报告显示，预计未来五年，中国服务外包市场将保持约26%的年复合增长率。

中国银行业协会发布的《中国信用卡产业发展蓝皮书（2014）》显示，2014年我国信用卡产业继续保持稳健发展的良好势头，业务规模持续增长，市场影响力不断增强。利率市场化给我国商业银行自主经营、金融创新发展机遇的同时，也为我国商业银行带来巨大的挑战。首先，资金头寸管理难度加大，利率市场化后，受市场、政策等诸多不确定因素影响，利率波动的频率增加且深度难以预测，加大了因资产负债数量、期限等结构不匹配的风险，增加银行对资金头寸管理的难度。其次，银行间竞争加剧，利润空间缩小。利率市场化后，银行对存贷利率有了自主决定权，却使银行失去了传统稳定收益保障。贷款利率浮动下限的取消,给中小银行提供了与大银行竞争优质客户的机会。大型商业银行与地方性商业银行的贷款竞争,为赢得客户青睐,贷款利率会呈下降趋势,银行收入降低。最终,利率市场化使商业银行利差收入不断缩小,对利润产生很大影响。另外,风险管理难度加大。利率市场化使商业银行存款利率上升,资金的高成本会促使银行倾向选择高利率的贷款业务以获得相对称的风险补偿,那么银行将面临更大的逆向选择和道德风险,加上目前我国信用卡体系不完善,信用风险增加。

4. 金融业快速成长促使后台服务业务量高速增长

金融服务外包属于传统和创新的融合。从美国在这个行业的发展过程看,伴随着利率市场化的进程,金融企业用工业化的思维对银行传统业务进行流程再造,然后外包,以降低运营成本,获得更优质服务并专注于核心主业。在现有经济与技术环境下,由于互联网金融的兴起,使得中国在金融服务和金融创新方面跟全球站在同一起跑线上。而在传统金融领域,中国是落后于欧美等国家的,利率市场化方面的改革也是近年来才开启;单从利率市场化角度看,如果没有互联网金融创新,按部就班推进利率市场化会导致中国银行业利差空间变窄,银行只有两种选择即提升利率和削减成本。因此,在中国未来的利率市场化过程中,银行要通过降低自身的运营成本来获取收益,这才是未来的发展方向。而这又与金融服务外包业息息相关,更提供了绝佳的机会和发展的空间。

目前,我国拥有金融资产8.1万亿元,规模超过其他新兴经济体。我国金融机构4 293家,其中,银行3 800家、保险公司152家、证券公司341家,营业收入复合增长率超过30%,高于美国银行业。根据专业数据显示,金融企业如选择外包服务,通常可节省30%~65%的成本开支和管理成本。从降低成本的角度看,很多金融机构都在寻求专业服务外包。

5. 金融业前后台业务分离使外包业务需求加大

当前,我国金融业呈现出核心业务和非核心业务、前台业务和后台业务、标准流程业务和非标准流程业务加快分离的趋势,原有自主运营的产业链正逐渐向专业化方向发展。国内金融机构开始更多关注自身核心业务的发展创新和整体经营效益的提升,逐步形成了金融机构专注核心能力、服务供应商提供其他专业服务的金融产业链生态环境。以数据中心、清算中心、银行卡中心、研发中心为主的金融后台服务与金融机构前台经营分离,正成为金融业未来发展的趋势。

6. 金融流程业务服务市场增速

麦肯锡研究显示,中国金融流程管理市场规模超过200亿元,增长速度超过20%,国内金融BPO市场以超过23%的速度成长。我国金融服务外包供应商普遍处于快速扩张时期,营业收入年均增速近100%。

7. 金融服务流程管理行业环境

政策的鼓励与扶持必然导致潜在竞争者的进入,也会促进现有企业不断创新,保持核心竞争力。产业的政策利好同样也会使相关企业进入,尤其是业内的相互跨界,诸多非传统意义上的互联网企业通过云服务等创新商业模式为客户提供外包服务,如谷歌、亚马逊、阿里、联想等等;同时,也有很多传统的老牌服务外包企业在整合产业链条,在转型升级的过程中逐步离开外包圈子,例如,成都三泰电子转战电商圈,东软向互联网企业进化，等等。同样，服务外包领域内部的转型和跨界，例如，软件外包延展至运营外包，IT技术呼叫中心向金融客服的延伸，等等，也加大了竞争的难度。在这种情况下，金融外包服务企业的垂直化和专业性就成为必然的趋势。企业专注一个领域，如金融，甚至是专注于信用卡业务，将构成其细分行业的防火墙，也更能为客户提供专业有高附加值的产品与服务。

8. 各国对金融外包的监管力度

金融资本是一个国家在国际舞台上的资本力量，各国都非常重视金融安全，监管当局认识到外包带来的问题涉及国内及国际两个方面，在制定适用所有金融行业的原则时，均会与多个国际工作组进行合作。相关的国际合作组织制定的原则包括：IOSCO常设委员会制定的针对证券公司的一套专门的外包原则，该原则旨在为联合论坛制定的高级原则做补充。巴塞尔委员会与IAIS新外包业务及监管对策等。

一些国家的监管当局为外包设立标准及立法控制。表3-1所示为一些国家对外包业务的监管操作。

表3-1 一些国家对外包业务的监管操作

国　家	内　　容
澳大利亚	2002年7月1日，开始实施银行外包的审慎标准，监管当局希望保险公司也能遵循同样的标准
比利时	2004年6月1日，基于CEBS的征求意见稿，比利时的银行、金融与保险委员会（CBFA）发布了针对银行及投资服务行业的共同指引
加拿大	2001年5月，金融机构管理署（OSFI）制定了关于外包的B-10指引，2003年12月公布了修订后的指引，所有受联邦监管的实体要从2004年12月15日开始执行
法国	在2005年初，第97-02条例增加了涉及信贷机构及投资公司的内部控制条款。这些条款与外包业务有关，并对外包"核心"业务提出了特别规定。外包业务必须以书面合同订立，且合同中必须规定允许金融机构及银行委员会进行现场调查。外包及相关风险必须是向董事会报告的内容之一
德国	2001年12月德国监管当局发布了包括所有信贷机构及金融服务机构的外包指引，要求外包业务不能在以下方面带来负面影响：①这些业务或服务的秩序；②管理者监控及管理这些业务的能力；③德国金融监管局根据其司法权限对信贷机构进行审计的权利及实施监控信贷机构的能力
日本	2001年4月，日本银行发布了金融机构稳健操作文件，提出了对外包风险进行管理的要求 金融服务局颁布了金融机构检查手册，规定了外包风险管理的检查重点

(续表 3-1)

国家	内容
荷兰	2004年4月1日，荷兰银行(信贷机构的审慎监管当局)发布了《组织及控制规则》。该规则的第2.6节列出了对业务程序外包的规定 2004年2月1日，Pensionen & Verzekeringskamer(荷兰养老金及保险监管局，保险公司及养老基金的审慎监管机构)发布了对保险公司的外包管理规则
瑞士	1999年8月，瑞士联邦银行委员会(SFBC)公布了针对银行与证券公司的《外包指引》，允许公司在未经SFBC明确同意的情况下实施外包。该指引规定每年对公司进行一次年审。要求外包业务需以书面合同订立，并要求金融机构将外包业务纳入内控体系。外包合同必须明确允许SFBC、金融机构及其内外部审计机构对外包服务商进行监控。董事会的职能及金融机构的核心管理职能不可外包
英国	英国金融服务局(SFA)在《临时审慎监管手册》中制定了对银行及住房互助协会的业务外包指引。指引的P3条款对保险也做出了同样规定。指引涵盖了重要的和次要的外包业务，但主要针对重要的外包业务。在公司对重要业务外包之前，须先通知SFA 2004年12月，SFA手册在增加的SYSC 3A.7一节中提出了新的指引
美国 (证券公司)	一般来说，证券公司内部传统的业务在外包之前，证券监管当局不必提出反对。纽约证券交易所的第342、346及382条规则规定了(有些业务)应完全禁止外包或仅允许外包给受监管实体 1934年的证券交易法规定，任何人或实体未在美国证券交易委员会注册之前，不得为其他机构进行证券交易
美国(银行)	FFIEC(联邦金融机构检查委员会，美国五大金融监管机构的伞形组织)发布了一系列指引与公告，旨在阐明银行在管理IT外包风险方面的职责，同时也为监管机构提供指导。最近修订的指引又专门对服务商关系的信息安全做出规定 目前美国银行在外包方面的监管指引主要包括以下方面： 2001-47 OCC公告，服务商关系：风险管理原则(2001年11月)； FFIEC对外包技术服务的风险管理指引(2000年11月)； FDIC的三个技术指引：①《挑选服务商的有效方法》，②《管理技术提供商执行风险管理的方法：服务水平协议》，③《管理多个服务商的技术手段》(2001年6月)； FFIEC的IT手册：《技术服务商(TSP)监管手册》(2003年5月)，概述了监督及管理TSP风险的监管方法 2004年中，美国银行监管机构公布了《IT外包技术服务检查手册》终稿，为监管人员检查提供了指引与检查程序，包括评估金融机构建立、管理及监控IT外包关系的风险管理程序

(续表3-1)

国　家	内　容
美国 （保险公司）	美国保险监管机构通过各种方式监管保险外包业务。监管机构根据各种司法授权对基本业务外包进行监管。这方面的法律涉及管理一般代理人及服务商管理人的法律(具体有全国保险业协会(NAIC)的管理一般代理人规范法、服务商管理规范章程) 　　其他外包业务由现场市场行为检查程序来处理。例如，索赔处理或投资管理，监管当局处理违规行为的权限情况，阻止不公平索赔及不公平交易行为 　　NAIC 市场监管及消费者事务委员会成立了服务商卖方工作组，处理当前监管当局未涉足但与保险公司业务外包有关的问题。工作组希望其建议能被编入 NAIC 的市场行为监管手册

9. 金融业务流程外包的主要风险

尽管金融业务外包对金融机构有诸多益处，但金融机构也必须面对外包业务的风险。金融业务外包的主要风险如表3-2所示。

表3-2　金融业务外包的主要风险

风　险	风险涉及领域
战略风险	服务商按照自己的利益行事，从而可能有悖于受监管实体的整体战略目标，未能对外包服务商实施适当监督，缺乏充分的专业能力对服务商进行检查
名誉风险	服务商提供的服务差强人意，与客户的互动不符合受监管实体的整体标准，服务商的活动不符合受监管实体(在道德或其他方面)的规定
合规风险	未遵守隐私法 未充分遵守客户与谨慎管理的法规 外包提供者的合规与控制力不足
操作风险	技术失误 缺乏足够财力以履行责任或提供补偿 欺诈或失误 实施检查的成本过高
退出策略风险	由不适当市场退出引起的风险
对手风险	不适当的承销或错误的信用评级 应收账款质量恶化
国家风险	可能由政治、社会或法律因素引起 商业持续性计划更为复杂
合同风险	履行合同的能力 对于离岸业务，选择管辖法律至关重要
获得信息风险	外包协议影响受监管实体向监管当局及时提供数据及信息
集中与 系统风险	行业整体的风险集中于某一服务商。风险集中包括以下两方面： ①单个公司缺乏对服务商的控制 ②对整个行业的系统性风险

案例3-6 美国对服务商的联合检查

根据《银行服务公司法》,美国联邦金融机构检查委员会(包括FFIEC)有权检查银行的服务商。该法规定银行服务公司(包括技术服务提供商(TSP))应接受其服务银行的监管机构的检查与监管。另外一些FFIEC机构已经对TSP采取了强制措施。本案例说明FFIEC如何对银行服务商施用该法。

对于以下两种情况,监管机构可考虑对服务商实施联合检查:①某一服务商为多个受不同监管当局监管的实体处理核心业务活动(由此形成高度的系统性风险);②服务商在位于不同地区的数据中心处理业务。这些监管机构在检查范围、时段及人员方面进行合作,而检查报告由这些机构、受检查的服务商及其受监管的客户共享。FFIEC采用全面及统一的评级体系(如信息技术(IT)统一评级系统(URSIT))对服务商及受监管实体的IT相关风险进行评估及评级。根据TSP风险状况,对IT的检查周期为18~36个月不等。当前正在对约160个服务商进行跟踪检查。而根据FFIEC检查者进行的风险评估,其中有130个服务商受到定期检查。

2003年,FFIEC的成员机构联合参与了针对一家全球性服务商在美国各地的办公室的IT检查。对风险检查的范围集中在业务活动、交易处理服务、清算及结算、信息安全、业务持续计划、URSIT内容(管理、审计、开发、收购、技术支持、交货)等方面。检查结果以联合检查报告的形式对外发布(按照FFIEC对TSP的IT检查的统一格式)。对于分布在该机构主要服务中心地区以外的技术支持服务,也实施了小范围的联合检查。

需要指出的是,国外监管当局已要求获得(为他们国家的受监管实体提供服务的)TSP检查报告。当局正在考虑是否与国外监管当局分享这些报告。

10. 金融服务业务外包的三种主要形式

(1)信息技术外包。是金融企业以长期合同的方式委托信息技术服务商提供部分或全部的信息技术服务,主要包括应用软件开发与服务、嵌入式软件开发与服务以及其他相关的信息技术服务等。金融服务外包起初以ITO信息技术外包为发端,至今该业务在外包业务中也是占据着绝对的地位。信息技术外包服务中离不开管理流程的核心体现。

(2)业务流程外包。是指金融企业将非核心业务流程和部分核心业务流程委托给专业服务提供商来完成,主要包括后台数据、语音服务、财务技术支持、消费者支持服务、人力资源管理等等,以金融机构内部的运作和客户的后端服务为主,通过进行业务流程的优化组合,提高整个业务的生产效率和竞争力。

(3)知识流程外包。是金融企业将知识密集的业务或者需要高水准研究与分析、技术与决策技能的流程委托给专业服务提供商来完成,如股票分析、市场研究、基金管理、风险评估、金融数据挖掘、债务重组等。与业务流程外包的区别在于价值链的更高端,需要具有专业知识的高素质人才来完成。

案例 3-7　广电运通 - 广州穗通金融服务有限公司的 ATM 全托管服务外包

2008 年 12 月，广电运通针对 ATM 金融服务外包，率先成立了国内第一家综合性的金融服务外包公司广州穗通金融服务有限公司。该公司依托广电运通在 ATM 领域强大的自主研发实力，结合多年来对银行专业而深入的研究，形成一套包括从 ATM 生命周期开始到结束的全面、专业的 ATM 全托管外包服务解决方案，先后与中国工商银行、上海浦东发展银行、中国光大银行、招商银行、中国银行、华夏银行、民生银行等银行成功开展了区域性 ATM 服务外包合作，成为 ATM 金融服务外包领域的标杆。

【分析】

随着对金融服务业务的深入探索和创新，在金融业务外包中，作为现金流业务管理端口的 ATM，是集硬件设备开发与软件系统管理于一体的集成管理项目，是业务流程管理中的一个重要环节，也是银行服务的重要端口。如广电运通这类金融服务企业逐步形成一套适合业务拓展的商业模式和运作机制，在我国金融业务不断增长的同时，在国内多个城市取得合作机会，部分企业利用布局在各省的子公司将外包业务定位在专业的以银行现金处理业务为中心，在价值链上深度介入金融服务外包市场，构建了一体化银行服务外包的产业链。

案例 3-8　广州南天电脑系统有限公司的金融信息系统开发与维护

广州南天电脑系统有限公司以先进的技术和管理经验、深厚的行业背景以及优质的产品和服务，成为我国提供行业应用软件和整体解决方案的优秀的专业信息服务厂商。

该公司具备二十多年银行 IT 管理系统开发、运营维护经验，具备软件开发与系统集成的丰富经验，集计算机软件、硬件、网络、行业知识、集成技术及专业服务于一体，成功完成了近千个计算机应用系统工程，有近 2 000 家金融客户使用南天自行开发的解决方案和软件产品。主要客户有中国工商银行、中国银行、中国建设银行、中国农业银行、交通银行、光大银行、民生银行、国家邮政局、资产管理公司、城市商业银行、农村信用社以及政府、交通、电力系统等。与 IBM、HP、Cisco、EMC、Oracle、Microsoft、BEA 等众多国际知名 IT 厂商建立了广泛的战略合作伙伴关系。可以说该企业是伴随着中国金融电子化事业一起起步、发展和壮大的典型的金融服务企业，是中国金融电子化领域最具知名度的厂商，向国内的中小银行用户提供基于 IBM 主机平台的解决方案。

【分析】

金融机构在选择金融系统开发维护与业务流程管理的接包方时，首先会考虑它在该行业的标杆作用，是否具备该行业和金融业的能力资质，及后续的服务能力。广州南天公司除了在金融行业具有二十多年的丰富经验和深厚的行业背景外，还具备了 IT 行业与政府、交通、电力等行业合作关系，并成功实施多个有代表性的项目，如已成功实施的高速公路收费系统、广州市轨道交通四号线及五号线计算机网络信息管理系统、南航电子客票服务器项目、南航核心网络年保项目，为南天在交通行业信息管理系统积累了丰富的经验；还有广东省水利厅三防办全省网络项目、教育系统(广州大学城的建设)、政府部门(国资委、财政局、越秀区政府等)的项目。

在资质方面，2001年通过ISO 9001—2000版国际质量体系认证；2003年通过信息产业部系统集成商二级资质认证；2003年通过由SEI授权主任评估师主持的CMM3正式评估；2004年4月经评估认为公司软件能力成熟度达到"AJ/T11235软件能力成熟度模型等级3"；2006年通过信息安全管理体系（简称ISMS体系）认证；2009年11月通过CMMI4评估。

从以上分析中，我们不难发现，当企业经过多年的发展，培养、锻炼了一批富于进取心、经验丰富、勇于创新的技术人才和管理人才时，各行各业的服务外包IT系统自然也会交给该企业来完成。因此，一家外包企业需要具备从流程设计、硬件生产到软件开发、系统集成能力，即拥有能完成全业务流程的服务能力，才可能具备制订解决方案的能力。拥有了一批具有创新能力、经验丰富、勇于实践的人才队伍，才可能在该领域发挥标杆作用。

3.2.2 客户呼叫中心

3.2.2.1 呼叫中心流程管理的基本情况

呼叫中心是一种结合电话、传真、E-mail、Web等多种渠道来实现客户服务、销售及市场推广等多种目的的功能实体，是基于计算机与电话集成，集成通信网、计算机网和信息领域的多项技术，并与企业、客户连为一体的完整的综合信息服务系统。具备同时大量来话的能力，具备主叫号码客户基本信息显示等，可将来电自动分配给具备相应技能的人员处理，并能记录和存储所有通话信息。一个典型的以客户为主的呼叫中心可以具备呼入呼出功能，在处理客户信息查询、咨询、投诉等业务的同时，可以进行客户回访、满意度调查等呼出业务。

现代呼叫中心由于应用了计算机电话集成技术CTI（computer telephony integration）而大大增强了服务功能。CTI技术是以电话语音为媒介，用户可以通过电话机上的按键来操作呼叫中心的计算机。接入呼叫中心的方式可以是用户电话拨号接入、传真接入、计算机及调制解调器拨号连接以及互联网IP地址访问等。用户接入呼叫中心后，就能收到呼叫中心任务提示音，按照呼叫中心的语音提示，就能接入数据库，获得所需的信息服务。同时，可以进行存储、转发、查询、交换等处理，还可以通过呼叫中心完成交易。呼叫中心能够每天24小时不间断地随时提供服务，并且有比柜台服务更好的服务界面，用户不必跑到营业厅，只要通过电话就能迅速获得信息，方便、快捷地解决问题，提高了用户对企业服务的满意度。

现阶段，外包呼叫中心的服务流程管理，正在逐步实现机器人替代人工重复性语音服务的部分工作，人工服务个性化流程管理成为一种趋势。在世界500强企业中有90%以上的企业实行了呼叫中心外包，并由简单的合作发展到建立战略伙伴关系。随着外包呼叫中心的发展领域延伸到各个行业，呼叫中心的运营管理也得到了进一步的规范与加强。

3.2.2.2 呼叫中心业务外包的优劣势

剥离自身的非核心业务,降低运营成本,是越来越多的企业和政府开始调整战略的基本做法。他们把"客户服务"外包给专业呼叫中心,从而集中人力、财力、物力与精力,专注于核心竞争力的提升。

1. 呼叫中心业务外包的优势

呼叫中心业务外包能拓展企业市场,成倍增加企业的销售业绩。呼叫中心采用智能拨号和客户资料分组,按照整理分析后,只拨打给潜在客户,并在营销期间进行语音录音与分类,便于了解营销的有效性,做到以下几点:

(1)维护客户关系。外包呼叫中心的 CRM 系统可帮助企业管理者轻易了解到企业客户的详细信息资料——姓名、性别、家庭住址、公司电话、手机号码、出生年月日,以往的消费习惯、客户属性、与企业联络的业务商洽情况、最近的沟通记录、最近的消费情况等等信息。

(2)规范企业内部服务流程。外包呼叫中心的 IVR 导航首先可以细分客户的具体需求,在服务人员接听客户电话时,已经对客户的大致需求有了一定的了解。

(3)考核员工绩效。外包呼叫中心系统后台提供的数据统计报表功能,可以协助企业领导者有效针对企业内部人员开展绩效考核。

2. 呼叫中心业务外包可能存在的缺陷

并不是所有的业务都适合于利用外包呼叫中心,通常那些非核心业务、阶段性业务、简单重复业务、尝试性业务、缺乏足够人力支持的业务、没有能力或不愿意提供 7×24 小时服务的业务,可考虑外包给第三方呼叫中心来开展。核心业务的外包可能会出现以下问题:

(1)安全无法绝对保障。选择外包,企业所有的客户资料的安全性及保密性是令人担心的问题,如果流程管理设计逻辑关系不严密,可能导致自身数据泄露。

(2)产生管理隐患。由于业务具体开展的人员是外包呼叫中心员工,在具体业务管理上可能存在一定难度,无法达到实时调度、实时管理的效果。

3.2.2.3 呼叫中心业务外包的基本模式

呼叫中心作为业务流程外包服务,已经呈现出健康增长的态势。呼叫中心市场规模发展较大,目前国内采用呼叫中心的用户主要分为三类:一类客户,对客户满意度和服务质量要求较高,如电信运营商、银行保险等。二类客户,用户与企业联系紧密的企业,如电子商务、商旅等。三类客户,企业用户数量巨大的企业,如教育行业、医疗行业、汽车行业等。这三类客户当中,第一类客户因为实际需要以及自身实力和条件的原因,需要自行建设呼叫中心,一般只将呼出业务进行外包,呼入业务由自身完成。第二类客户和第三类客户将形成外包式呼叫中心的巨大市场。由第三方提供的呼叫中心服务由于具备资金投入少、管理难度低、实施快以及系统柔性好等优势,因而具有广阔的市场前景。更专业、可靠的运营,以及更为经济的服务价格,将是外包式呼叫中心得以生存的原因。呼叫中心外包业务包括以下三种模式：

（1）席位外包。提供专业的座席外包服务，由客户自己负责人力和运营。可细分为场地外包、系统外包（ITO）、托管租用（云平台）等。

（2）人力外包。提供人力资源服务，以劳务派遣模式，向甲方供应人员（可在本公司职场，也可派遣到客户职场）。可细分为招聘服务、人事服务、派遣服务、学校实习等。

（3）业务外包。客户将自身业务分包出来，根据业绩（销量或销售额）或工作量（人数、时长和KPI指标）进行考核和结算。一般分为电销业务、非营销类业务、客服业务三大类。

以上三种业务流程外包管理模式作为客户选择，呼叫中心外包可分为四大类18个应用场景（见表3-3），具体行业细分根据一对一客户需求，设计个性化业务流程外包管理细致步骤而定。

表3-3 呼叫中心外包的四大类18个应用场景

适用模式	适用业务	适用场景	适用行业
外呼场景	销售类业务	简易产品销售	运营商业务、通用产品体验式销售
		复杂产品销售	大宗产品、专业设备方案式销售
		服务行业推广	餐饮、培训、健康等服务行业宣传推广
	非销售类业务	数据清洗	通过技术和首访、识别有效和潜在客户
		赠送邀约	赠品推广、电话邀约、客户回访、业务确认
		调查问卷	满意度评价、市场调研、品牌推广
		客户关怀	主动外呼任务、祝福通知、需求挖掘
呼入场景	服务类业务	客服中心（咨询）	咨询解答：答疑解惑，信息查询，技术支持
		客服中心（办理）	工单受理：电话预约、故障报修、投诉举报等 订单受理：产品报价、生成订单
	商务类业务	电话预订	酒店、预约、订餐、订花、演出、挂号等
		电话订票	机票、火车票等票务预订业务
		电视购物	适用小型电视购物应用场景
网络业务	电子商务	IM营销	基于网络图文手段进行在线客户营销
		IM客服	基于护航浏览手段进行在线客户服务
社会化媒体	营销业务	EDM推广	EDM的电子邮件、短信群发推广
		数据库营销	基于数据库的客户筛选和营销
	咨询顾问	营销策划	基于社会化媒体的综合营销策划方案
		运营顾问	通过培训、内训、驻站等方式提供顾问服务

目前，中国呼叫中心外包市场已经步入了快速发展阶段，各级通信主管部门对呼叫中心的发展（尤其是对外包呼叫中心业务的发展）给予了极大的支持。以亿伦外包呼叫中心为例，一个呼叫中心职场至少可以吸纳1 000名座席人员，带动2 000个就业岗位，实现2 000个家庭的本地消费，包括生活消费、投资消费、房地产消费三大领域。而这三大领域，是呼叫中心外包园区对当地政府和百姓作出的最大贡献。

3.2.2.4　呼叫中心业务外包的作用

（1）解决了就业问题。现阶段仅呼叫中心运营，年人才缺口就超过20万，年增长率超过24%，随着国家对以现代服务业为核心的第三产业投资比例加重，企业服务外包业务量增大，全国各城市呼叫产业基地建设完毕，人才需求量将以几何倍数增长。由于受中国教育远落后于产业发展等因素制约，业务型、管理型、技术型等服务外包行业人才奇缺，业务基层员工薪资平均约4万元/年（市场营销可达10万元/年），中层管理薪资平均约7万元/年，软件开发等技术型人才薪资达12～18万元/年。随着呼叫中心现代技术的运用及服务结构的改变，行业已步入白领时代，为中国赢得另一个10年发展机遇。

（2）产学结合。呼叫中心作为现代服务业的基础和核心部分，服务外包产业在国家政策和资金的支持下，迅猛发展并创造大量职业岗位群。国家鼓励与支持发展职业教育，鼓励校企合作、工学结合等各种行之有效的教学、办学模式。在新行业、新政策、新机遇的引领下，开设适合中国国情和发展的专业，进行职教改革，解决教育与社会、企业与高校、发展与素质问题已迫在眉睫。客户信息服务流程管理精细化专业建设解决方案，正是将职业教育与新产业（呼叫中心）、新实训技术相结合，整合优势资源，进而综合促进职业院校高标准教学，提高学生就业率，解决企业对优质的应用型人才需求的手段。

（3）绿色环保。呼叫中心利用网络和语音技术优势，整合全球智力资源的服务外包，无污染、无须占用大量土地资源，却能创造大量财富与就业机会，被称为"绿色经济"。

（4）聚集了大量的管理人才。呼叫中心是从通信、银行、航空等行业起步的。这些行业客户的服务需求旺盛，客户群体、服务人员群体都很庞大，且起步较早，在该行业内部积累了丰富的管理经验，聚集了大量的管理人才。从某种程度上来说这些行业在引导着整个行业的发展。随着互联网行业的兴起，整个社会形态发生了急剧的变化。新兴行业呼叫中心的异军突起，使运营管理的形态发生了变化。

3.2.2.5　呼叫中心业务互联网化模式

随着各类互联网社交平台和电子商务交易平台的迅猛发展，特别是受以微信平台为典型代表的互联网社交应用平台的影响，互联网用户习惯并倾向于通过网络进行自主体验各类互联网产品和寻求帮助，各类互联网操作入口和便携的操作模式也为客户创造了体验服务的机会。而用户对移动互联网产品的使用，已逐渐从简单的问题解决上升到对产品业务场景的全服务过程体验，用户希望能够搭建一个互联网沟通互动平台，而不是只依赖单一的呼叫中心客服人工寻求帮助。

1. 立体化服务

当前，集中化服务专席通过业务试点，构建了热线服务＋互联网服务的立体服务体系，实现客户自服务→客户互服务→智能机器人服务→人工在线服务→人工热线服务的分层次客户服务模式，通过分层次和情景捕捉客户问题背后的潜在需求，实现"精细化服务和渗透式营销"。客服人员通过对客户问题的精细分析，借助与客户的良性互动、关联业务，达成无缝隙推荐。其优势是运用全方位客户响应打造卓越的客户体验，客户感觉不到营销的痕迹，既能满足客户需求，又能完成业务价值的传递和创收，实现服务和营销的闭环管理。

2. 多入口引流客户服务

为了对客户服务做分层次的服务营销，采用从简到难的漏斗模式服务，即对客户问题和话务进行智能筛选，通过多入口进行客户引流。即基本业务咨询问题以智能机器人应答为核心，该类接续话务首先进入智能机器人平台，由机器人自动识别和解决大部分客户的基础问题。使用疑难排障机器人无法解决的业务问题，接入人工在线服务平台解决。对于深度疑难问题以及客户拒绝在线服务、升级投诉的业务转入人工热线服务解决。

3. 场景营销服务

在分层次服务营销过程中，最能实现与客户互动并凸显降本增效优势的层面，就是智能机器人和人工在线服务两个服务场景。

（1）机器人自助服务及营销场景

A. 常规业务咨询。客户通过服务前端入口（Web/微信）传递消息，机器人识别并传输客户问题到智能知识库，智能知识库返回关联问题的答案。

B. 热点业务办理和查询。客户通过服务前端入口（Web/微信）传递消息，机器人识别并传输客户问题到与该入口对接的业务订购、查询系统平台，平台返回订购、查询等交互指令，客户输入相关指令获取问题的答案。

C. 推荐菜单、营销活动和下载入口。在与客户交互应答的结尾，以上下文关联识别方式配置图文消息，如业务推荐菜单、全网营销活动介绍和手机客户端下载链接，客户通过点击可跳转到对应页面直接进行业务办理及活动参与。

（2）人工在线服务场景

A. 自助服务无法解决的业务办理和查询。客户通过服务前端入口（Web）传递消息，在线坐席人工根据客户问题在线作答、查询和办理业务。

B. 使用类疑难排障。客户通过服务前端入口（Web）传递消息，在线坐席人工根据客户问题在线作答，推送文字消息、操作界面截图，图文并茂为客户做详细指引。

智能机器人客户服务的场景演示如图3-2所示。

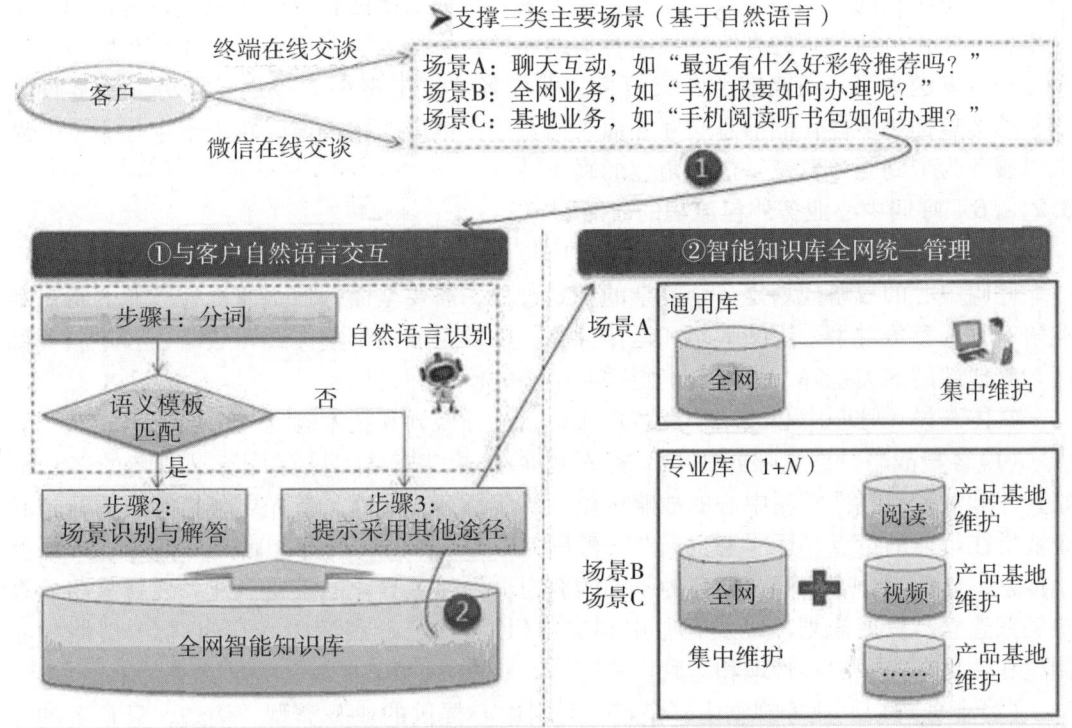

图3-2 智能机器人客户服务的场景演示

图片资料来源：中国移动南方基地客户服务中心

4. 设立效果检验指标

通过分阶段开展业务试点，实施分层次的互联网服务，可在过程中设立多项可量化、可统计分析的指标来检验业务实施的效果，评估该服务模式与传统服务模式相比是否存在服务优势，具体如下：

(1) 自助服务客户量占比。以机器人自助服务、人工在线服务客户量占整体服务客户量比重衡量客户对自助服务平台是否满意。

(2) 自助服务客户问题解答匹配正确率。以机器人智能应答的问题和答案匹配正确率衡量客户问题的实际解决程度。

(3) 自助服务和人工在线服务客户回复的满意度。以自助服务和人工在线服务结束时，客户对该项服务评价是否满意衡量客户对该平台服务的实际体验感知。

(4) 客户问题重复咨询量占总体热线转接量比率。自助服务和人工在线服务客户转接热线服务，以客户重复问题咨询量占总体热线转接量的比率衡量客户在前端自助服务的问题解决程度。

目前，互联网和热线服务相结合的服务模式，更顺应移动互联网的发展和客户服务需求，一方面是集中化服务专席可利用专席已有的在线客服平台，为互联网业务提供统一的人工在线接入服务，并打造具有专席特色的智能机器人服务，有效减少人工热线话务的接入成本，实现专席从以服务为主到以客户体验为主的"体验中心"转型。另一方面，结合现阶段的人工集中坐席服务，构建多平台分层次的客户服务模式，客户信息交互界面多样化。与传统的人工热线语音沟通相比，机器人智能应答平台和在线服务平台不仅可以发送文字，还能推送图文信息，引导客户点击链接直接进入业务办理界面操作，给客户提供多样化的信息交互界面，拓宽业务推广营销渠道，实现集中化服务专席从以服务为主到服务营销一体化角色的真正转变。

3.2.2.6 呼叫中心业务外包流程的战略制定

1. 呼叫中心战略制定的原则

呼叫中心的战略规划是一个复杂的规划过程，需要全面分析企业所处行业的特点和竞争对手、竞争对手采用的战略和运作情况，以及企业内部整体经营战略、客户服务部门与其他部门的关系等，来综合确定呼叫中心的使命和目标。

具体来说，呼叫中心战略涉及客户战略、业务规划和技术规划三个层面。

（1）客户战略。建立呼叫中心，首先是企业客户战略，只有具备了清晰的客户战略，才能清楚地找准呼叫中心的战略定位。要实行客户战略，首先要分析客户的特点和企业所在行业的特点，逐步建立起"以客户为中心"的企业理念，确定如何建立市场营销体系，如何细分客户群，如何为不同的客户群提供差异化的策略、业务发展战略、客户关系建立与发展规划，以及客服中心定位（成本中心、利润中心）与目标、客服中心制度和文化、客服中心管理和运营模式等。

（2）业务规划。业务规划主要是定位呼叫中心提供的业务类型，例如，只是咨询和信息服务型（主要为客户提供产品咨询和信息服务），还是售后服务型（主要提供售后支持和服务），或电话营销型（主要做产品市场推广、商机挖掘和电话销售），或外包型（将自己的业务外包给专业的呼叫中心）。不同的业务规划，将会形成不同的系统建设需求管理重点。例如，售后服务型主要是解决大量呼入和知识库的建设等，电话营销型的重点则是呼出和调查问卷管理、商机管理等，外包型则主要是考虑如何选择合适的服务提供商及如何协调相互的关系等。

（3）技术规划。即根据客户战略和业务规划，考虑相应的技术实现策略。例如，接入方式规划是否需要 Internet 呼叫中心，是集中建设还是分散建设等。

2. 客服组织架构设计

确定了呼叫中心战略以后，就需要设计客服的组织架构，将战略落实到行动。不同的呼叫中心战略，会有不同的组织结构设计原则。企业呼叫中心采用什么样的组织结构取决于战略与技术架构的流程设计，及企业所在的行业特点、市场特点、企业特点、策略目标、呼叫中心自身的特性、管理幅度、产品及客户情况等。组织架构设计的通用原则有统一指挥原则、责权对等原则、管理幅度原则、执行和监督分设原则等。

另一个重点就是岗位及人员的设立。从运营角度来说，通常可以设置客服中心经理、主管、班组长、客服代表等，通过结合企业的产品线、服务类型及客户分类标准等来确定呼叫中心计划采用的客户服务代表通用技能组。当规模很大或者业务很复杂时，还可设立一些专门的技能组和部门，如二线支持组、高端客户组、专家组、培训组、技术维护组等。

此外，客服的组织架构还与客服中心提供的服务地域有关。在全国范围，是根据客户群的比例实行各地分布坐席还是全国集中，采取业务和地域的矩阵式、直线职能式。如果是外包商业呼叫中心，则还需要专门设置业务拓展部门等。

3. 客服流程规划

确定好呼叫中心战略和组织结构后，规划的中心就是设计各类客服流程。这里涉及客服人员的上下班、现场管理、接打电话和请假等制度和规定，也涉及大量工作流程和系统操作流程。具体来说，呼叫中心一般有客户咨询流程、客户投诉流程、客户业务受理流程、外拨作业流程、二线客服业务回复流程、客服后续作业处理与回复流程、新业务作业流程、人力资源相关流程、现场管理流程等。

客服流程的规划是一个呼叫中心的生命线，它是客户服务中心内部与其他部门沟通和配合的依据，将对客户满意度产生重要影响。为了确保业务流程的执行，在规划客服流程时应注重具体流程的可操作性，并能根据业务规划不断改进和优化。

4. 客服绩效考评设计

呼叫中心的质量控制和绩效考评极其重要，是一种防止呼叫中心运作效率低下的工具。客服绩效考评应设定各级人员的考核标准，加强各级人员考评间的交流，及各级人员职业生涯的规划等。

案例3-9 12301旅游热线呼叫中心

旅游信息化是旅游业发展的一个重要组成部分。随着旅游行业的渐渐成熟，旅游市场向买方市场发展，人们对旅游目的地或旅游企业的选择也变得多元化，选择的条件不仅仅局限于旅游线路和价格问题，而是更多地考虑旅游机构提供的服务是否周到细致、服务种类是否丰富全面、服务方式是否方便快捷。国内外游客在各地出游，需要咨询吃、住、行、游、购、娱信息以及投诉，而12301旅游热线呼叫中心瞄准的就是这个市场，它建设的旅游热线呼叫中心的功能主要有以下几个方面：

(1)旅游咨询。主要包括旅游指南、旅游企业资质查询和旅游政策法规问讯等。服务方式以人工坐席为主、自动语音为辅。

(2)旅游投诉。旅游呼叫中心作为各省级旅游质监所新增的旅游投诉受理窗口，提供游客投诉受理服务，并负责将接到的投诉及时转交受理机构，以方便游客投诉。涉及交通、物价、商品等环节的投诉，按照"谁主管，谁负责"的原则提供接转服务。服务方式以人工坐席为主。

(3)旅游救援。通过与各级应急处理部门和保险机构建立业务联系，将游客求助信息在第一时间内进行传递和提交，保证救援的及时性和有效性。服务方式为人工坐席和自动语音转接相结合。

(4)旅游提示。有针对性地为游客提供旅游安全和注意事项的提示。服务方式以自动语音为主。

(5)旅游预订。为游客提供丰富的旅游线路及产品选择。这项功能主要通过呼叫中心配套的旅游网站来实现。

【分析】

可以看出，用信息化手段推动服务型建设是旅游产业转型升级的一个重要方面。而呼叫中心正好具备了完善旅游公共服务、推进服务建设、加强旅游部门自身建设的特征，是信息化手段推动旅游业发展的重要方式之一，是政府整合旅游资源加强公共服务职能的很好的切入点。

目前，很少有其他行业能像旅游业那样在日常经营中产生、收集、处理、应用和交换如此大量的信息。在这种前提下，传统的旅游服务方式已经不能满足游客对旅游信息移动性、实时性和交互性的需求。

另一方面，目前我国游客的保险意识还非常低，由呼叫中心直接开展救援的难度非常大，救援费用无法解决。因此，呼叫中心救援功能的实现只能通过与相应机构建立联系通道，转接救援电话而非直接搭建救援平台。

随着大数据服务质量的不断提高，精准营销或者由大数据提供商建设的救援专业平台将是专业化服务的一个趋势。

3.2.3 电子商务运营

3.2.3.1 电子商务业务外包的基本情况

电子商务外包，从广义上来说，就是企业以合同的方式委托专业外包服务商，根据自身拓展线上业务的需求，由电商外包服务商为其提供包含电子商务平台网站建设、技术维护、物流、经营推广、客户联络和服务、售后服务等一系列电子商务的全流程或者部分环节外包服务。从狭义来看，其中的电子商务物流由于自身产业体系已经较为成熟，与第三方支付一样，一般将其视为一个独立行业，不纳入电子商务外包产业链之中。

1. 电子商务服务的基本架构

基于最终客户对服务商的影响力，电子商务外包产业顺应了电子商务产业链特征和趋势而呈现出立体化的发展特征，形成以两大层次、三大基础为核心的"2+3"的产业架构。

1)电子商务外包产业生态圈的两个层次

第一层是电子商务的直接应用外包层面，以 B2B、B2C、C2C、B2B2C 四大主要电子商务业务模式为核心，同时涵盖新兴的团购、社区网络和微博电子商务等其他模式的电子商务应用催生出的直接外包服务，包括平台技术维护、供应链管理、数据处理和挖掘等等。

第二层是电子商务的间接应用外包层面，围绕电子商务平台及电子商务交易流程而兴起的软件、第三方支付、广告及代理等行业为了加速实现同电子商务的进一步融合和发展而激发出的外包需求，包括软件开发、数据/图像处理等等。

2)电子商务外包的三大业务

电子商务外包产业生态圈的三大业务包括目前全球普遍认可的服务外包领域的三个核心类别内的服务外包。

第一，ITO。包括电子商务平台/网店/网上商城的开发/注册、电子商务技术、电子商务数据中心等基于各项 IT 的服务。

第二，BPO。主要包括电子商务运营流程中剥离出来的销售、市场推广、运营、品牌宣传、客户管理、数据处理、供应链管理、第三方支付、人力资源等各项服务。

第三，KPO。覆盖电子商务全产业链的知识流程外包服务，包括客户研究、数据挖掘、电子商务咨询等等。

自 1997 年底诞生我国第一家专业电子商务网站中国化工网以来，目前我国已有包括阿里巴巴、焦点科技、慧聪网等在内的多家 B2B 电子商务上市公司，及 ECVV、环球资源等影响力大的 B2B 网站，ebay 易趣、淘宝网、腾讯拍拍网、百度等 C2C 公司，卓越亚马逊、当当网、新蛋中国、京东商城、库巴网、VANCL、乐淘网、鹏程万里贸易商城、上海汉维、红孩子、走秀网、唯品会、时尚起义、马萨玛索、麦包包、衣服网、戴维尼、钻石小鸟、乐友、麦网、多购、SHOPEX、BONO、EC Spyder 等 B2C 服务公司，支付宝、财付通、百付宝、贝宝、快钱、易宝支付、我要付等知名第三方支付平台。

2. 移动电商使产业模式重构

电子商务市场的发展不会是简单地由 PC 端向移动端迁移的过程，而将是一场以个人消费者为中心的产业模式重构。无论是淘宝、京东等 PC 互联网时代的电子商务强者，还是跃跃欲试借助 O2O 转型的银泰、万达等传统零售巨头，甚至是海尔、联想、宝洁等品牌厂商，都将成为未来这一市场竞争中的重要参与者。对个人消费者本身的争夺将逐步替代流量入口之争，成为产业各方获得竞争优势的关键。移动电商产业模式重构关系如图 3-3 所示。

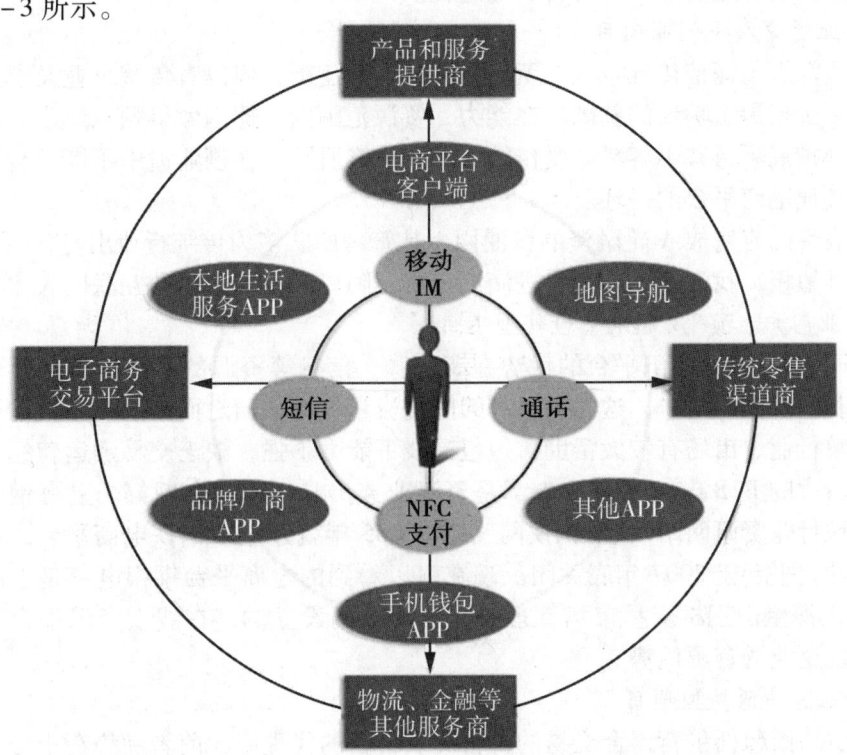

图 3-3　移动电商带来以个人消费为中心的产业模式重构图

目前移动电商市场发展的三大主题是：电子商务移动客户端推广，社会化电商移动入口争夺及新商业模式探索，品牌厂商移动端会员营销管理。

3.2.3.2 电子商务外包形式普遍

中国电子商务研究中心公布了该机构对305家样本电商企业的调查报告，在报告中就企业经营年限、规模、分布、经营产品、经营模式等做了调查统计，发现超过7成的企业借助于第三方平台开展电子商务活动。调查企业所使用的第三方平台中，淘宝集市占65%，天猫占84%，当当网占15%，京东商城占56%，亚马逊占16%，拍拍网占15%，唯品会占20%，1号店占18%，其他平台占7%。调查企业电商公司的类型中，纯淘品牌企业占55%，传统线下企业涉水电商占37%，淘品牌落地线下占8%。被调查企业中，大部分以纯淘品牌为主。

近年来，大量的传统线下企业涉足电子商务，已经占据一定的市场份额，也有一部分淘品牌落地线下寻求两者相结合的发展模式，调查企业电商的发展模式外包给第三方服务公司占4%，以新公司操作电商模式占76%，自建新部门操作电商模式占20%。

3.2.3.3 创新时代的B2B电商互联网+

平台发展如火如荼，各垂直领域新公司进驻、崛起。在这些平台中，传统企业的"老炮儿"，互联网跨界的"小鲜肉"，各有优势和不足。除了纯跨界的外来者，传统B2B电商平台的玩家可按源头分成行业资深人士创业项目，行业门户、贸易/资讯平台转型项目，传统贸易商转型项目，传统企业内部创业项目、跨界的外来者等。这些玩家掌握不同层面的行业资源，也有各自的短板。

1. 行业资深人士创业项目

行业资深人士深谙传统企业、贸易相关的运营逻辑，但没有传统企业及贸易商的资源优势，缺少拓展、扩展的基础。在能力、资源范围内，他们做得顺风顺水，但在团队资源半径外扩展项目并不容易。受传统模式、思维所限，在创业途中不断整合资源、人才，成为其他电商平台的一环。

具代表性的有完成A轮融资的找油网，其管理团队多为传统行业出身，缺乏互联网背景，为补短板，找油网正陆续引进滴滴出行、阿里巴巴等公司的互联网人才。

2. 行业门户、贸易/资讯平台转型项目

行业门户、贸易/资讯平台的优势在于人脉、信息等资源的积累，具备行业经验且有互联网基因。作为门户，这类项目有天然的流量优势，随之而来的是海量的数据与信息，对了解行业、市场有较大帮助；短板是线下能力不强，缺乏交易、运营经验。

当今较大的B2B电商平台不少都是资讯业务出身，如慧聪网等。上海钢联的前身是线上钢铁行业资讯网站"我的钢铁网"，在2005年就建立了钢铁电商平台，但此次运营并不成功，平台于2007年底关闭。现在可以看到的电商平台钢银电商是上海钢联在2008年同上海宝山钢材交易市场管理有限公司共同设立的，在线上资讯平台的基础上整合了传统企业的资源优势。

3. 传统贸易商转型项目

传统贸易商包括主营撮合交易的寄售商及自营的代理商，前者优势在于信息和交易撮合，后者则在于健全的服务体系，两者都有原始客户及较好的行业关系。寄售商一般会以轻资产的模式转型至供应链平台，并布局供应链金融，发挥其客户资源优势；代理商更倾向于建立闭环生态平台，发挥其原有服务、产业链优势。两者都缺乏平台化运营经验，寄售商的服务不及代理商，代理商则进行较难业务的拓展，其他贸易商也不会主动来支持竞争对手。

4. 传统企业内部创业项目

传统企业内部创业项目多是行业内龙头企业，包括上游的制造商及中下游代理商，这些传统企业特别重视自营。传统企业内部创业项目有资源优势，也有较多试错机会。但是，传统企业内部创业项目与传统贸易商转型项目类似，也缺乏互联网平台运营经验，存在拓展起量问题；另外，传统企业内部创业项目的平台业务还会同传统企业原有业务冲突，平台独立性或多或少会受到影响。

传统企业内部创业项目的例子很多，包括宝钢旗下的"东方钢铁在线"，宝钢于2000年8月就成立了东方钢铁电子商务公司，同年10月开通"东方钢铁在线"，是最早的一批B2B电商网站。虽然是老玩家，但业务还是局限于自营。为补短板，宝钢又在2013年成立"上海钢铁交易中心"，将其定位为第三方电商平台。

5. 跨界的外来者

跨界外来者想撬动传统行业市场较难，传统资源已被上述四类群体占据，要想在市场中分一杯羹，需在新维度市场中建立地位，并找准传统行业的痛点。目前可以看到维度有两个，一个是从行业外的维度，比如阿里巴巴等"大佬"依靠自身的流量、资源优势强势登陆；另一个维度是挖掘行业新兴市场，如企业通过工具抢入口。这些外来者往往不接地气，需要同行业内巨头强强联手，阿里巴巴增资五矿电商便是案例。

电商平台需要比企业更懂行业，比客户更快、更精准，否则平台价值不能全部显现。传统企业胜在对行业的深度理解及对现有资源的把握，互联网公司则胜在对资源的处理、调配以及其学习、成长能力。

理想的B2B平台将聚集传统行业的资源及经验、互联网的技术与运营理念，通过闭环的生态平台，提供诸如物流仓储、供应链金融、SAAS等系列服务，并不断学习、提升资源整合能力与服务质量以增强用户黏度。现实中，B2B平台是逐步成长的，需要不断融资、并购、引入人才补足短板。这类融资、并购多在"小鲜肉"互联网和"老炮儿"传统企业间发生。

3.2.3.4 线上线下业务流程对流模式

以亚马逊、当当网为代表的电商平台，开始陆续布局线下实体书店。此外，像乐视、红孩子母婴、淘宝上的知名服装商铺等也都在线下开了实体店。"体验感"驱动的电商开设实体店一定是发展趋势，线下实体店注重良好服务，吸引用户回流线上购买。例如，亚马逊实体书店Amazon Books在美国西雅图落地，这家网络书店的开山鼻祖，在经过与实体书店竞争20年后，突然反过来开了实体书店。国内线上书城当当网也对外宣布，未来将在全国范围内开设1 000家线下书店。据了解，当当网将率先在长沙开设第一家书店，包括Mall店、超市书店、县城书店等多个类型，相当于一种文化综合体。

开设线下业务的主要原因是为了满足用户线下体验需求。首先，从互联网发展趋势角度出发，线上线下融合是趋势，实体店是线上向下延伸的重要一环。其次，站在用户体验角度，线下可以丰富顾客体验、弥补线上购物的不足。例如，线上我们看不到大厨的独特烹饪与食材的新鲜质感，而只是看到毫无味道的冰冷价格数字与图像，大众在购物的过程中，还是希望能够有更多的体验，线下能满足大众的看、摸、嗅的直观感受。

案例 3-10 拉手网

2010年成立的拉手网，是目前中国内地最大的团购网站之一，开通服务城市超过400座，年交易额接近10亿元。每天推出一款超低价精品团购，使参加团购的用户以极具诱惑力的折扣价格享受优质服务。

仅经过一年时间，拉手网的注册用户数量已经突破300万，月均访问量突破3000万，并且仍以每月100%的速度成长。拉手网在号称"千团大战"的团购市场中脱颖而出，成为中国内地最大的团购网站之一。

在经营模式设计方面，从网站上线时起，团队就以 Groupon + Foursquare 为混搭模式，"要给签到用户像团购注册用户一样的实惠"为其经营口号。近期，拉手网推出团购2.0模式，在新模式中，添加了名为"拉手网生活广场"的功能版块，商户可以通过该版块自助发布团购信息。在全新的团购2.0模式下，商家只需填写一个详细的介绍，并通过拉手网的质量考评，便可以通过该版块自主发布团购信息，无须排队等候，同时也可以最大限度地满足用户需求，为用户提供了更多选择的空间。

拉手网的技术模式是用3G手机应用平台，成功打造了拉手音乐、拉手离线地图、拉手新闻订阅、拉手开心生活、拉手转换王等一线 iPhone 软件产品。该公司拥有3G手机应用高端技术开发人才100余人，具有技术创新和新产品开发能力。公司与3G运营商建立紧密合作伙伴关系，并对其产品进行全面的支撑。

拉手网采用的具体经营模式为每天在全国500个城市推出数万款团购。为了保证用户的消费安全，拉手网还推出了"7天无条件退款"和"过期未消费自动退款"等一系列服务。团购是该网精心打造的团购客户端，用户可以通过它随时随地查询每天推出的精品团购，并且直接购买，成功消费后还会获得额外赠送的返利，在各类应用软件商店的排行榜里均名列前茅。

【分析】

移动客户端的商务应用将来会获得比传统互联网市场更大的发展空间，所以电子商务行业会在多终端、多系统进行重点布局和投入。

拉手网在移动互联网领域迈出了关键一步，它把用户多元化需求作为入口，打造出能辐射所有用户的移动互联网平台，为用户提供更实时便捷、更优化的团购服务，使团购"大佬"也会顺势借助移动互联网这个平台发力，以服务于线下客户。

案例3-11　阿里巴巴一达通外贸综合服务平台

2015年，阿里巴巴一达通外贸综合服务平台力推三大新政，构建互联网+外贸价值平台，令外贸服务行业掀起大波。

一达通推出针对外贸中小企业的补贴政策：每通过一达通平台出口1美元可获得最高3分钱人民币补贴，深受企业好评。如今，一达通将补贴范围扩大，针对国内众多的外贸经纪人（主要包含买手公司、采购代理、Buying Office、贸易公司），推出外贸补贴服务，推荐供应商使用一达通服务，同样每出口1美元可获得3分钱人民币的补贴。

除了将采购服务商纳入到补贴范围中外，一达通还新创了"一拍档"合作模式，将第三方服务商也纳入到阿里巴巴外贸生态圈中来。贸易代理公司、货代等各类外贸服务公司，未来可选择不同的第三方合作模式，成为一达通合作伙伴，整合自身服务，和一达通共同为外贸企业提供完整的外贸服务解决方案，同时共享利润、共拓市场。

一达通对合作的第三方服务商不仅能获得包括退税款、金融服务利息等方面的可观分润，还能受惠于出口1美元补3分钱人民币的补贴政策，同时还不影响其原来为客户提供其他贴身服务所获取的收益。

针对客户个性化的出口需求，一达通还专门启动了VIP项目，组建了一批具有多年专业外贸服务经验的资深大客户经理，来为国内头部卖家提供高端精细化的VIP服务。阿里巴巴一达通服务的引爆，成为行业的"搅局者"。

【分析】

长期以来，外贸代理公司都是靠微薄的代理费用生存，而一达通"免费+反向补贴"的新招，让外贸代理公司有一种釜底抽薪的感觉。可以说，此举会逼迫该类企业找出新的业务模式设计新的流程管理，以适应新环境。

3.3　供应链外包

3.3.1　物流业务外包

3.3.1.1　物流业务外包的基本情况

物流外包，就是制造或销售等企业为集中资源、节省管理费用、增强核心竞争能力，双方按照不同的运营模式设计不同的流程进行管理，将物流业务以合同的方式，采取长期的、战略的、相互渗透的、互利互惠的业务委托合约执行方式，委托给专业的物流公司运作。物流外包是企业业务外包的一种主要形式，也是供应链管理环境下企业物流资源配置的一种新形式，完全不同于传统意义上的外委、外协，它是目前各企业外包量最大的业务。物流外包流程管理参考如图3-4所示。

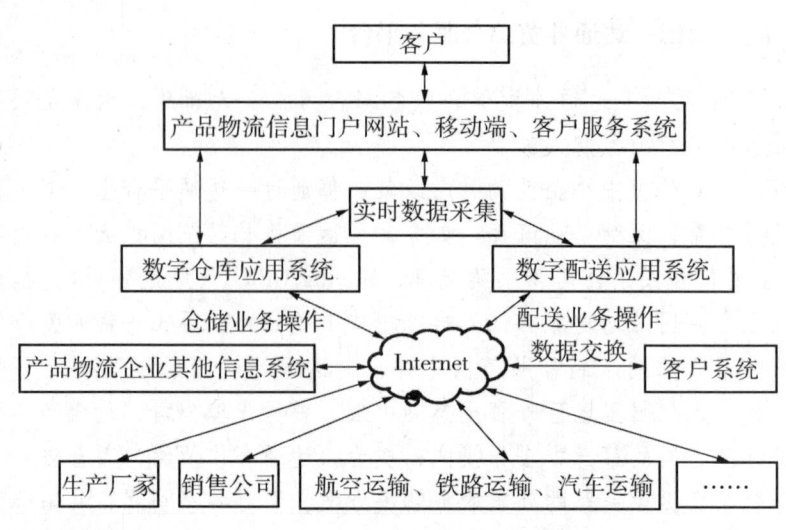

图 3-4 物流外包流程管理参考图

3.3.1.2 物流业务外包管理的优势

(1) 企业业务更专业，营运成本更低，质量更高。企业核心业务的发展，需要物流环节快速紧跟，与自理物流相比，专业的物流企业可以集成小批量送货的要求，来获得规模经济效应，在组织企业的物流活动方面更有经验、更专业化，可提高企业运作的灵活性。对于委托企业而言，通过将物流外包给专业的物流企业，还可获得所需的各方面人才和引入资金、技术，同时也可以根据自己的需要引入"外脑"，使本企业核心业务流程的设计更加合理。

(2) 节约资源，核心业务发展更快。资源的有限性往往是制约企业发展的主要"瓶颈"。企业的主要资源，包括资金、技术、人力资本、生产设备、销售网络、配套设施等等要素。在当今时代，技术和需求的变化十分复杂，一个企业的资源配置不可能在本组织全部完成。物流外包策略对于企业有限资源的合理利用非常重要，国内外的许多企业正是通过利用物流外包，突破原有的资源"瓶颈"，获得了出乎意料的增长速度。企业通过专业的物流企业承担物流业务，可以减少物流基础设施的新投资，腾出原有仓库与车队所占用的资金，把资金用在更有效率的地方，产生高效益并取得主要业务的竞争力。

(3) 企业运作效率提高。由于非核心业务由合作伙伴来完成，物流外包企业可以精简机构，如中层经理传统上的监督和协调功能被计算机网络取代，传统管理方式中金字塔状的总公司、子公司的组织结构，让位于更加灵活的信息流，形成扁平式结构管理。这种组织结构将随着知识经济的发展而越来越具有生命力。企业可以更好地控制其经营活动，并在经营活动和物流活动中找到一种平衡，保持两者之间的连续性，提高其柔性，使实行物流外包的委托企业由于业务的精简而具有更大的应变空间。

(4) 监督成本减少。委托公司利用物流外包策略缩小公司的规模，精简组织，管理事务相对简单，更易于公司专注于自己核心能力的培养，提高创新能力。

(5) 风险降低。首先通过物流业务外包，委托公司与合作公司建立战略联盟，利用其战略伙伴的优势资源，缩短产品生产到销售的时间，减轻由于技术和市场需求的变化造成的产品风险。其次，战略联盟的各方都发挥了各自的优势，有利于提高新产品和服务的质量，提高新产品开拓市场的成功率。最后，采用物流外包策略的委托公司在与其战略伙伴共同开发新产品时风险共担，从而降低了由于新产品开发失败给公司造成巨大损失的可能性。

在我国这样资金相对短缺、企业实力相对薄弱的环境里，物流业务外包的理由更具有现实意义。随着物流行业的进一步整合和物流服务逐步走向一体化和系统化，物流业务的技术含量将是供应商抢占市场份额的关键因素，仅仅靠功能型的专业知识取得竞争优势将日趋艰难。为维持并增加市场份额、提高客户满意度，发包方就必须了解企业的特色，认可企业的价值，接包方就必须塑造个性化的核心竞争力，明确、清晰地宣传企业能够为客户带来的战略价值和管理效率。即发包方可以通过将物流外包，获得专业的物流企业的创新能力和专业技能，以解决自身难以完成的新产品开发和市场开拓等问题。

3.3.1.3 物流业的发展趋势

物流业是虚拟经济和实体经济、传统经济和新经济的纽带。而未来的物流必须要重视技术、数据、整合和共享的力量，智慧物流是走出经济困境和全球化最重要的关键点。

(1) 参与经济转型。先进的智慧物流能够把生产和制造业、销售、消费体验结合在一起，让制造企业没有库存。因此，物流对社会的贡献不仅仅是送货，而是参与到经济转型和产业当中，乃至参与整个社会的重组和建设未来世界经济的模式。

(2) 实现真正的快速送货。下一个目标是实现任一地点发货，中国24小时、全球72小时送货必达，实现货通天下。

(3) 连通世界实现共享经济。物流网络能够连接任何一家物流公司、快递公司和仓库，让整个世界连通，才更加有效，真正有可能产生共享经济。

案例 3-12 亚马逊十大物流流程管理技术

1. 亚马逊的智能机器人 Kiva 技术

亚马逊 2012 年斥资 7.75 亿美元收购了机器人制造商 Kiva Systems，2015 年机器人数量增至 10 000 台，用于北美的各大运转中心。Kiva 系统作业效率比传统的物流作业提升 2～4 倍，机器人每小时可跑 30 英里，准确率达到 99.99%。Kiva 机器人作业颠覆传统电商物流中心作业"人找货、人找货位"模式，通过作业计划调动机器人，实现"货找人、货位找人"的模式，整个物流中心库区无人化，各个库位在 Kiva 机器人驱动下自动排序到作业岗位。

2. 无人机送货

2013 年 12 月，亚马逊实现 Prime Air 无人快递，顾客在网上下单，如果物品重量在 5 磅以下，可以选择无人机配送，在 30 分钟内把快件送到家。整个过程无人化，无人机在物流中心流水线末端自动取件，直接飞向顾客。

3. 订单与客户服务大数据应用

亚马逊将大数据推广到电商物流平台运作的企业。电商端到端的服务分为五大类，即浏览、购物、仓配、送货和客户服务。

（1）用户浏览。一套基于大数据分析的技术精准分析客户的需求。具体方法是，后台系统会记录客户的浏览历史，后台会随之把顾客感兴趣的库存放在离他们最近的运营中心，这样方便客户下单。

（2）购物便捷下单。不管客户在哪个角落，都可以快速下单。

（3）仓储运营。大数据驱动的仓储订单，运营中心可以在30分钟之内完成整个订单处理，从订单处理、快速拣选、快速包装、分拣等一切都由大数据驱动，且全程可视化。

（4）配送。物流体系会根据客户的具体需求时间进行科学配载，调整配送计划，实现在用户定义的时间范围内精准送达。美国亚马逊还可以根据大数据的预测，提前发货，与线下零售相比具有绝对的竞争力。

（5）CRM客服。大数据驱动客户服务。亚马逊（中国）提供 7×24 小时不间断的客户服务，创建了技术系统识别和预测客户需求，根据用户的浏览记录、订单信息、来电问题，定制化地向用户推送不同的自助服务工具。大数据保证客户可以随时随地电话联系对应的客户服务团队。

4. 智能入库管理技术

在亚马逊全球的运营中心，从入库这一时刻就开始把大数据技术应用得淋漓尽致。

（1）在入库方面采用独特的采购入库监控策略。基于过去的经验和所有历史数据的收集，了解什么样的品类容易坏，坏在哪里，然后进行预包装。

（2）商品测量。亚马逊的 Cubi Scan 仪器会对新入库的中小体积商品测量长宽高和体积，根据这些商品信息优化入库。

5. 大数据驱动的智能拣货和智能算法

（1）智能算法驱动物流作业，保障最优路径。亚马逊的后台有一套数据算法，给每个人随机优化拣货路径。拣货的员工直接朝前走，不走回头路。通过这种智能的计算和智能的推荐，拣货行走路径至少减少 60%。

（2）图书仓复杂作业方法。图书仓采用加强版监控，限制相似品放在同一个货位。

（3）畅销品的运营策略。亚马逊根据后台大数据，知道需求量高的产品，整批进，把它放在离发货区比较近的地方，减少员工负重行走路程。

6. 随机存储

（1）随机存储的运营原则。随机存储是亚马逊运营的重要技术，畅销商品后进先出，随机存储最佳路径。

（2）随机存储与系统管理。随机存储核心是系统 Bin，将货品、货位、数量绑定关系发挥到极致。

7. 智能分仓和智能调拨

作为全球大云仓平台，智能分仓和智能调拨拥有独特的技术含量。在亚马逊（中国），全国 10 多个平行仓的调拨完全是在精准的供应链计划的驱动下进行的。

(1) 通过亚马逊独特的供应链智能大数据管理体系，实现智能分仓、就近备货和预测式调拨。

(2) 智能化调拨库存。全国各个省市包括各大运营中心之间有干线的运输调配，以确保库存已经提前调拨到离客户最近的运营中心。

8. 精准预测、二维码精准定位技术

(1) 精准的库存信息。智能仓储管理技术能够实现连续动态盘点，库存精准率达到99.99%。

(2) 精准预测库存，分配库存。在业务高峰期，通过大数据分析做到对库存需求精准预测，在配货规划、运力调配和末端配送等方面做好准备，平衡了订单运营能力，大大降低爆仓的风险。

(3) 亚马逊全球运营中心，每一个库位有一个独特的编码，是每一个货位的身份证，就是一个GPS，可以在系统里查出商品定位。亚马逊精准的库位管理可以实现全球库存精准定位。

9. 可视化订单作业、包裹追踪

(1) 全球云仓库存共享。在中国就能看到来自大洋彼岸的库存，亚马逊实现全球百货直供中国。这是亚马逊在全球电商供应链可视化中独特的运营能力。

(2) 国内运作方面，亚马逊平台让消费者、合作商和亚马逊的工作人员全程监控货物、包裹位置和订单状态。

10. 亚马逊独特发货拣货"八爪鱼技术"

亚马逊运营中心大量采用"八爪鱼技术"。作业人员像八爪鱼，像千手观音一样，会根据客户的送货地址设计出不同的送货路线。

11. 其他重要的技术应用

(1) 物联网技术。在亚马逊的运营中心，安全标准设定很高，人、车、物要分开，所以会有镜子帮助工作人员了解周围路况。

(2) 双库联动模式。亚马逊昆山运营中心有一个类似于天桥的传送带，全封闭式，作用是完成不同品类的合单，可以通过传送带将一个库的货物转到另一个库中，这个又称为双库联动。昆山运营中心是超大库，在两个超大库之间进行双库联动对效率有非常高的要求，对时间点的把控也很严格。

【分析】

精准定位下的全渠道物流流程管理模式，毋庸置疑，是未来的主要管理模式。未来一定会出现一个超大物流平台，可以服务于京东、阿里、亚马逊、苏宁、唯品会、1号店等企业上的订单，只是由于种种利益和博弈，目前尚未出现。"亚马逊物流+"战略，可能是目前出现的非常重要的一个尝试。

亚马逊具有全球唯一的、最大的电商云仓大平台。数据显示，通过遍布全球的109个运营中心，可到达185个国家和地区。

市场对开放的物流大平台有需求，中国品牌企业以及整个行业在全渠道的大趋势下，寻求更高效、更高质量的物流和配送服务，以便跟上市场发展的步伐，提高自身的竞争实力。各大电商平台的强势出击，让品牌企业的物流供应链运营呈现畸形，同时，当前物流服务商网络覆盖碎片化，不得不使用多家供应商才能覆盖。

从成本与效率的角度看，中国电子商务市场巨大。

从运营可控性看，国内物流企业在海外拓展网络可控性弱，普遍做法是通过第三方合作租用仓库，货物遗失或损坏的隐患较高。

国内企业在全渠道的模式下，自己无力进行技术投入，缺乏专业的管理体系和专业人才。

从跨境电商物流运营监控能力看，中国用户可以在国内看到来自大洋彼岸的包裹情况，无须额外付费选择3个工作日速达，因为亚马逊已经打通了整个跨境物流的环节，从美国的库房经过国际航线，进入中国清关、检察检疫，到亚马逊中国的运营中心，通过中国运营中心进行一个贴中文面单的步骤后，就可以借助整个中国的配送运营网络进行配送，帮客户节约很多的费用。

案例3-13　红牛物流外包

红牛（Red Bull）是全球著名的能量饮料品牌，1966年红牛维生素功能饮料诞生于泰国。1995年12月，红牛来到中国，成立了红牛维他命饮料有限公司（下称红牛公司）。1998年，中国红牛公司将总部从深圳迁到北京。目前中国红牛公司在全国各地建立了30多个分公司、代表处和80多个办事处。该企业的物流流程服务与管理设计是由销售引发，销售采取中央集权式管理。在国内拥有北京怀柔、湖北咸宁和海南海口三个现代化生产工厂，各地货物配送并非以工厂为核心进行辐射，而是打破区域界限，每个工厂都可能供应全国市场。这在传统物流流程管理机构看来似乎违背了就近配送的原则，但红牛公司有自己的理由，因为红牛的三个工厂的产能基本上和销售总量相匹配，而各个销售区域的销售节奏和数量不一样，这样在销量集中的区域势必要向多个工厂要货。如果要实行绝对的就近配送，就必须设置更多的生产工厂，而且工厂的产能通常要大于销售量的30%才行，就近供货物流成本虽然有所下降，但生产成本和企业的固定投资却会大幅上升。

该企业的物流原则是以生产基地为中心辐射。在物流流程管理中，销售预测非常重要。销售预测的设定依据，一是根据历年的销售数据做基础，二是上一年度对本年度下达的销售任务，再根据各个省份实际的销售总量制定各地区的安全库存，当产品少于安全库存时发货补齐。产品的周转周期基本上取决于各地的销售速度。一般情况下，从工厂发货需要7～8天时间到配送中心，货物周转期最慢40天左右，销售旺季的物流量至少占总量的60%。

大约在2003年，红牛公司就开始采用第三方物流，即使在现在，红牛公司也是少数物流外包比较彻底的企业之一。红牛公司的物流外包以产品从工厂的成品库出来一直到终端均由第三方负责，产品的最后一关即微生物检测，检测合格，生产过程即结束，随即进入物流过程。

为避免管理混乱，将第三方物流的范围划定为出工厂成品库以后，无论遇到任何情况，都由第三方负责，第三方物流的信息系统和红牛公司的信息系统实现对接。红牛公司把数据打包发给第三方物流，一个数据包里面可能有几十甚至几百个订单，第三方物流收到数据包后开始分拣订单,在全国范围进行配送。

例如,第三方物流分拣完订单后,把四川省内的订单集合起来,安排自己的车辆或者其他车辆到红牛公司的北京工厂取货,发运到红牛公司位于四川成都的配送中心,到达四川后,第三方物流将货物运到自己的成都仓库。此时第三方物流必须把这批货到库时的实际情况反馈给红牛公司,包括到达时间、数量、批次号、破损情况等等。这些信息要全部录入系统,以便随时被查阅。进入第三方物流的成都仓库后,这批货由第三方物流管理,但是在红牛公司本部没有下达出货指令前,第三方物流没有任何权利处置货物,哪怕出现残次和破损。一般情况下,残次和破损比率通常不到0.1%,超出这个范围的破损货物将由第三方物流按销售价格购买补偿。在配送过程中有时会出现意外情况,比如下雨造成的翻车,红牛公司要求第三方物流在第一时间报告,并马上派出第二次车,补足货物后立即处理事故。事故货物要求回收到当地仓库,第三方要按照销售价格赔偿。赔偿后这些残次品仍然属于红牛公司,由红牛当地分公司的人员和第三方物流人员一起进行销毁。与时下流行的选择第三方物流的观点有所不同,红牛公司认为选择第三方物流最重要的因素是方便管理,其次才是降低成本。

该企业认为,将生产、物流、销售的管理用流程清晰的分界管理,有利于责任、风险、绩效的管理,因为红牛公司在中国有较多销售区域,全用自己公司的人员去管理销售和物流,难免会出漏洞。例如,工厂发货到某省的仓库后由自己当地的销售人员在管理,当地的销售人员什么时候开库取货,本部不清楚。再者,总有一些条件使得当地销售人员可以报上产品的大量破损,造成总公司账面上的亏损;甚至于销售和物流都是同样的人管理,产品在当地售完后,货款有可能回不到企业的账上。当年很多红火的企业都败在资金链断裂上,而资金链断裂的一大原因就是管理漏洞造成的亏空。委托给第三方物流后,这些漏洞基本上都被堵住了。因为第三方物流将企业的销售和物流分开,红牛的销售人员只管销售,产品的配送和管理与其无关。第三方物流只听从红牛总部的命令,当地销售人员与其关系无论多亲密,也不能擅自从仓库取货。为了保证企业资产的安全和维持良好的经营秩序,第三方物流的引入是必需的,为此付出一定的成本也是值得的。

【分析】

红牛公司将企业的物流彻底外包,使企业的流程管理将生产、物流、销售三个环节的流程管理边界清晰化,责任与利益明确。作为外包物流的先行者,红牛公司在使用和管理第三方物流时,物流管理人员的工作重点在"流程控制"上。虽然将物流交给其他公司,但自己要对第三方物流的各项情况很了解,对配送、发运等物流环节做到心中有数。首先,在选择第三方物流时,要寻求与自己的企业基本上相匹配的、有一定规模和管理能力的物流商。受限于目前国内的物流软硬件不够先进、第三方物流整体而言效率不够高等因素,红牛公司对接包方的选择只能是选择相对较好的,即只能找相对比较规范有能力的物流公司。红牛公司在全国总共有两家物流接包商,平时主要的工作是掌握第三方物流商的动态,随时考察他们胜任工作的能力和责任心。该企业需要的物流管理人员极少,管理成本极低,且责权利清晰。

3.3.2 采购外包服务

3.3.2.1 采购外包服务的基本情况

为在激烈的市场竞争环境中控制成本和追求效益最大化，采购在企业运营中收入的一半均会用在外购物料和服务上，所以，毫无疑问，采购优化是实现这些目标的主要杠杆之一。企业将全部或部分的采购业务活动外包给供应商，企业专注于自身核心业务，采购人员可以通过自身分析和理解供应市场相关的知识，来辅助管理人员进行决策，这是企业管理中最优化的选择。

采购外包的特点具有并行的作业分布模式。在组织结构上，实行采购外包的企业，由于采购业务的精简而具有更大的应变性，以信息技术为依托实现外部资源的整合，可以使采购成本和物流成本下降，对企业净利润的贡献是1∶1的对应关系。因此，由采购流程来控制的供应管理关系，是企业物流管理或供应链管理的重要环节，在某种程度上决定了企业总成本结构和对客户需求变化的响应能力。据专业机构对许多企业的研究发现，在供应商选择、执行采购和供应管理过程中，最大的公司也会存在缺乏有效管理各种物料、服务采购的必要技能、专业知识和相关基础设施条件欠佳的现象。总的来看，企业采购战略的缺陷主要表现在以下几个方面。

(1) 近70%的企业仍然由部门或供应商选择决策。
(2) 近1/3的采购是无合同的所谓"自行其是"的采购。
(3) 大多数的企业对最具有战略意义的或者高价值类产品的采购支出细节了解很少。
(4) 很少企业有标准化的供应商选择决策程序和采购流程。
(5) 对大多数企业来说，并不清楚采购总成本的结构。
(6) 在应用自动化和分析控制技术方面，采购活动仍然落后于企业的其他职能部门。

因此，在我国许多企业，采购变成了一项运行效能低下的资产，企业重视程度还远远不够。由于采购流程的缺陷和不良的采购支出，企业每年要白白损失许多利益。

成功的采购外包策略可以帮助企业降低采购成本，提高采购业务能力，改善采购质量和提高采购利润率。但采购外包在我国实施时会遇到一些问题。

(1) 脱胎于计划经济的我国工业企业，在相当长一段期间内，企业机制和管理思想都滞后于市场经济发展的需求，缺乏主动出击市场的动力和积极性。实际调查结果表明，"小而全""大而全"经营组织普遍存在。企业外部资源利用率低。"自力更生"的传统经营理念、"肥水不流外人田"的竞争观念使许多企业拒绝合作。对自身利益的考虑和对别人的不信任，使得企业往往是即使自己做得不好、自己做的费用比别人多得多也要自己做，采购外包为数不多。

(2) 随着更多采购业务的外包，企业采购人员会担心失去工作。如果他们知道自己的工作被"外包"只是时间问题的话，就可能使他们失去对企业的信心，失去努力工作的动力，导致职工的职业道德和业绩水平下降。

(3) 基于采购外包是供应链企业采购合作方式与委托代理实现的未来发展方向，供应链企业必须充分利用先进的信息通信手段，但是，我国许多企业与企业之间信息传递工具落后，甚至有的企业拒绝使用现代化的管理工具。

（4）在采购外包活动过程中，缺乏科学的合作对策，法律体系不健全，信用体系不完善。

采购外包对企业采购管理提出了新的挑战，企业需要转变传统的自理管理模式，提高柔性和市场响应能力。加强与外包供应商的信息联系及相互之间的合作，建立新的合作模式。

由于上述原因，近几年我国一些企业开始把次优的采购活动和不能很好控制的采购项目交给高度专业化的机构。

过去企业将精力集中在主业上，把其余的业务都外包出去，最经常外包的商务活动包括旅行服务、员工福利、工资发放和其他一些财务活动。而今企业愈来愈多的外包曾经被认为是其核心竞争力的供应链管理过程，如存货管理、物流服务、产品制造，甚至是产品设计和客户服务。采购外包已经成为业务流程外包的必然延伸。近年来，随着基于网络的采购技术（电子采购、网上征招供应商、反向拍卖、网上交易所）和价值分析工具的发展，为监测和管理采购及采购外包提供了必要的可见性和有效的控制手段。

3.3.2.2 采购外包的优势

采购外包是可以获得更低采购成本、更高采购效率的专业化服务，从总体上降低企业采购运作方式，提高采购运营效率，可以将自己的全部智能和资源专注于核心采购业务，在新的竞争环境中提高企业的竞争能力。企业实施采购外包的优势主要体现为以下几个方面。

（1）加速采购业务重构。企业业务流程重构需要花费很多的时间，获得效益也要花很长的时间，而外包是企业业务流程重构的重要策略，可以帮助企业快速解决采购业务方面的重构问题。对实行采购外包的企业来说，不仅做到现有企业核心采购能力和外包供应商核心能力的整合，更重要的还要做到如何巩固和提升自己的核心采购能力。企业如果忽视了本身核心采购能力的培育，那么实施外包采购只是培养潜在的竞争对手，而自己则失去未来的发展机会。

（2）利用企业的外部资源。如果企业没有有效完成采购业务所需的资源，企业可将采购业务外包。企业采购业务外包时必须进行采购成本、利润分析，确认在长期情况下这种外包是否对企业有利，由此决定是否应该采取采购外包策略。企业在集中资源于自身核心采购业务的同时，通过利用其他企业的资源来弥补自身的不足，从而变得更具竞争优势，增强自身的核心竞争力。

（3）分担采购风险。企业可以通过资源外向配置分散由经济、市场和财务等因素产生的风险。企业本身的采购资源、能力是有限的，通过资源外向配置，与外部的外包供应商共同分担风险，企业可以变得更有柔性，更能适应变化的外部环境。

（4）降低成本。据有关研究表明，那些将特定的采购流程或采购项目外包的企业，其物料获得成本平均降幅达 $10\% \sim 25\%$。有时特定采购项目的采购成本降幅可达 30%。采购服务商之所以能够如此大幅度降低采购成本，主要是因为他们具有丰富的产品采购经验和市场专业知识、成熟的采购流程和持有众多客户聚集起来的采购量。

(5) 可以减少企业投资。可以减少企业投资，降低固定资产在资本结构中的比例，有利于优化企业的资本结构。

3.3.2.3 采购外包策略

1. 采购外包策略的适用范围

当今竞争环境下，没有哪一种采购策略适用于一个企业所有的产品和服务。要合理界定采购外包策略的适用范围，可以采用供应细分法对企业供应的各种产品和服务进行分类分析。在企业的采购和供应管理中，供应成本和供应风险是采购人员关注的核心问题。供应成本表示了各项产品或服务的重要性，一般以企业每年对它的支出总额来衡量。

对于供应风险，一般可以根据技术因素、供应资源的可获得性、技术要求、环境因素等多方面综合确定风险程度。从供应成本和供应风险两个角度，可以将企业供应产品和服务分为4种类型，即策略型（低成本低风险）、杠杆型（高成本低风险）、关键型（低成本高风险）和战略型（高成本高风险）。企业采购的绝大部分产品和服务都属于策略型，由于成本和风险都比较低，在这一类型中单个产品或服务的采购价格并不太重要，即使采购成本降低了很大幅度，但对总支出而言，也只是相对较小的节约。由于其采购品种繁多、采购流程复杂，必然导致大量的交易成本。因此，该类型供应管理的目标应该是通过优化采购流程运行过程的效率来大幅度降低交易成本。交易成本可以用采购者在整个订货过程中所花费的时间来衡量。只有尽量简化或消除其采购流程，降低采购过程的边际成本，才能使企业的总成本最低。这时，策略型采购外包是企业的一个较好选择。

2. 采购业务外包范围

企业组织机构在下列情况下可考虑将采购业务外包出去。

第一，采购是属于周边的而不是核心业务的场合。具体体现为：一次性采购和有重复需求的采购；需在当地和国内采购的物资（国际性的组织货源和采购更倾向于专业化的采购业务外包）；低价值高订购频率的采购；对知名品牌有要求的采购；内部已批准的协议突然取消，已建立了以产品或服务为基础的合同，要获取进行大批量生产制造所需物资的采购；计算机化精巧处理的采购或以软件为基础的制造业的采购；采购需求都附有相应的行政手续和文件，要提供具有各种技能水平的仓储人员，进行多种型号和多个部门的货源组织，等等。

第二，供应储备很充足精良，但它建立在可靠的合作基础上，而且没有供应的限制。

第三，一个较小的供应商基库，能提供非战略性、非关键性、低成本、低风险的产品的场合。

3.3.2.4 我国企业采购外包前需要厘清的事项

采购业务外包作为新经济时代企业经营管理的一种新模式，能给企业和社会经济的发展带来较大的效用。但采购业务外包战略也是一把双刃剑，它在带来福音的同时，也可能蕴藏着风险。因此，企业在实施采购业务外包模式时，必须权衡考虑，尽可能地发挥其有利之处，防范规避其不利之处。我国企业在实施采购业务外包时，通常都会进行一系列的准备工作。

（1）改进企业管理模式。我国企业无法很好地实施采购外包，究其原因，传统国有企业通常都是"大而全"的小社会，尤其是企业资产规模和生产能力规模往往决定一个企业领导行政级别的高低与在职消费的大小，这也导致我国大多数企业贪多求大，盲目扩张，对于能否形成核心竞争业务并产生持续的竞争优势则漠不关心。企业习惯于将价值链上的所有部分从研发、设计、供应、生产、营销到售后服务，都有"肥水不流外人田"的心理，从而造成我国企业产品技术含量低、层次重复，跟不上市场需求的变化。显然，"纵向一体化"的企业管理模式已经不适应市场快速变化的要求。

（2）识别、培育与提升企业的核心竞争力，确立采购业务保障。每个成功企业都有它的核心竞争力，实施外包的企业首先应该善于识别其核心竞争力是什么。核心竞争力是知识而不是产品，所以企业首先应该考察企业内部最具优势的知识是什么。其次，应把企业的目标定位在价值链最具竞争力的两三个环节上。再次，企业的核心竞争力需要在企业最有价值即企业可以赢得最大利润的领域里进行选择。最后，核心竞争力的确定不仅要顾及企业今天的经济活动，还应看到企业未来的经济活动，更重要的还在于不断培育与提升企业的核心竞争力，唯有如此，企业才不至于在实施采购外包的过程中逐渐失去其主包地位和未来发展的机会。

（3）积极建立学习型组织。随着知识经济的到来，学习型组织成为企业开展创新活动和提高竞争力的必要条件。当企业单元都成为学习型组织时，外包整体就能够更加有效地达到战略协调、知识共享、能力互补和信息技术兼容等经营管理的目标，企业才能把学习者与工作系统地、持续地结合起来，支持组织在个人、工作团队以及整个系统这三个不同层次上的平衡发展，构造学习型组织对企业实施业务外包举足轻重。

（4）注重流程管理。采购外包的重点并不在外包业务本身，而在于对其进行的流程管理。要处理好内部流程和外部流程的有效结合问题，要把外包企业的核心能力和承包企业的核心能力有效整合起来。企业首先要对采购外包的重要性进行评价，并对其风险进行评估，做出是否进行采购外包的决策。采购外包的执行过程以各种降低成本的活动开始，此时管理人员必须决定什么样的成本工具最适合这些活动。对此，企业应考虑进行外包的项目是一个还是多个，然后考虑选择供应商，一般包括报价分析和谈判两个过程。合同签署完毕后，着手供应商的管理工作，要利用恰当的评价标准对供应商的表现进行分析。最后，当合同接近期满时，管理人员要决定是否续签合同，是否更换供应商。

案例3-14 沃尔玛与采购服务商香港利丰

沃尔玛在中国的业务主要分为两个部分，零售大卖场和采购体系。沃尔玛采购选择"全球采办"。

为了整合采购供应链效益，控制成本，加大直采力度，沃尔玛从2007年便开始对全球采购体系进行调整，10月沃尔玛全球采办裁员250人。2008年7月沃尔玛全球采购质检工作外包，导致国内4个办事处的180名员工被裁。随后，沃尔玛还关闭了新加坡、菲律宾、斯里兰卡、土耳其的采购部门。

沃尔玛全球采购总战略的核心是不断提高沃尔玛公司自有品牌的直接采购量。沃尔玛公司自有品牌年采购额超过1000亿美元，在这些商品中，直接从制造商采购的比例不到1/5；如果转向直接采购，5年内在整条供应链上可节省5%～15%的成本。

香港利丰是沃尔玛全球采购供应商。利丰有限公司是总部位于香港的跨国集团，并被公认为在消费品设计、开发、采购及分销上属于全球领先者。它通过广泛的全球网络，专门为全球领先的零售商和品牌的大批量、高时效类型商品提供供应链管理。利丰有限公司提供经验丰富的一站式供应链解决方案以满足沃尔玛的特定需求，其服务范围从产品设计、原材料采购到生产管理、质量控制、物流、航运等重要功能，覆盖整个供应链。合作当年既有20亿美元的采购量，在2015年市场不景气的情况下业务仍获得20%的增长，达到141.95亿美元，而作为香港最大的进出口集团，该集团的业务网络已扩展至超过80个办事处，分布全球40多个经济体。

沃尔玛与利丰的合作，可以弥补沃尔玛全球采购战略中的薄弱环节。利丰的专业水平和强劲资源，使沃尔玛在商品采购价格上更具竞争力，同时还会提升沃尔玛自有产品设计，发展沃尔玛综合采购能力。利丰签约沃尔玛意义非常重大，沃尔玛是全球最大的跨国零售商，利丰集团作为其采购商，也充分显示了沃尔玛现代化的经营理念，将采购业务委托给第三方来经营，能够充分发挥沃尔玛的核心竞争力，充分利用世界最优秀的采购商资源，形成最强的经济实力。利丰最大的优势便在于它遍布全球的、高效分工与合作的供应链管理，讲究供应链的信息化运作，力求系统整体效率的提升，实现按需生产，以减少存货积压的风险，尽量降低在采购、库存、运输和环节之间的成本。

当利丰获得来自欧洲一个零售商的1万件成衣订单，他们可能从韩国买纱并运往台湾进行纺织和染色，然后在中国大陆的工厂订购拉链，之后出于配额和工人状况考虑选择在泰国生产，这样便能有效地为客户打造一条价值链，尽可能满足该客户的需求。

【分析】

中国的流通产业缺少了一个重要的角色，那就是进口商。国外的进口商都起到了两个作用：对本国市场的评价和对付款的风险分担。而我国目前的流通产业中这样的角色相当缺乏，因此导致了上游企业和下游企业之间断链，中间缺少一个传递者。

总经销、总代理是发达国家工商企业普遍采用的营销方式，这是新时期完善我国工业品流通体系的一项重要举措。商务部副部长姜增伟提出，从零售企业的角度看，要大力推行总部采购，对条件成熟的供应商，在城市中心采用集中采购、统一结算、统一商务条件的采购方式，逐步形成"总部对总部"的货源采购模式；寻求自营模式突破口，不断加大自营比重；加强对品牌的经营能力，等等。

随着计算机和网络技术的发展，应扶持一批"利丰模式"的工业品集成商，形成在全球供应链中具有关键性作用的大型企业集团，而不是重新建设传统的大型批发企业，也不是建设传统的批发市场。

附：企业级及平台服务商按外包服务业类型分类实例(表3-4)。

表3-4 企业级及平台服务商按外包服务业务类型分类实例

外包服务业务类型	企业级及平台服务商
云服务	阿里云、腾讯云、世纪互联、UCloud、网宿、蓝讯、金山云、AWS PaaS、象云、够快云库、唯一网络、又拍云、网易云信、七牛、靠谱云、APICloud、品高云
行政办公服务	易点租、宝库在线、51社保、保险极客、优办、好租、小微办公秒租、点点租、创业树、来访通、名片天下、云印、天炎微企
安全与运维服务	天玑科技、安全狗、护卫神、知道创宇、AWS EMM、椒图科技、OneAPM、极验验证、漏洞盒子、绿网天下、爱加密、上海上讯、兑吧、监控易
CRM服务	用友、销售易、纷享销客、八百客、iWorker、致远、微信企业号、阿里钉钉、红圈营销、神州云动、达客CRM、易圈客、麦客、六度人和、任我行CRM、智简
招聘与人力管理服务	前程无忧、智联招聘、Boss直聘、拉钩、猎聘、爱员工、优蓝网、口袋兼职、友才网、实习僧、猎公社、策德、校招推荐、较正背景调查、独立日、兼职地带、斗米兼职、金柚网
财务法务服务	91财务、公司宝、嘿里啪(财税)、权大师(商标)、知果果(商标)、中细软(商标)、法象网、橙蟹(财税)、易后台(财税)、快法务、法帮帮、帮帮账、知呱呱(产权)、法大大(合同)顶尖财务、米律
营销推广服务	三点一刻、智子云、MAKA、帮推客、快客传媒、乐可互动、小冰火人、火速移动、品牌宝、AnG精准营销、极光推送
开发组件与工具服务	厘米脚印、声网Agora.io、融云、Testin、魔窗、AppCan、码易众包、Ping++(支付)、开源中国众包、快商通、蒲公英、码市Coding、侯斯特、腾讯优测、码客帮、测试兄弟

4 我国知识流程外包管理主流业务与案例分析

【学习目标】

了解知识流程外包管理主流业务，基本掌握知识流程外包管理服务方式。

知识流程外包是指将组织内部具体的知识型业务承包给外部专门的服务提供商，即在普通业务流程外包中分离出的需要专门技术的、高智力活动的业务外包，是面向知识流程业务的知识密集型服务外包模式。它是在信息技术外包与业务流程外包的基础上，逐步向知识领域延伸而发展起来的服务外包的更高级阶段。

目前，开展较多的业务主要有知识产权研究、数据挖掘与分析、工业设计、工程技术、生物医药研发、动漫影视、游戏策划与开发、数字出版等。随着技术革命与模式创新，会不断涌现出更多的知识流程外包管理领域。我国目前各相关部委正在大力推行创新教育与技术创新，出台了一系列针对模式创新、技术创新、流程创新的鼓励政策，各高校也相继成立了创新创业学院，对传统教育进行改革，使人才培养的方案与方法更加适应新时期人才的培养。而知识流程管理外包渗透于各项服务中，是各项服务不可缺少的基本元素，也是最具创新力的领域，创新是知识流程外包管理的血液。

4.1 商务服务外包

4.1.1 知识产权外包服务

4.1.1.1 知识产权外包的基本情况

知识产权（简称 IP）指"权利人对其所创作的智力劳动成果所享有的专有权利"，一般只在有限时期内有效。各种智力创造，比如发明、文学和艺术作品、在商业中使用的标志、名称、图像以及外观设计等，都可被认为是某一个人或组织所拥有的知识产权。知识产权主要分类有专利权、商标权、著作权（版权）等。

服务外包产业是集劳动密集型、技术密集型和知识密集型于一体的现代服务业的新兴业态。在服务外包产业的发展中，知识产权保护和信息安全保护更成为国家竞争与合作的主要领域之一。国际金融危机后，欧美日加紧实施知识产权战略以及信息安全战略，以便巩固其在高新技术领域的垄断地位，获取超额利润，维系其在全球政治、军事、经济领域的霸权地位，并遏制新兴市场国家的崛起。这些在服务外包产业中表现尤为明显。

我国在加入世界贸易组织（WTO）后，货物贸易和服务贸易取得突飞猛进的发展，对外贸易领域的知识产权保护水平和执行力度也达到新的水平。进入21世纪，国家实施知识产权战略，制定了《国家知识产权战略纲要》，目标是到2020年将我国建设成为知识产权创造、运用、保护和管理水平较高的国家，这也是在战略制高点上与发达国家竞争的迫切需要。目前我国已经成为全球服务外包业务承接大国，在此领域的知识产权保护和信息安全水平不断提高，取得了明显成效，有力地推动了离岸外包业务的发展。知识产权的运用、研究、服务量剧增，其研究领域不断扩大，层出不穷的问题不断凸显。在服务外包领域更加重视外包业务的核心知识产权服务。

我国在服务外包取得巨大成绩的同时，还存在一些影响进一步发展的问题。除了我国服务外包龙头企业不强、中高级人才不足和低端业务过度竞争等问题之外，知识产权保护和信息安全保证问题日益成为影响我国服务外包产业核心竞争力的关键制约因素。

总体来看，我国服务外包知识产权保护存在三个主要问题：一是服务外包知识产权管理制度亟待完善。在国家层面缺乏专门针对服务外包知识产权保护的具体规章；在企业层面缺乏对核心技术的控制和保护意识，对掌握商业秘密的职员跳槽管理乏力等。二是对服务外包知识产权侵权的执法力度不够。企业认为在遇到知识产权纠纷时没有明确部门予以解决，担心泄露商业秘密而不愿提供相关证据，案件判决后难以执行。三是企业对服务外包知识产权的重视仍待加强。对知识产权权属约定不明，对核心技术缺乏有效的风险防范措施，对服务外包中可能涉及的商业秘密保护不力。

我国服务外包产业信息安全方面存在的主要问题有：信息安全立法有待完善，政府和企业信息安全投入严重不足，国内信息技术水平与国际差距明显，信息安全管理认证率低，信息安全执法能力亟待提高。

目前，发包方（发达国家及其跨国公司）的服务外包发包知识产权的保护给我们的启示主要有：加强知识产权法律法规体系建设；加强知识产权管理机构建设；注重根据本国的经济社会发展状况和企业特点制定和调整相关法律；综合运用司法、行政和仲裁等多种方式，严格执法，打击知识产权侵权；推动知识产权保护国际化，提高本国国际竞争力，发挥政府职能，为企业提供服务；企业应树立知识产权意识；加强全社会对知识产权重要性的认识。

服务外包发包方信息安全保障体系建设的启示主要有：将信息安全提升为国家战略；不断完善信息安全法律法规体系；注重信息安全技术标准建设；构建信息网络安全机构，加强统一领导和协调；不断加大信息安全投入，大力发展信息网络安全技术，给予连续、长期、稳定、充分的资金投入；强化信息安全管理的职能分工；强化全民信息安全保护意识；加强信息安全人才的培养。

接包方（承接国及其企业）对服务外包接包知识产权保护的启示主要有：在国家层面，以不与国际义务直接冲突为前提，根据国内不同产业特性，建立以促进产业发展为导向的知识产权制度；在行业层面，通过行业协会，建立行业知识产权"防火墙"；在企业层面，建立完备的知识产权安全保障机制。

我国目前主要有两大举措应对：第一，积极制定并实施《服务外包知识产权保护和信息安全指导意见》。目前，几乎所有服务外包示范城市以及积极申报城市均已制定并实施了服务外包知识产权保护和信息安全领域的地方性指导意见和相关法律、条例等，商务部应在此基础上总结归纳提升，加快研究制定《服务外包知识产权保护和信息安全指导意见》，以此促进该领域的知识产权保护和信息安全迈上新台阶，并在全国范围内示范引领，推动国际服务外包产业更好更快发展。在条件成熟时，进一步与相关部门协调出台《中国服务外包知识产权保护和信息安全条例》，使其法制化、规范化和国际化。第二，加紧制定并实施《服务外包企业知识产权保护和信息安全指南》。在我国服务外包企业不断壮大，服务外包专业化、精细化、标准化的背景下，必须刻不容缓地加紧制定和实施《服务外包企业知识产权保护和信息安全指南》，为服务外包企业提供在业务上可操作的管理规范。该规范可按照服务外包后勤办公、客户服务、公司业务、知识服务与业务分析、研发及综合解决方案等业务分类，为中小服务外包企业提供主业性的业务指导。由服务外包领军型企业、地方服务外包企业协会及相关研究机构共同研拟该指南并报请商务部主管部门批准后尽早实施。

4.1.1.2 知识产权的基本定义

知识产权是由特定的国家机关，依据特定的法律，对特定人的符合特定条件的特定的发明创造和可识别性标记，经过特定的程序而授予的、受特定保护的、有特定激励效果的特定权利。该定义具有九个特点，即九个特定（特定国家机关、特定法律、特定人、特定条件、特定发明创造和可识别性标记、特定程序、特定保护、特定激励效果、特定权利），基本上涵盖了知识产权的所有内容。

第一，明确了知识产权权利主体、客体的要求。特定的人是指知识产品的原创主体和继受主体。特定的条件是指知识产品的"知识性"和"产品性"特征。特定的发明创造和可识别性标志是指具有"知识性"和"产品性"特征的最后客体。

第二，明确了知识产权产生的法律依据。知识产权最为显著的特征之一就是权利的法定性和授予性，即特定的国家机关依据特定的法律，经过特定的程序而授予的特定权利。知识产权机关就是知识产权认定、授权、管理和保护的国家机关，在中国是国家知识产权局、国家商标局、国家版权局，在日本是特许厅，在美国是专利商标局，在英国是专利局。特定的法律就是产生知识产权的国内法、国际法的依据。特定的程序就是知识产权产生的过程，例如，专利权产生的国内程序和国际程序，商标专用权产生的国内程序和国际程序。

第三，明确了知识产权权利的特殊性和保护的特殊性。知识产权权利与其他实体权利有一定的区别和联系，知识产权是一个权利群或权利体系。例如，中国版权法中著作权就有至少18种权利。而侵权的表现在商标法中就列举了13种，版权法又有19种之多。由此，知识产权保护也有别于其他权利，这类权利更为复杂，需要特定的审判机关和特定的保护。

知识产权是公民、法人或非法人单位在科学技术和文学艺术等领域内所创造的知识产品依法所享有的权利。该定义明确了如下几个视角，也多是一般意义上知识产权的定义。

第一，明确了知识产权的权利主体（包括原始主体和继受主体）是自然人、法人和非法人单位。这也是我国法条上通常采用的表述。在法条上多用公民，但鉴于公民（具有某国国籍的人）没有涵盖著作权法中无国籍人，故本定义采用自然人表述。《著作权法》第二条：保护的范围包括无国籍人，故本书采用"自然人"。

第二，明确了知识产权的权利对象。该定义采用了概述性的描述，即在科学技术、文学艺术以及等类（除此以外的）领域所创造的知识产品，该知识产品不同于一般的物质产品，具有自身的特点和规律。知识产品非实践认识和经验，而是指人的智力创造性劳动成果——智力成果。它的含义是特定的，如著作、发明创造、技术、商标标识、设计，法律才能赋予所有人以法律意义上的产权，享有占有、使用、收益和处分其智力成果时的专有权和排他权。

4.1.1.3　知识产权的基本价值

1. 商业价值

知识产权的价值，主要体现在它可能带来巨大的收益。也就是说，一旦你拥有的某项知识产权（如专利权、商标权、版权或者技术秘密等）得到应用，那么就会产生经济效益，这就是知识产权带来的财富。知识产权的应用可以由权利人自己来做，也可以由权利人收取转让费或许可费，许可或者转让给他人来做。

世界上有许多著名商标都具有巨大的价值。例如，2000年世界知名品牌价值第一的"可口可乐"，价值达到726亿美元。微软公司名列第二，品牌价值702亿美元。国内价值最高的"红塔山"品牌价值439亿人民币。世界知名的快餐企业"麦当劳"凭借它的品牌，在全世界开了数万家加盟连锁店，造就了无数的百万富翁。可以说，这些知名品牌的价值，往往是有形资产所无法比拟的。所以，有人说，商品有价，商标无价。商标本身就代表市场竞争力，是一种无可替代的财富。

发明创造是推动社会进步的原动力。一些优秀的发明成果能造福人类，而且也给发明人带来巨大的收益。例如，大发明家爱迪生，一生进行了千余项发明和实验，获得1 093种美国专利。他对社会的贡献，使人类改变了自身生活的方式；同时，他从发明创造中也获得显著的经济效益，他的"增加话筒音量"的发明就获得了10万美元的专利使用费。

2. 促进创新

知识产权，其实就是用法律手段来占有知识资源。知识产权最重要的特点之一就是专有性。也就是说，权利人取得了知识产权以后，除了权利人同意或法律另有规定外，权利人以外的任何人都不得拥有或使用该项权利，否则构成侵权行为，会受到法律制裁。

知识产权制度其实就是通过在一定时间、一定地域内对发明创造者给予其智力劳动成果的专有权，使发明创造者获得利益回报，从而激励发明创造者的积极性。否则发明创造者费尽心血取得的发明创造得不到法律保护，别人可以无偿地仿制或使用，将严重打击发明创造者的积极性。因此，知识产权制度可以保护发明的创造者的合法权益，激励创新活动。

知识产权制度的另一个作用，就是保护和促进先进的技术产业化。例如，对人类文明进程发生过巨大作用的蒸汽机、电灯、电话、复印机等发明，都是专利技术，并迅速产业化，为这些技术的推广创造出了条件。计算机软件的版权保护，也是软件产业得以迅速发展的关键原因。

知识产权制度的其他作用还包括：有利于实现我国经济与国际经济接轨；有利于引进国外先进技术；有利于吸引境外投资；有利于开拓国际市场。

3. 促进人类社会发展

知识产权保护对于人类的继续发展有着十分重要的意义。这些意义体现在以下几个方面：

第一，人类的进步和幸福取决于其在技术与文化领域取得新的创造成果的能力，而知识产权制度鼓励和保护创新的宗旨对于人类发明创造活动的继续进行具有极其关键的作用。

第二，从法律上对这些新的创造成果予以保护，可以鼓励社会资源的优化配置，鼓励额外的资源投入到发明创造活动中，从而实现进一步的创新。

第三，保护知识产权可刺激经济的增长。近年来很多新兴产业（如信息产业等）的发展都是受益于知识产权保护。

4.1.1.4 知识产权的基本特点

1. 知识产权具专有性

知识产权具有专有性（也称为垄断性、排他性），即除非权利人同意或许可或法律规定，任何其他人都无权享有。这种专有性表现在以下几个方面。

第一，知识产权权利主体的专有性。指知识产权的授予只有一次，知识产权的主体是特定的，权利人以外的任何人不能享有这项权利。权利人垄断所有权，受法律保护。

第二，知识产权权利客体的专有性，从事智力创造活动极为艰苦，一旦成果落入他人之手，便很快传播，被他人复制、利用。因此，对同一发明创造或可识别性标志，被授予权利只有一个客体。

第三，知识产权权利内容的专有性。权利人对自己的知识产权权利，可以由本人行使，也可转让或许可他人行使，但这些权利具有稳定性和可授予性特征，具有特定的内容。

2. 知识产权具地域性

知识产权作为法律确认和保护的一种专有权利，在空间上的效力是有限的，受国家领土限制，具有严格的地域性。目前，全球经济发展促进了国际合作与交流，使知识产权制度逐步统一化、国际化。

在自由资本主义向垄断资本主义过渡时期，没有地域性，有利于发达国家将不发达国家的智力成果拿过来进行复制、利用、经营，不受他国法律禁止，实现"我的就是我的，你的也是我的"的强盗信条；而发展中国家由于技术梯度的问题，无法消化或吸收发达国家的先进技术，需要知识和时间的积累。

垄断资本主义时期，地域性又危及发达国家的利益，即有形财产没有严格的地域限制，原则上有域外效力。即一项有形财产到了他国境内，权利人不会丧失财产，只要他国法律承认，也能得到他国冲突规范保护。而知识产权由国内法调整，一般不发生域外效力。发达国家便迅速抛出法律，强化地域性，保证其不丧失摄取高额利润的机会，《保护工业产权巴黎公约》(1883年)、《保护文学艺术作品伯尔尼公约》(1886年)、《商标国际注册马德里协定》(1887年)即为在此历史背景下由发达国家发起并签订的盟约。这有利于发达的工业国家而不利于发展中国家。因为具有国际经济技术垄断能力的智力成果，90%集中在工业国家。国际知识产权公约只是法律上平等而事实上的不平等，也是东西方矛盾、南北方症结的一个重要内容。

3. 知识产权具时效性

知识产权的时效性，是指知识产权在时间上的效力限制。知识产权中财产性质的权利受法律保护，在时间上不是无限的、永恒的，而是有一定的期限，这种期限称为保护期或有效期，即知识产权只在有效期内才受法律的保护，期限届满即进入公有领域，知识产权成为整个社会的财富。

时效性制度是在保护时间过短则不利于激励发明创造、若永久占有则对社会公众不利的两难境地中均衡与协调的结果，即一定的时间限制，有利于鼓励竞争。时效性制度成为世界普遍采用的制度。

《中华人民共和国专利法》规定：从申请之日起计算，发明专利权保护期为20年，实用新型专利和外观设计专利保护期为10年。《中华人民共和国商标法》也规定：注册商标保护期为10年，自核准注册之日起计算，期满可以续展。《中华人民共和国著作权法》也规定：自然人作者保护期为作者终生及死后50年，截止于作者死亡后第50年的12月31日。而作者的人身权（署名权、修改权、保护作品完整权等）却没有时间限制。

4. 知识产权具无体性

有体是指有实体的存在，人们可用感官去认知，如土地、房屋等。无体是指无实体，只有一种拟制的物体，是一种知识产品。

广义的无体产权不只限于对知识产品所享有的权利，还包括因债券、商业票据、合同文件、股票等产生的权利。对作品、专利、商标、发明、发现等产生的权利只是无体财产权的一部分。

无体与有体相比有两个区别：第一，无体财产往往要通过特定的申请、审查、批准或登记手续而取得或确认，而有体财产权则依据法律事实而产生，如购买、赠予等；第二，对有体财产的侵害行为通常表现为毁损或非法占有，而知识产权侵害行为往往表现为剽窃、仿冒等。

4.1.1.5 知识产权的基本分类

1. 根据国际法的分类

广义的知识产权分类也就是根据国际法的分类，主要是根据WIPO《建立世界知识产权组织公约》和《与贸易有关的知识产权协议》。根据《建立世界知识产权组织公约》第二条第八款规定，知识产权可以分为8类：①关于文学、艺术和科学作品的权利；②关于表演艺术家的演出、录音和广播的权利；③关于人们在一切领域中发明的权利；④关于科学发现的权利；⑤关于工业品外观设计的权利；⑥关于商标、服务标志、厂商名称和标记的权利；⑦关于制止不正当竞争的权利；⑧在工业、科学、文学和艺术领域里一切其他来自智力活动的权利。

2. 根据国内法的分类

根据《中华人民共和国民法通则》第五章第三节第九十四至九十七条界定，知识产权包括著作权（或版权）（第九十四条），专利权（第九十五条），商标专用权（第九十六条），发现权、发明权和其他科技成果权（第九十七条）。

4.1.1.6 我国知识产权保护的不足之处

高新技术企业以知识产权优势支撑核心竞争力，展示企业发展潜力，知识与技术的创新已成为发展的关键因素。国内目前在知识产权保护及其相关的工作方面仍有不足之处，还存在着公众对知识产权保护的观念不强、企业知识产权的拥有量较低、知识产权的流失严重等现象。目前主要存在的问题有：

(1) 合资合作企业成立时，企业的合同和章程中都没有关于企业知识产权的规定。

(2) 新开发知识产权权益的归属问题。

(3) 技术引进时未能做合理的知识产权界定和评估。

(4) 企业内部缺乏专门的知识产权管理机构和专业化的管理人员。

(5) 对员工新开发知识产权如何奖酬，大部分企业还很不规范。

(6) 外方只许可转让低层次的专利技术，不转让核心技术。

(7) 中方原有商标在合资合作后被淡化。

(8) 企业面临合资期满后知识产权权益如何分配的问题。

(9) 外资企业利用合资合作的机会以不正当手段无偿占有中方的知识产权，给中方带来损失。

(10) 企业对我国的知识产权保护制度缺少信心。

随着国际合作的加大，目前企业发明专利审查周期长，知识产权诉讼取证难、费用高、赔偿低、维权成本高等诸多问题，造成侵权现象普遍。现有的立法执法力度不足以保护他们的知识产权，出台的鼓励科技创新、申请专利的相关政策与实际操作有矛盾之处，这些现实存在的问题削弱了企业申请专利的积极性，也间接地影响了企业的知识产权工作。而对以上问题进行研究，正是知识产权研究的主要方向。

4.1.1.7 知识产权外包服务

知识产权服务指在对专利、商标、版权、著作权、软件、集成电路布图设计等无形资产的创造、运用、保护和管理的过程中所进行的一系列专业咨询服务活动，其目的是提升无形资产拥有者的整体竞争能力。

知识产权外包服务是一项既包含技术服务，又包含经济服务和法律服务的特殊专业服务。它包括但不限于咨询、分析、代理、转让、登记、鉴定、评估、认证等活动。

1. 知识产权外包服务的作用

知识产权外包服务的专业化是促进企业创新的一个重要因素。企业通过与专业知识产权服务机构合作，可以比较全面地掌握相关领域的知识产权信息，制定合理的知识产权战略，从而绕过其他公司设置的专利网，并在权利受到侵害时获得更为及时和有效的保护。

2. 我国知识产权服务目前主要涉及的服务管理内容

我国知识产权服务目前主要涉及的服务管理内容有：①信息服务，如检索分析、数据库建设；②代理服务与法律服务，如申请、注册、登记、维权诉讼；③运用转化服务，如评估、交易、质押融资、托管、经营；④咨询服务，如预警分析、管理咨询、战略制定；⑤培训服务。

案例 4-1　广东欧珀移动通信有限公司、广东步步高电子工业有限公司与梁某某、欧阳某等手机品牌知识产权案

本案例是广东欧珀移动通信有限公司、广东步步高电子工业有限公司与梁某某、欧阳某等手机品牌知识产权案，共 11 件侵犯知识产权的案件在梧州市中级人民法院以撤诉方式结案，并当庭履行赔偿义务。侵犯知名品牌手机 OPPO、BBK 注册商标权的 CPPC、KBB 山寨手机露出原形后主动赔偿了损失。

2013 年 7 月 15 日至 17 日，梧州中院对广东欧珀移动通信有限公司、广东步步高电子工业有限公司与梁某某、欧阳某等 11 件侵害商标权纠纷案件进行一审开庭审理。

广东欧珀移动通信有限公司注册的"OPPO"商标和广东步步高电子工业有限公司注册的"BBK"商标均经国家商标局注册登记并取得了商标注册证，"OPPO"手机和步步高手机投入市场以来，以时尚的外形、过硬的品质赢得了消费者的青睐。为宣传其品牌，两公司分别投放了大量的资金，在各大媒体以多种形式对其品牌进行了持续的市场宣传。

如今其注册商标已被相关公众广泛知晓，在电子通信行业中享有较高的声誉。本次案件是两家公司状告梁某某、欧阳某等人推销的手机产品使用了与原告商标相近似的标识"CPPC"和"KBB"，对"OPPO"和"BBK"的商标造成了侵权，并误导了消费者。作为专业手机通信产品零售商，梁某某、欧阳某等人主观上对其侵权行为十分清楚，其侵权故意明显。广东欧珀移动通信有限公司、广东步步高电子工业有限公司根据《中华人民共和国商标法》《中华人民共和国商标法实施条例》的相关规定，将 11 名被告起诉至法院，请求法院依法判令被告立即停止销售侵犯原告注册商标专用权的商品，在相关媒体上发表道歉声明，并赔偿原告的损失。

该案涉及人员众多，并且被侵权人为手机行业知名品牌，社会关注度高，当事人争议情绪大，为了妥善处置知识产权纠纷，维护当事人合法权益，梧州中院受理案件后，以"多调少判"的原则处理此案，努力促使双方当事人以调解方式结案，和谐化解矛盾纠纷。为此，在该案庭审中，合议庭成员向当事人双方阐明了案件的争议焦点、案件判决后的后果以及调解结案的有益之处，并充分听取双方当事人的真实诉求，了解原告方诉讼所要达到的目的和意向，提出化解纠纷的方案和建议。当事人终于敞开心扉，互相表达意愿，均同意调解结案。最后，这 11 件一审知识产权案件的原、被告达成和解协议并当即履行完毕，原告撤回了起诉，解决争议标的 55 万元。

【分析】

一切侵害他人注册商标权益的行为，都是侵犯商标权行为。我国《商标法》第五十七条规定的侵犯商标权的表现形式主要有下列几种：

（一）未经商标注册人的许可，在同一种商品上使用与其注册商标相同的商标的；

（二）未经商标注册人的许可，在同一种商品上使用与其注册商标近似的商标，或者在类似商品上使用与其注册商标相同或者近似的商标，容易导致混淆的；

（三）销售侵犯注册商标专用权的商品的；

（四）伪造、擅自制造他人注册商标标识或者销售伪造、擅自制造的注册商标标识的；

（五）未经商标注册人同意，更换其注册商标并将该更换商标的商品又投入市场的；

（六）故意为侵犯他人商标专用权行为提供便利条件，帮助他人实施侵犯商标专用权行为的；

（七）给他人的注册商标专用权造成其他损害的。

上述案例11件侵害商标权纠纷案件，属于触犯了《商标法》五十七条第㈡条未经商标注册人的许可，在同一种商品上使用与其注册商标近似的商标，或者在类似商品上使用与其注册商标相同或者近似的商标，容易导致混淆的。

案件的处理以"多调少判"的原则处理，促使双方当事人以调解方式结案，和谐化解矛盾纠纷，很具有中国特色，息事宁人，最后以原告撤回了起诉，解决争议标的55万元为终结。

知识产权流程设计与管理的外包，是目前高新技术企业的首选，从一个产品的想法开始，知识产权服务公司即开始跟进，帮助发包对象从最原始的资料开始规范的整理入档，根据不同阶段申请不同级别不同类型的知识产权证书，并指导企业合理运用知识产权，为企业在新产品运营中保驾护航。

4.1.2　数据挖掘与分析服务

4.1.2.1　数据挖掘与分析服务的基本情况

数据挖掘，又称为资料探勘、数据采矿。它是数据库知识发现中的一个步骤。数据挖掘一般是指从数据库的大量数据中揭示出隐含的、先前未知的并有潜在价值的信息的非平凡过程。数据挖掘通常与计算机科学有关，并通过统计、在线分析处理、情报检索、机器学习、专家系统（依靠过去的经验法则）和模式识别等诸多方法来实现上述目标。

数据挖掘，是目前人工智能和数据库领域研究的热点问题。它是一种决策支持过程，主要基于人工智能、机器学习、模式识别、统计学、数据库、可视化技术等，高度自动化地分析企业的数据，做出归纳性的推理，从中挖掘出潜在的模式，帮助决策者调整市场策略，减少风险，做出正确的决策。其发现过程分为三个阶段，即数据准备、数据挖掘、结果表达和解释。数据挖掘系统原型见图4-1。

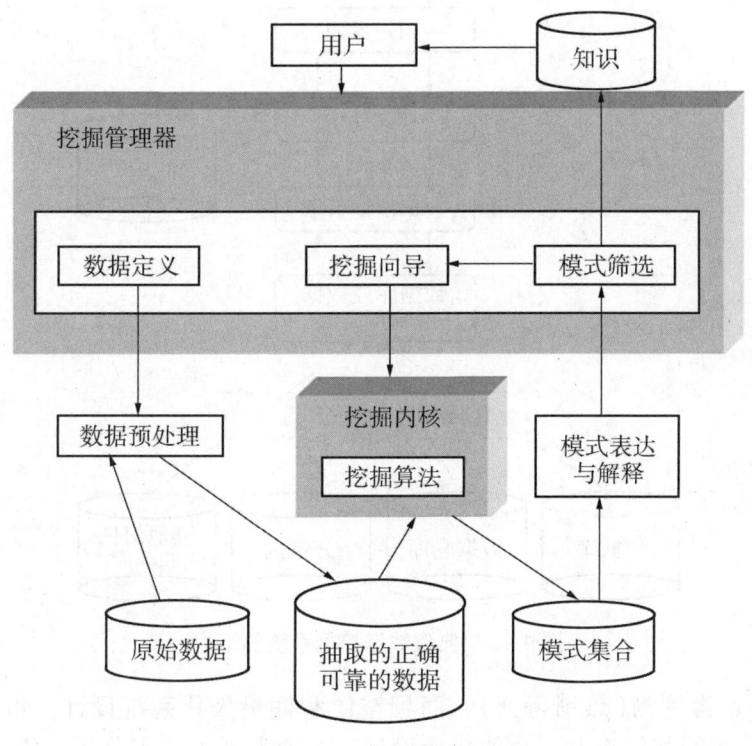

图4-1 数据挖掘系统原型

近年来，数据挖掘引起了信息产业界的极大关注，其主要原因是大量数据转换成有用的信息和知识后，可以广泛用于包括商务管理、生产控制、市场分析、工程设计和科学探索等方面。

数据挖掘利用了如下一些领域的思想：①统计学的抽样、估计和假设检验；②人工智能、模式识别和机器学习的搜索算法，建模技术和学习理论。数据挖掘也迅速地接纳了来自其他领域的思想，这些领域包括最优化、进化计算、信息论、信号处理、可视化和信息检索。一些其他领域也起到重要的支撑作用。特别地，需要数据库系统提供有效的存储、索引和查询处理支持。源于高性能（并行）计算的技术在处理海量数据集方面常常是重要的。分布式技术也能帮助处理海量数据，并且当数据不能集中到一起处理时更是至关重要。典型数据挖掘系统的结构如图4-2所示。

4.1.2.2 数据挖掘与分析服务在各行业的运用

从目前网络招聘的信息来看，大小公司对数据挖掘的需求有50多个方面：数据统计分析，预测预警模型，数据信息阐释，数据采集评估，数据加工仓库，品类数据分析，销售数据分析，网络数据分析，流量数据分析，交易数据分析，媒体数据分析，情报数据分析，金融产品设计，日常数据分析，总裁万事通，数据变化趋势，预测预警模型，运营数据分析，商业机遇挖掘，风险数据分析，缺陷信息挖掘，决策数据支持，运营优化与成本控制，质量控制与预测预警，系统工程数学技术，用户行为分析/客户需

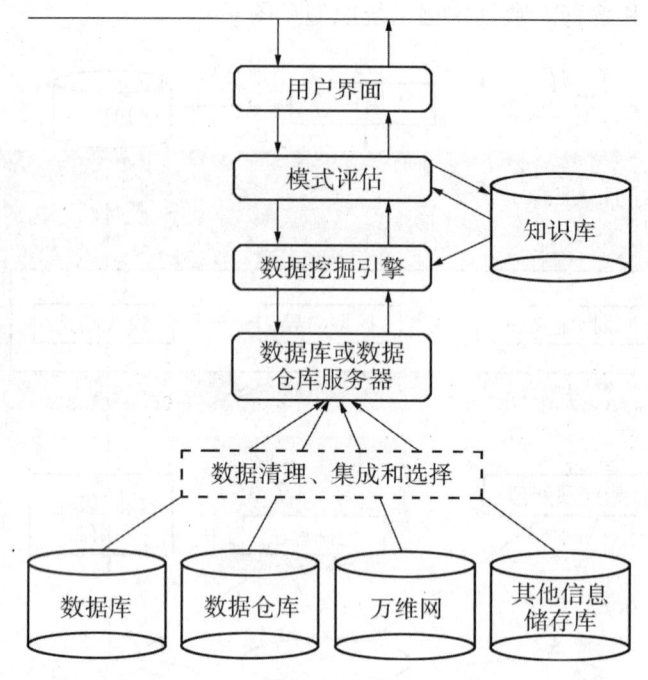

图 4-2 典型数据挖掘系统的结构

求模型,产品销售预测(热销特征),商场整体利润最大化系统设计,市场数据分析,综合数据关联系统设计,行业/企业指标设计,企业发展关键点分析,资金链管理设计与风险控制,用户需求挖掘,产品数据分析,销售数据分析,异常数据分析,数学规划与数学方案,数据实验模拟,数学建模与分析,呼叫中心数据分析,贸易/进出口数据分析,海量数据分析系统设计,关键技术研究,数据清洗、分析、建模、调试、优化,数据挖掘算法的分析研究、建模、实验模拟,组织机构运营监测、评估、预测预警,经济数据分析、预测、预警,金融数据分析、预测、预警。

在科研数学建模与数据分析方面有:社会科学,自然科学,医药,农学,计算机,工程,信息,军事,图书情报,数据指标开发、分析与管理,产品数据挖掘与分析,商业数学与数据技术,故障预测预警技术,数据自动分析技术,泛工具分析,互译,指数化。其中,互译和指数化是数据挖掘除计算机技术之外最核心的两大技术。

4.1.2.3 数据挖掘与分析采用的分析方法

数据挖掘与分析采用的分析方法有:分类 ,估计,预测,相关性分组或关联规则,聚类,复杂数据类型挖掘(Text、Web、图形图像、视频、音频等)。

4.1.2.4 数据挖掘与分析的经典算法

(1)C4.5 机器学习算法中的一种分类决策树算法,其核心算法是 ID3 算法。

(2)K 均值 一种聚类算法。

(3)SVM 一种监督式学习的方法,广泛运用于统计分类以及回归分析中。

(4)Apriori 一种最有影响的挖掘布尔关联规则频繁项集的算法。

(5)EM 最大期望值法。

（6）pagerank　google 算法的重要内容。

（7）Adaboost　一种迭代算法，其核心思想是针对同一个训练集训练不同的分类器，然后把弱分类器集合起来，构成一个更强的最终分类器。

（8）KNN　一个理论上比较成熟的方法，也是最简单的机器学习方法之一。

（9）Naive Bayes　在众多分类方法中，应用最广泛的有决策树模型和朴素贝叶斯（Naive Bayes）。

（10）Cart　分类与回归树，在分类树下面有两个关键的思想，第一个是关于递归地划分自变量空间的想法，第二个是用验证数据进行减枝。

我们用一些简单的实例说明如何在电信行业使用数据挖掘技术。可以使用上面提到的 K 均值、EM 等聚类算法，针对运营商积累的大量用户消费数据建立客户分群模型，通过客户分群模型对客户进行细分，找出有相同特征的目标客户群，然后有针对性地进行营销。而且，聚类算法也可以实现离群点检测，即在对用户消费数据进行聚类的过程中，发现一些用户的异常消费行为，据此判断这些用户是否存在欺诈行为，决定是否采取防范措施。可以使用上面提到的 C4.5、SVM 和贝叶斯等分类算法，针对用户的行为数据，对用户进行信用等级评定，对于信用等级好的客户可以给予某些优惠服务等，对于信用等级差的用户不能享受促销等优惠。可以使用预测相关的算法，对电信客户的网络使用和客户投诉数据进行建模，建立预测模型，预测大客户离网风险，采取激励和挽留措施防止客户流失。可以使用相关分析找出选择了多个套餐的客户在套餐组合中的潜在规律，哪些套餐容易被客户同时选取，例如，选择了流量套餐的客户中大部分选择了彩铃业务，然后基于相关性的法则，对选择流量但是没有选择彩铃的客户进行交叉营销，向他们推销彩铃业务。

4.1.2.5　数据挖掘与分析的关联规则运用

数据关联是数据库中存在的一类重要的可被发现的知识。若两个或多个变量的取值之间存在某种规律性，就称为关联。关联可分为简单关联、时序关联、因果关联。关联分析的目的是找出数据库中隐藏的关联网。有时并不知道数据库中数据的关联函数，即使知道也是不确定的，因此关联分析生成的规则带有可信度。关联规则挖掘发现大量数据中项集之间有趣的关联或相关联系。Agrawal 等于 1993 年首先提出了挖掘顾客交易数据库中项集间的关联规则问题，以后诸多的研究人员对关联规则的挖掘问题进行了大量的研究。他们的工作包括对原有的算法进行优化，如引入随机采样、并行的思想等，以提高算法挖掘规则的效率；对关联规则的应用进行推广。关联规则挖掘在数据挖掘中是一个重要的课题，最近几年已被业界所广泛研究。

关联规则挖掘过程主要包含两个阶段：第一阶段必须先从资料集合中找出所有的高频项目组，第二阶段再由这些高频项目组中产生关联规则。

关联规则的运用，是大数据挖掘运用中高频使用的方法，它对企业找出一些事物的关联点，提供新的流程管理起到了非常大的帮助。在描述有关关联规则在流程管理中的运用之前，我们先看附后的案例，沃尔玛通过数据货架商品陈列带来的收获："尿布与啤酒"的故事。

沃尔玛使用关联规则挖掘技术，对交易资料库中的记录进行资料挖掘，首先必须要设定最小支持度与最小信赖度两个门槛值，在此假设最小支持度且最小信赖度，符合该超市需求的关联规则将必须同时满足这两个条件。若经过挖掘过程所找到的关联规则「尿布，啤酒」满足下列条件，将可接受「尿布，啤酒」的关联规则。用公式可以描述为：（啤酒，尿布）≥5%且（尿布，啤酒）≥70%。其中，（啤酒，尿布）≥5%于此应用范例中的意义为：在所有的包含啤酒的交易记录资料中，至少有5%的交易会同时购买尿布。（尿布，啤酒）≥70%于此应用范例中的意义为：在所有包含尿布的交易记录资料中，至少有70%的交易会同时购买啤酒。因此，今后若有某消费者出现购买尿布的行为，超市将可推荐该消费者同时购买啤酒。这个商品推荐的行为则是根据「尿布，啤酒」关联规则，因为就该超市过去的交易记录而言，支持了"大部分购买尿布的交易，会同时购买啤酒"的消费行为。

综上所述，还可以看出，关联规则挖掘通常比较适用于记录中的指标取离散值的情况。

4.1.2.6 数据挖掘与分析的应用

我国目前开展数据挖掘与分析应用的领域主要有五个（见图4-3）。

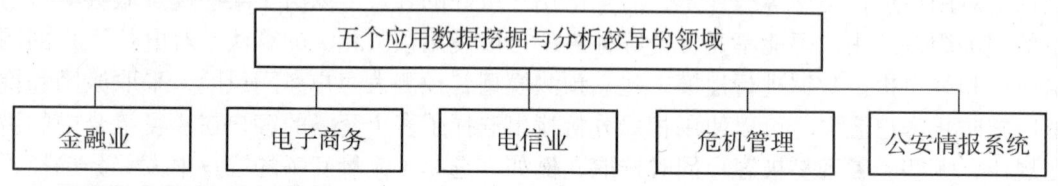

图4-3 五个应用数据挖掘与分析较早的领域

1. 在金融业的应用

目前，关联规则挖掘技术已经被广泛应用在西方金融行业企业中，它可以成功预测银行客户需求。一旦获得了这些信息，银行就可以改善自身营销。各银行在自己的ATM机上捆绑了顾客可能感兴趣的本行产品信息，供使用本行ATM机的用户了解。如果数据库中显示，某个高信用限额的客户更换了地址，这个客户很有可能新近购买了一栋更大的住宅，因此会有可能需要更高信用限额、更高端的新信用卡，或者需要一个住房改善贷款。这些产品都可以通过信用卡账单邮寄给客户，当客户打电话咨询的时候，数据库可以有力地帮助电话销售代表，销售代表的电脑屏幕上可以显示出客户的特点，同时也可以显示出顾客会对什么产品感兴趣。

但是，目前我国"数据海量，信息缺乏"是商业银行在数据大集中之后普遍面对的尴尬，金融业实施的大多数数据库只能实现数据的录入、查询、统计等较低层次的功能，无法发现数据中存在的各种有用的信息（例如，对这些数据进行分析，发现其数据模式及特征，然后可能发现某个客户、消费群体或组织的金融和商业兴趣，并可观察金融市场的变化趋势）。可以说，关联规则挖掘的技术在我国的研究与应用并不是很广泛和深入。

2. 在电子商务中的应用

一些知名的电子商务站点也从强大的关联规则挖掘中受益。这些电子购物网站使用关联规则进行挖掘，然后设置用户有意要一起购买的捆绑包，也有一些购物网站使用它们设置相应的交叉销售，也就是购买某种商品的顾客会看到相关的另外一种商品的广告。

3. 在电信业的应用

电信业从单纯的语音服务演变为提供多种服务的综合信息服务商。随着网络技术和电信业务的发展，电信市场竞争也日趋激烈。电信业务的发展提出了对数据挖掘技术的迫切需求，以便帮助理解商业行为，识别电信模式，捕捉盗用行为，更好地利用资源，提高服务质量并增强自身的竞争力。

4. 在危机管理中的应用

数据挖掘在危机发生后，利用基于 Web 的挖掘技术、各种搜索引擎工具、E-mail 自动处理工具、基于人工智能的信息内容的自动分类、聚类以及基于深层次自然语言理解的知识检索、问答式知识检索系统等快速地获取危机管理所需要的各种信息，以便向客户、社区、新闻界发布有关的危机管理信息，并在各种媒体公布企业的详细风险防御和危机管理计划，使全体工作人员能够及时获取危机管理信息及危机最新的进展情况，便于高层管理人员、公关人员、危机管理人员等能随时有准备地应付任何复杂情况，对出现的危机立即做出反应，使危机的损失降到最低。

5. 在公安情报系统中的研究与应用

随着信息化建设和计算机技术应用的深入，公安技术部门已经掌握了大量的数字和准数字信息，信息应用和分析策略日渐成熟。在案侦管理系统和其他第二层系统应用中，在侦案件及其数据的独立处理能力大幅提高。但在处理具有一定连续性、关联性高的案件，如毒品、邪教、黑势力、金融诈骗、洗钱、偷渡等，需要海量的历史信息获取重要线索，需要在公安系统的 4 层架构中提取相关数据进行分析，以便精准打击。

4.1.2.7　数据挖掘与分析研究外包的主要方向

由于许多应用问题往往比超市购买问题更复杂，大量研究从不同的角度对关联规则做了扩展，将更多的因素集成到关联规则挖掘方法之中，以此丰富关联规则的应用领域，拓宽支持管理决策的范围。例如，考虑属性之间的类别层次关系、时态关系、多表挖掘等。近年来围绕关联规则的数据研究外包主要集中于两个方面，即扩展经典关联规则能够解决问题的范围，改善经典关联规则挖掘算法效率和规则兴趣性。

4.1.2.8　数据挖掘的类似区别技术

类似区别的技术中，数据挖掘和联机分析处理有很大差别。它们是完全不同的工具，基于的技术也大相径庭。

联机分析处理是决策支持领域的一部分。传统的查询和报表工具是告诉我们数据库中都有什么（What happened），联机分析处理则更进一步告诉我们下一步会怎么样（What next）和如果我们采取这样的措施又会怎么样（What if）。用户首先建立一个假设，然后用联机分析处理检索数据库来验证这个假设是否正确。比如，一个分析师想找到什么原因导致了贷款拖欠，他可能先做一个初始的假定，认为低收入的人信用度也低，然后用联机分析处理来验证这个假设。如果这个假设没有被证实，他可能去察看那些高负债的账户；如果还不行，他也许要把收入和负债一起考虑，一直进行下去，直到找到他想要的结果或放弃。

也就是说，联机分析处理分析师是建立一系列的假设，然后通过联机分析处理来证实或推翻这些假设来最终得到自己的结论。联机分析处理分析过程在本质上是一个演绎推理的过程。但是，如果分析的变量达到几十或上百个，那么再用联机分析处理手动分析验证这些假设将是一件非常困难和痛苦的事情。

数据挖掘与联机分析处理不同地方是，数据挖掘不是用于验证某个假定的模式（模型）的正确性，而是在数据库中自己寻找模型。它在本质上是一个归纳的过程。比如，一个用数据挖掘工具的分析师想找到引起贷款拖欠的风险因素，数据挖掘工具可能帮他找到高负债和低收入是引起这个问题的因素，甚至还可能发现一些分析师从来没有想过或试过的其他因素，比如年龄。

数据挖掘和联机分析处理具有一定的互补性。在利用数据挖掘出来的结论采取行动之前，也许要验证一下如果采取这样的行动会给公司带来什么样的影响，那么联机分析处理工具能回答这些问题。

而且在知识发现的早期阶段，联机分析处理工具还有其他一些用途。可以帮我们探索数据，找到哪些是对一个问题比较重要的变量，发现异常数据和互相影响的变量。这都能帮我们更好地理解数据，加快知识发现的过程。

4.1.2.9 数据挖掘的相关技术

数据挖掘利用了人工智能（AI）和统计分析的进步所带来的好处。这两门学科都致力于模式发现和预测。

数据挖掘不是为了替代传统的统计分析技术。相反，它是统计分析方法学的延伸和扩展。大多数的统计分析技术都基于完善的数学理论和高超的技巧，预测的准确度还是令人满意的，但对使用者的要求很高。而随着计算机计算能力的不断增强，我们有可能利用计算机强大的计算能力只通过相对简单和固定的方法完成同样的功能。

一些新兴的技术同样在知识发现领域取得了很好的效果，如神经元网络和决策树，在足够多的数据和计算能力下，它们几乎不用人的关照自动就能完成许多有价值的功能。

数据挖掘就是利用了统计和人工智能技术的应用程序，把这些高深复杂的技术封装起来，使人们不用自己掌握这些技术也能完成同样的功能，并且更专注于自己所要解决的问题。

4.1.2.10 数据挖掘的相关影响

使数据挖掘这件事情成为可能的关键是计算机性能价格比的巨大进步。在过去的几年里磁盘存储器的价格几乎降低了 99%，这在很大程度上改变了企业界对数据收集和存储的态度。如果每兆的价格是 10 元，存放 1TB 的价格就是 10 000 000 元，但当每兆的价格降为 0.1 元时，存储同样的数据只需 100 000 元。

计算机计算能力价格的降低同样非常显著。每一代芯片的诞生都会把 CPU 的计算能力提高一大步。内存 RAM 也同样降价迅速，几年之内每兆内存的价格由几百块钱降到现在的几块钱。通常 PC 都有 64MB 内存，工作站达到了 256MB，拥有 GB 级别的内存的服务器已经不是什么新鲜事了。

在单个 CPU 计算能力大幅提升的同时，基于多个 CPU 的并行系统也取得了很大的进步。目前几乎所有的服务器都支持多个 CPU，这些 SMP 服务器簇甚至能让成百上千个 CPU 同时工作。

基于并行系统的数据库管理系统也给数据挖掘技术的应用带来了便利。如果有一个庞大而复杂的数据挖掘问题要求通过访问数据库取得数据，那么效率最高的办法就是利用一个本地的并行数据库。所有这些都为数据挖掘服务的实施扫清了道路，随着时间的延续数据挖掘与分析服务的道路会越来越平坦，越来越普及。

案例 4-2　沃尔玛数据分析案例——"尿布与啤酒"的故事

在一家超市里，有一个有趣的现象：尿布和啤酒赫然摆在一起出售。这个奇怪的举措却使尿布和啤酒的销量双双增加了。这不是一个笑话，而是发生在美国沃尔玛连锁店超市的真实案例，并一直为商家所津津乐道。沃尔玛拥有世界上最大的数据仓库系统，为了能够准确了解顾客在其门店的购买习惯，沃尔玛对其顾客的购物行为进行购物篮分析，想知道顾客经常一起购买的商品有哪些。沃尔玛数据仓库里集中了其各门店的详细原始交易数据。在这些原始交易数据的基础上，沃尔玛利用数据挖掘方法对这些数据进行分析和挖掘。一个意外的发现是，跟尿布一起购买最多的商品竟然是啤酒！经过大量实际调查和分析，揭示了一个隐藏在"尿布与啤酒"背后的美国人的一种行为模式：在美国，一些年轻的父亲下班后经常要到超市去买婴儿尿布，而他们中有 30%～40% 的人同时也为自己买一些啤酒。产生这一现象的原因是，美国的太太们常叮嘱她们的丈夫下班后为小孩买尿布，而丈夫们在买尿布后又随手带回了他们喜欢的啤酒。

按常规思维，尿布与啤酒风马牛不相及，若不是借助数据挖掘技术对大量交易数据进行挖掘分析，沃尔玛是不可能发现数据内在这一有价值的规律的。

案例 4-3　数据挖掘帮助 Credilogros Cía Financiera S. A. 改善客户信用评分

Credilogros Cía Financiera S. A. 是阿根廷第五大信贷公司，资产估计价值为 9 570 万美元。对于 Credilogros 而言，重要的是识别与潜在预先付款客户相关的潜在风险，以便将承担的风险最小化。

该公司的第一个目标是创建一个与公司核心系统和两家信用报告公司系统交互的决策引擎来处理信贷申请。同时，Credilogros 还在寻找针对它所服务的低收入客户群体的自定义风险评分工具。除这些之外，其他需求还包括解决方案能在其 35 个分支办公地点和 200 多个相关的销售点中的任何一个实时操作，包括零售家电连锁店和手机销售公司。

最终 Credilogros 选择了 SPSS Inc. 的数据挖掘软件 PASW Modeler，因为它能够灵活并轻松地整合到 Credilogros 的核心信息系统中。通过实现 PASW Modeler，Credilogros 将用于处理信用数据和提供最终信用评分的时间缩短到了 8 秒以内。这使该组织能够迅速批准或拒绝信贷请求。该决策引擎还使 Credilogros 能够最小化每个客户必须提供的身份证明文档，在一些特殊情况下，只需提供一份身份证明即可批准信贷。此外，该系统还提供监控功能。

Credilogros 目前平均每月使用 PASW Modeler 处理 35 000 份申请。仅在实行 3 个月后就帮助 Credilogros 将贷款支付失职减少了 20%。

案例 4-4　数据挖掘帮助 DHL 实时跟踪货箱温度

DHL 是国际快递和物流行业的全球市场领先者，它提供快递、水陆空三路运输、合同物流解决方案，以及国际邮件服务。DHL 的国际网络将超过 220 个国家及地区联系起来，员工总数超过 28.5 万人。在美国 FDA 要求确保运送过程中药品装运的温度达标这一压力之下，DHL 的医药客户强烈要求提供更可靠且更实惠的选择。这就要求 DHL 在递送的各个阶段都要实时跟踪集装箱的温度。

虽然由记录器方法生成的信息准确无误，但是无法实时传递数据，客户和 DHL 都无法在发生温度偏差时采取任何预防和纠正措施。因此，DHL 的母公司德国邮政世界网（DPWN）通过技术与创新管理（TIM）集团明确拟定了一个计划，准备使用 RFID 技术在不同时间点全程跟踪装运的温度。通过 IBM 全球企业咨询服务部绘制决定服务的关键功能参数的流程框架。DHL 获得了两方面的收益：对于最终客户来说，能够使医药客户对运送过程中出现的装运问题提前做出响应，并以引人注目的低成本全面切实地增强了运送可靠性；对于 DHL 来说，提高了客户满意度和忠实度，为保持竞争差异奠定坚实的基础，并成为重要的新的收入增长来源。

【分析】

客户满意度历来就是衡量一个企业服务质量好坏的重要尺度，特别是当客户的反馈意见具有广泛效应的时候更是如此。目前很多企业利用营销中心、新闻组、BBS 以及呼叫中心等收集客户的投诉和意见，并对这些投诉和意见进行分析，以发现客户关系管理中存在的问题。如果有足够多的客户都在抱怨同一个问题，管理者就有理由对其展开调查，为企业及时捕捉到发生危机的一切可能事件和先兆，从而挽救客户关系，避免经营危机。数据挖掘与分析服务应用广泛，效果突出，人才需求量大，企业用于产品研发方向、功能的开发、客户管理、消费类型分析、习惯分析、消费流程改造、不同人群生活习惯分析等，可以说，它可以用于我们科学研究、生活、工作、娱乐等等领域。

4.2　技术服务外包

4.2.1　工业设计外包

4.2.1.1　工业设计外包的基本情况

工业设计指以工学、美学、经济学为基础对工业产品进行设计。国际工业设计协会理事会（ICSID）将工业设计定义为：就批量生产的工业产品而言，凭借训练、技术知识、经验、视觉及心理感受，而赋予产品材料、构造、形态、色彩、表面加工、装饰以新的品质和规格。广义来说，工业设计是指为了达到某一特定目的，从构思到建立一个切实可行的实施方案，并且用明确的手段表示出来的系列行为。它包含了一切使用现代化手段进行生产和服务的设计过程。德国、美国、日本、韩国等发达国家都将发展工业设计上升到国家战略层面予以重点扶持。以宝马、奔驰、苹果、索尼、三星为代表的世界知名企业及其主要产品是工业设计的典范。改革开放以来，我国工业设计产业发展迅速，全国专业工业设计公司已超过1 200家，直接从业人员超过30万人，主要集中分布在环渤海经济圈、长江三角地区和珠江三角地区。

现代工业设计所包含的行业范围非常广泛，涉及很多专业和行业，涵盖了视觉传达设计、造型设计、机械设计、电路设计、服装设计、环境规划、室内设计、建筑设计、UI设计、平面设计、包装设计、广告设计、动画设计、展示设计、网站设计等。工业设计又称为工业产品设计学，涉及心理学、社会学、美学、人机工程学、机械构造、摄影、色彩学等。工业发展和劳动分工所带来的工业设计，与其他艺术、生产活动、工艺制作等都有明显不同，它是各种学科、技术和审美观念的交叉产物，也因为涉及的学科和范围广泛，需求方采用将涉及环节外包出去和设计方采用接包服务形式来完成，是该行业内极其普遍的做法。

2011年国务院发出的《工业转型升级规划(2011—2015年)》，以及国务院办公厅发出的《关于加快发展高技术服务业的指导意见》这两份重要文件，都具体强调了要发展工业设计。北京、上海、广东、浙江、江苏等20多个省、市和地级市都制定了促进工业设计发展的政策措施。广东省工业设计示范基地和企业近60家。我国设计产业在北京、长三角、珠三角地区呈现欣欣向荣局面的同时，总体水平上还与成熟的发达地区有较大的差距，但我国工业设计产业仍具有较大的发展潜力。下面以产品设计与视觉传达设计举例说明。

1. 产品设计

由于工业设计在各个国家发展经历有别，工业设计所覆盖的区域在各个国家也有所不同。例如，英国把染织服装设计、平面设计、陶瓷与玻璃器皿设计、家具与家庭用品设计、室内设计、机械工程产品设计都归入工业设计的领域。对于美国人来说，其内容更加广泛，他们把所有关于人与物品发生关系的设计都称作工业设计。但是，越来越通用的工业设计的主要领域是专注于批量生产的产品之美与有用性的设计，既所谓的产品设计(product design)，这是工业设计的核心内容。工业产品可分为：①个人使用的产品，②一组人群使用的产品，③超个人、群体使用的产品、设施(主要指公共设施)，④与人们日常生活较远的产品(如机械设备、科学仪器等)。产品设计在上述领域都发挥着重要作用。

2. 视觉传达设计

国际工业设计学会联合会给设计下的定义中，把视觉传达(主要指宣传)设计也列为工业设计的范畴，这就使工业设计贯穿了工业产品制造的全过程。所谓视觉传达设计(visual communication design)或称传达设计(communication design)是指为推广工业设计的产品而进行的包装设计、装潢设计、展示设计，甚至广告设计。严格来说，广告设计与视觉传达设计是有区别的，虽然它们所使用的技术与用语是相同的。广告设计是以说服顾客购买某家产品或接受某项服务为目的；而视觉传达设计则不单是为了刺激销售，更重要的是通过一定的视觉化手段达到更清晰、更有利地展示产品的目的。传达设计把用户的利益放在第一位，这是它与广告设计的根本区别。除了推广产品外，视觉传达设计还规定企业标志、商标，乃至整个企业形象等。

4.2.1.2 选择外包的主要因素

（1）节约人力成本。节约人力成本对于企业来说是一个永恒的话题。一般企业一年开发新产品的数量平均为3～4个（特殊行业除外），有的企业可能一年就1～2个新品。如果企业自己员工从事工业设计，他们付出的人力成本通常是，一个项目的正常运转至少需要两个人专门做工业设计（其中一个为熟手，一个可以为刚毕业的）。按照广州市工业设计人才的平均工资每人1万元/月计算，支付给两个工业设计师的年薪是24万元，如果1年设计量为2项，则每个项目花在工业设计上的人工费用就是12万元，而如果企业将其外包，按照目前的标准12万元可以获得3个外包设计项目。

（2）节约制造成本。提供外包服务的工业设计公司，一般在材料、相关制造配套上都有着自己成熟的供应价值链。而对于相当多的中小企业来说，比较缺乏这方面的资源。同时现在国内一些大的工业设计公司有向工业设计产业链上游发展的趋势，如深圳嘉兰图就开展了供应链整合、模具等工业设计上游业务链服务。这样中小企业可以在模具、供应链上借助第三方工业设计机构的资源，从而节约成本。

（3）控制时间成本。大多数制造型企业在自主研发过程中往往会遇到研发进度跟不上计划的情况，一旦出现可能市场就被别人占有。但如果采用工业设计外包，工业设计机构会严格按合同时间交货，这样对企业控制项目进程有利，有利于时间成本的控制。

（4）降低风险损失。企业自行承担工业设计，资源一般有限，容易造成工业设计到产品实现存在一定的风险。若把工业设计外包，风险就转嫁到工业设计机构身上，而专业设计机构的经验与资源远远超过非专业设计企业，减少了设计经验不足、资源不足可能带来的产品设计的缺陷，同时，从工业设计完成的质量与产品生产渠道来看，一般情况下第三方工业设计机构的实力一般企业难以企及。

（5）发展趋势所向。现代社会分工越来越细，专业的事交给专业的人去做，企业发展定位不可能走大而全的路，企业只需把握住企业核心价值那部分，其余的都可以外包给别人。同时，中国中小制造型企业硬件好，但设计能力往往是软肋，最好把设计外包给别人，自己只管生产与销售渠道，抓住市场这个核心。

案例4-5 深圳市嘉兰图设计有限公司

嘉兰图，创建于2000年，总部位于深圳，在北京、成都、沈阳、佛山等地设立分公司。

嘉兰图拥有由400多名顶尖设计师、技术专家、分析师、策划师组成的专业团队，专门为客户提供以品牌和产品竞争力为核心的综合解决方案，涵盖市场与用户研究、品牌与产品策划、产品设计、设计成果产业化服务的产品创新全过程。

嘉兰图是首家荣获设计中的奥斯卡奖"红点至尊"的中国设计企业，多次荣获红点至尊、iF金奖、IDEA等全球设计大奖。有3 000多个成功案例，在消费电子、家用电器、通信终端、医疗器械、工业设备等领域产生了广泛的影响。长期为GE、

MOTOROLA、THOMSON、SIEMENS、Philips、联想、格力、美的、海尔、华为、中兴、迈瑞、正泰等国内外知名企业提供设计咨询服务。凭借自身持续的创新能力与对各行业敏锐的洞见力，将设计产业链上下游的资源进行全面有效整合，为客户创造商业价值。

2015年开始，嘉兰图专注于在老年健康市场的发展。设计介入健康理念已成为热门话题，尤其是随着人口老龄化的加剧，老年人健康领域已成为社会关注的热点。他们发现相关的基础研究依然薄弱，于是针对养老健康的特殊性，成立了专门的适老设计平台，专注于适老产业的研发与设计，针对老年人的健康特征、行为特征、健康服务等进行深入的研究。他们与江南大学合作，成立"健康生活设计研究中心"，是企业与教育、商业模式与学术研究、实践经验与理论知识、设计创新与健康领域的完美结合。在广泛的健康研究领域（如健康生活、服务设计、社会科学以及心理健康等专业方向）进行下沉式研究，影响或局部解决目前困扰中国中老年人群、亚健康人群以及残障人群的健康生活的生理问题及心理问题等，创新性地将校园的学术视野和理论研究与嘉兰图丰富的适老从业经验和实践价值相融合，建立和完善健康生活的设计服务体系。

例如，重庆一家用于红外线热辐射治疗的"神灯"面世后，因为造型呆板，几乎成了医院专用，家用市场根本卖不动。嘉兰图为其设计创新产品，"神灯"变形为小巧精致且具观赏性的家庭小摆设，既美观又实用，"神灯"由此引发抢购风。嘉兰图也在这样的背景下开拓了一条新的发展之路。挖掘深层资源，借助高校资源和良好的文化产业发展大环境，在重庆沙坪坝区打造全国第一间"众创工场"，带动一批创客团队、创客平台快速集聚。落户数月，在嘉兰图的创新带动下获得类似"神灯"这样的创新成果，让无数创客找到了梦想落地的种子，也为传统工业觅到了新的商机。

【分析】

在设计界，嘉兰图公司可以说是工业设计界的标杆企业，是深圳市首批文化+科技型示范企业、广东省科技服务业百强企业、广东省工业设计示范企业、广东省中小企业公共（技术）服务示范平台、中小企业技术支持示范单位，获得无数的奖项，如自主产品老人手机CP10荣获第十二届中国专利奖外观设计优秀奖等，引领大学生创业项目突出。

案例4-6 土巴兔

土巴兔是一家互联网装修公司，由深圳市彬讯科技有限公司创办，总部位于深圳市南山区科技园，是国家级的高新技术企业。自2008年创办以来，土巴兔始终处于高速而稳健的发展态势。目前，土巴兔已开通250个城市分站，汇聚全国7万多家正规装修公司、95万名室内设计师，在北京、上海、广州、武汉、长沙、南京、杭州、厦门、福州等地成立了27家分公司，当前拥有员工超过1500人。

根据百度发布的一份报告显示，中国每天大约有500万人检索装修、家具、建材相关的信息，而土巴兔平台当前每天有超过400万的独立用户；在寻找装修、家具、建材相关信息的中国人中，就有超过半数是通过土巴兔平台来完成的。2015年，土巴兔获得了全球著名投资基金红杉资本、经纬创投等机构的C轮2亿美元投资，这也是迄今为止装修家居电子商务领域获得的一笔高额投资。

土巴兔的经营口号是：让用户没有烦心的装修。为实现这个使命，土巴兔努力推动装修、建材、家居市场的规范化，改变着数千万家庭的装修方式和置家理念，为用户创造卓越的互联网装修体验。作为互联网装修企业，土巴兔通过O2O的模式，为传统装修及家居领域带来了新的变革，不断为用户创造价值，推动行业发展，推动行业更阳光、更透明。土巴兔目前用实际行动获得众多的关注，相继受到央视网、光明网、新华网、凤凰网、第一财经周刊、21世纪商业评论、IT经理世界、36氪等多家媒体的关注与报道。作为质量工程典范，2011年土巴兔和腾讯、华为一并入选《深圳质量报告》；2014年入选《中国企业家》主办的"未来之星"100强企业，获得"中国互联网诚信示范企业"荣誉称号，同年还获得"21世纪中国最佳商业模式奖"。

【分析】

家装是一个万亿级的市场，随着行业依附于互联网技术的发展，很可能诞生一个巨大的垂直类平台。中国目前成功的O2O企业不多，但是土巴兔毫无疑问是其中出色的一家。它拥有巨大的市场，能找到用户的需求点，拥有一个独特的团队，经营方式符合现代人的习惯，有众多客户和设计师愿意在平台上互动。有了这些条件，土巴兔有望发展成为深圳仅次于腾讯的互联网设计服务类公司。

4.2.2 工程技术外包

4.2.2.1 工程技术外包的基本情况

工程技术是在工业生产中实际应用的技术，是人们应用科学知识或利用技术发展的研究成果于工业生产过程，以达到改造自然的预定目的的手段和方法。随着人类改造自然界所采用的手段和方法以及所达到的目的不同，形成了工程技术的各种形态，例如，研究矿床开采的工具设备和方法的采矿工程，研究金属冶炼设备和工艺的冶金工程，研究电厂和电力网的设备及运行的电力工程，研究材料的组成、结构、功能的材料工程，等等。

近几十年来，随着科学与技术的综合发展，工程技术的概念、手段和方法已渗透到现代科学技术和社会生活的各个方面，从而出现了生物遗传工程、医学工程、教育工程、管理工程、军事工程、系统工程等等，已经突破了工业生产技术的范围，而展现出它的广阔前景。随着科学理论的不断发展，工程技术的类别也越来越多，如基因工程技术、信息工程技术、系统工程技术、卫星工程技术等等。技术研究的组织系统也采用工程技术和科学技术两个系统，属于工程技术系统的如中国工程院、国家工程技术研究中心等，属于科学技术系统的如中国科学院、中国科技大学等。与科学技术一词不同，工程和技术几乎属于同一范畴，例如，建筑工程与建筑技术相差甚少，信息工程与信息技术没有大的差别。在某些时候，工程可以指某一个项目，而技术则强调该项目的属性。

任何工程技术项目都有具体目标，但这个目标的实现要受许多条件的约束，即受工程技术项目的选择、规模、发展速度、资金、能源、材料、设备、人力、工艺、环境等条件的约束。任何一项工程技术在设计的构思阶段，都必须考虑国家经济和社会发展的需要和可能，而往往可以形成几种方案。当然，工程技术的可行性，也是一个动态的概念，某项工程在一个时期是不可行的，到了另一个时期就是可行的。各种约束条件也是可变化的，通过采取各种措施，可以积极创造条件，也可以更改条件另辟蹊径。因此，一定要根据实际的具体情况，尽量最佳地确定适合经济、社会的适用技术。

工程技术从诞生以来，已经历了有划时代意义的三次技术革命，如今正在经历第四次革命。以蒸汽机的广泛应用为主要标志的第一次技术革命，对发展生产力起了巨大的作用。以电力的广泛应用为主要标志的第二次技术革命，使生产领域发生了深刻的革命性变化，大大发展了社会生产力，使劳动生产率有了大幅度提高，促进人类物质文明的进步。以原子能利用、电子计算机和空间技术的出现为主要标志的第三次技术革命，使社会化的大生产与现代科学技术更加密切地结合在一起，从而使生产规模和劳动对象发生了更加深刻的变化，社会生产力和劳动生产率有了更快的发展和更大的提高。现在正在经历的第四次技术革命，各国有不同的表述，如德国称为"工业4.0"，我国称为"中国制造2025"，以智慧制造为特性，深入至以制造业革命为主要领域，以空间遥感、智能软件、智慧产品技术研究与运用为主要技术领域，广泛以能源、材料、遗传工程等新的突破为主要标志。第四次技术革命促使社会生产力迅猛发展，对社会生活的各个方面发生更加深刻的影响，人类的体力和智力将获得更大的解放。

工程技术发展的历史表明，它的发展固然受生产、科学、生产关系和上层建筑的强烈影响，然而，一旦在工程技术上取得重大突破，就会带来经济发展的繁荣。技术进步是促进社会生产力迅速发展的根本途径。在当代，一个国家的科学技术水平和运用科学技术的能力，日益成为衡量这个国家实力（包括经济实力、国防实力）的一个极其重要的标准。任何一个国家，不管它的国情如何，也不管它是什么样的社会制度，不重视科学技术，不重视科学研究成果的推广应用，其经济就不可能有长足的发展。

工程技术外包领域，在美国《工程新闻纪录》（ENR）揭晓的2015年全球最大250家国际承包商榜单中，共有65家中国内地企业上榜，比2014年增加了3家，我国上榜数量居全球第一位。中国交通建设集团有限公司以158.27亿美元的海外营业额雄踞榜首。中国电力建设集团有限公司、中国建筑股份有限公司、中国中铁股份有限公司、中国机械工业集团有限公司、中国葛洲坝集团有限公司、中国土木工程集团有限公司、中国冶金科工集团有限公司、中信建设有限责任公司、中国铁建股份有限公司分列国内65家入围企业中的第二名至第十名。

从入选企业总体情况看，2015年全球最大250家国际承包商的海外营业总额共计5 215亿美元，较2014年的5 439亿美元下降4.1%。数据显示，全球经济总体下滑。其中，65家中国入围企业的营业额达到895.53亿美元，占250强的17.17%，较2014年所占的比例14.53%增长2.64%。

从主要地区市场情况看，海外业绩主要来自亚太地区（1 374.06亿美元，占营业总额的26.3%）、欧洲（998.05亿美元，占营业总额的19.1%）和中东地区（790.26亿美元，占营业总额的15.2%），排名与2014年保持一致。非洲地区（709.49亿美元，占营业总额的13.6%）较上年的622.4亿美元增长了13.9%。北美地区（806亿美元，占营业总额的15.5%），与中东地区基本持平，但较上年下降2.4%。拉美和加勒比海地区（532.79亿美元，占营业总额的15.5%），较上年的565.3亿美元下降5.5%。数据表明，国际工程承包市场仍然主要分布于亚太、欧洲及中东市场；此外，非洲市场在全球各大市场出现下滑的情况下却保持了增长,说明非洲地区孕育着无限的商机。

从专业领域分布看,250家最大国际承包商在交通运输领域共完成1 357.17亿美元,较2014年1 369亿美元下降0.08%,中国交通建设集团有限公司以158.27亿美元海外营业额稳居第一位;石油化工领域共完成1 253.36亿美元,较2014年的1 282.2亿美元下降2.2%;房屋建筑领域共完成1 166.99亿美元,较2014年的1 127.2亿美元增长3.5%,中国建筑股份有限公司以72.39亿美元海外营业额在此领域内位列第六。总体看来,三个领域的营业额仍稳居专业排名前三位,分别占26.02%、24.02%和22.3%,排名顺序与2014年保持一致。

与国际著名大型工程服务外包接包商相比,我国企业的实力仍有一定的差距。全球最大250家国际接包商2015年平均完成海外营业额为20.86亿美元,比2014年的完成额21.76亿美元下降4.1%,比中国企业的平均海外营业额(13.78亿美元)高51.37%。2014年排名前十的公司除美国的Fluor Corp. 未进前十(第12位),其他九家企业的排名顺序与2014年大致保持一致,全球排名前十位的公司2014年海外营业额为1 949.69亿美元。我国企业(排名前十位的海外营业额为284.55亿美元),与国际著名大型承包商相比仍存在明显不足。我国工程技术服务外包企业离岸接包排行榜如表4-1所示。

表4-1 我国工程技术服务外包企业离岸接包排行榜

序号	排名		公司名称
	2015年	2014年	
1	5	9	中国交通建设集团有限公司
2	11	—	中国电力建设集团有限公司
3	17	20	中国建筑股份有限公司
4	23	28	中国中铁股份有限公司
5	27	25	中国机械工业集团有限公司
6	44	51	中国葛洲坝集团股份有限公司
7	47	71	中国土木工程集团有限公司
8	49	68	中国冶金科工集团有限公司
9	52	46	中信建设有限责任公司
10	58	39	中国铁建股份有限公司
11	64	63	中国石油天然气管道局
12	66	76	中国石油工程建设公司
13	72	79	中国东方电气集团有限公司
14	74	84	中国水利电力对外公司
15	76	82	中国化学工程集团公司
16	81	98	青建集团股份公司
17	84	88	中石化炼化工程(集团)股份有限公司
18	86	93	中地海外集团有限公司

(续表4-1)

序号	排名 2015年	排名 2014年	公司名称
19	91	64	上海电气集团股份有限公司
20	93	90	中国通用技术(集团)控股有限责任公司
21	100	129	上海建工集团
22	104	216	中国成套设备进出口(集团)总公司
23	109	128	北京建工集团有限责任公司
24	110	149	中国中原对外工程有限公司
25	112	139	中国江西国际经济技术合作公司
26	113	140	中国河南国际合作集团有限公司
27	115	164	威海国际经济技术合作股份有限公司
28	118	130	新疆生产建设兵团建设工程(集团)有限责任公司
29	120	124	中国地质工程集团公司
30	126	133	安徽建工集团有限公司
31	127	137	中石化中原石油工程有限公司
32	128	136	中国石油集团工程设计有限责任公司
33	129	154	江西中煤建设集团有限公司
34	131	147	中钢设备有限公司
35	137	126	中国江苏国际经济技术合作集团有限公司
36	138	229	中国能源建设集团天津电力建设公司
37	142	167	中鼎国际工程有限责任公司
38	143	104	中国万宝工程公司
39	146	180	浙江省建设投资集团有限公司
40	147	175	江苏中信建设集团有限公司
41	148	115	沈阳远大铝业工程有限公司
42	152	148	中国大连国际经济技术合作集团有限公司
43	153	158	安徽省外经建设(集团)有限公司
44	154	170	中国武夷实业股份有限公司
45	155	171	江苏南通三建集团有限公司
46	165	238	中国寰球工程公司
47	171	244	中国有色金属建设股份有限公司
48	172	221	烟台国际经济技术合作集团有限公司
49	175	166	云南建工集团有限公司

（续表4-1）

序号	排名 2015年	排名 2014年	公司名称
50	178	201	大庆油田建设集团有限责任公司
51	181	—	中国山东对外经济技术合作集团有限公司
52	182	196	南通建工集团股份有限公司
53	191	—	中铝国际工程股份有限公司
54	194	204	中国甘肃国际经济技术合作总公司
55	195	210	烟建集团有限公司
56	196	—	山东科瑞石油装备有限公司
57	206	214	北京城建集团有限责任公司
58	210	222	重庆对外建设（集团）公司
59	212	207	中石化胜利石油工程有限公司
60	216	174	中国电子进出口总公司
61	221	240	中国沈阳国际经济技术合作有限公司
62	222	243	江苏南通六建建设集团有限公司
63	224	—	山东天泰建工有限公司
64	228	233	北京住总集团有限责任公司
65	234	—	中国电力工程顾问集团有限公司

（资料来源：中国甘肃国际经济技术合作总公司）

4.2.2.2 工程技术服务行业外包的特点

工程技术服务行业的服务对象以制造业为主，包含的具体行业众多，在具体的行业中又涉及具体的领域，各领域的工程技术服务外包又呈现出不同的特点。

1. 行业与社会固定资产投资存在紧密联系

工程技术服务行业位于建筑业的前端，是整个建筑工程业务链条的起始阶段。目前我国绝大部分大中型固定资产建设项目中均由工程技术服务企业（包含工程勘察设计公司和施工建设公司等）提供包括工程咨询、勘察、设计、各种形式总承包和监理等内容的工程技术服务活动，因此，工程技术服务行业总体的市场规模和空间，与全社会固定资产投资具有紧密的联系。固定资产投资活动按其工作内容和实现方式分为建筑安装工程，设备、工具、器具购置和其他费用三个部分，其中第一个部分建筑安装工程的规模，扣除部分建设工程业主自行采购材料，即为工程技术服务行业的理论市场空间，其占固定资产投资的比重始终保持在60%左右。

2. 产品和服务由下游行业的需求决定

虽然各具体行业均与宏观经济走势密切相关，但各行业领域受不同的内外部环境和具体供求关系的影响，往往具备不同的景气周期和景气度变化趋势。因此，工程技术服务行业企业客观上可以利用这一特点有效分散风险，规避单一行业的周期性波动带来的不利影响。

随着2010年《国务院关于加快培育和发展战略性新兴产业的决定》的出台，国家在未来几年内大力扶持的产业愈来愈被明确化。在这些景气度较高的行业中，电子高科技、新能源和生物医药是前景广阔的典型行业。

下游行业的高速发展将加大国内固定资产投资的力度，相应增加建安投资规模，因而会对工程技术服务行业的快速发展形成巨大的拉动作用。而"一带一路"倡议，带动了沿线国家的经济发展。这给我国服务外包产业的发展再一次提供了腾飞的机会。

准确把握下游行业的发展趋势，选择前景广阔的下游行业进行业务板块的布局，进而把握本产业的市场走向和发展节奏，是服务外包企业立足于本产业前端发展，引领整个行业创新发展的根本。

3. 技术水平要求较高

工程技术服务行业技术水平是指工程设计和总承包商提交给工程建设业主的设计成果、咨询意见以及提供的工程管理服务等所体现的技术水平。能否根据发包方的要求、各行业的标准和生产要求、国家政策规章，形成最佳的工程设计，并通过有效的采购、建筑和施工管理将相关科技成果转化为高效的生产力，是评价工程技术服务企业技术水平的主要标准。在工程建设中，工程技术服务企业不仅提供厂房外观、布局、结构和配套的设计，在某些行业（如化工行业），工程技术服务企业还会参与产品生产工艺流程的设计，甚至直接提供工艺流程技术给业主，并能对整个下游行业的技术研发、成果转化和技术应用起到重要推动作用。尽管不同下游行业的工程技术根据行业的技术特性和生产模式会有较大的不同，会使服务于该行业的工程技术服务企业具备较强的行业专业性和依附性，但在生产环境控制、生产流程设计和项目管理等方面，工程技术仍存在较多的"通用"技术，从而可以使得在某一领域的工程技术服务企业通过某一较强的"通用"工程技术向其他行业领域进行渗透和突破。例如，洁净室设计和施工技术可以在智慧制造、集成电路、LED、光纤、太阳能电池、生物制药以及医院手术室等多个行业领域得到重要应用。

4. 各专业集成配合要求较高

工程技术服务行业涉及专业众多，如咨询、概预算、工艺技术、结构、土建、给排水、暖通、电气、管理系统、生物、施工安装、设备等等，各专业必须良好配合方能达成建设目标。一项先进的生产工艺技术，必须通过与之充分匹配的配套工程建设，才能发挥生产效能。因此，人才资源充沛、专业配置齐全、技术经验丰富的业内企业往往能够获得较强的竞争优势。

5. 工程总承包逐步发展成为主要的行业模式

随着工程项目日益大型化、复杂化以及新兴行业兴起带来的项目投资建设的紧迫性和实效性，原先由发包方对工程建设的各个环节分别议价和管理的模式的高成本和低效率问题愈发严重。由于在整个工程建设的各环节中，工程设计是核心的环节，后续的项目管理与项目施工都需要工程设计人员的全程参与和监督管理，在工程设计商对工程管理和设备采购积累了足够的经验优势和规模优势后，由工程接包商或项目管理公司来接包工程建设的全过程和承担全部责任可以较大幅度地提升工程实施效率并有效降低工程总成本。因此，由工程设计公司对工程项目的各个环节进行接包和统筹管理的工程总接包模式，逐步发展为国际工程的通行项目管理模式，同时也是我国基本建设管理体制改革和工程技术服务行业未来发展的主要方向。

新中国成立后至改革开放前，国家将国民经济划分成电力、电子、商业、建筑等等21个行业，每个大行业配备一定数量的工程设计院。设计院是国家拨款的事业单位，专门负责工程建设项目的勘察设计工作，项目施工由专门的建设公司负责，而工程的建设施工管理主要由专门的建设指挥部负责。

案例4-7 八百客（北京）软件技术有限公司工程技术服务外包

八百客（北京）软件技术有限公司成立于2004年6月。作为中国最大的在线企业管理软件供应商和全球领先的下一代企业管理系统供应商，以Platform-as-a-Service（PaaS）管理自动化平台为核心的服务和解决方案，帮助客户低成本快速搭建真正属于自己的信息管理系统，从而帮助企业用户创造长期价值，为其成为全球竞争中的赢家提供持续原动力。

该公司工程技术服务外包已经拥有了逾6 000家企业付费客户，注册账户数量超过30万，并于2008年再次融资成功，获得美国Sierra Ventures和常春藤资本1700万美元的风险投资，成为中国第一家获得海外投资的SaaS企业，在当前全球经济不景气的大环境下更加彰显企业的发展前景与实力，连续6年市场份额第一。

公司的优势为，作为一家技术引导性厂商，八百客拥有800APP平台的全部知识产权，分别在北京和美国硅谷设立专门的研发团队，并建立了美国八百客实验室和中国管理专家团队，向八百客的客户提供全球最先进的技术、咨询，以及最适合本土客户的信息管理应用服务。

该公司PaaS平台800APP是全球首个中文PaaS平台。使用此开发平台，用户不需编程即可开发包括CRM、OA、HR、SCM、进销存管理等任何企业管理软件，而且不需要使用其他软件开发工具即可在线运行。PaaS是管理软件开发的革命，企业可以快速把自己的业务流程和创新应用到管理软件中去，从而大大提高工作效率和执行力。800APP平台如图4-4所示。

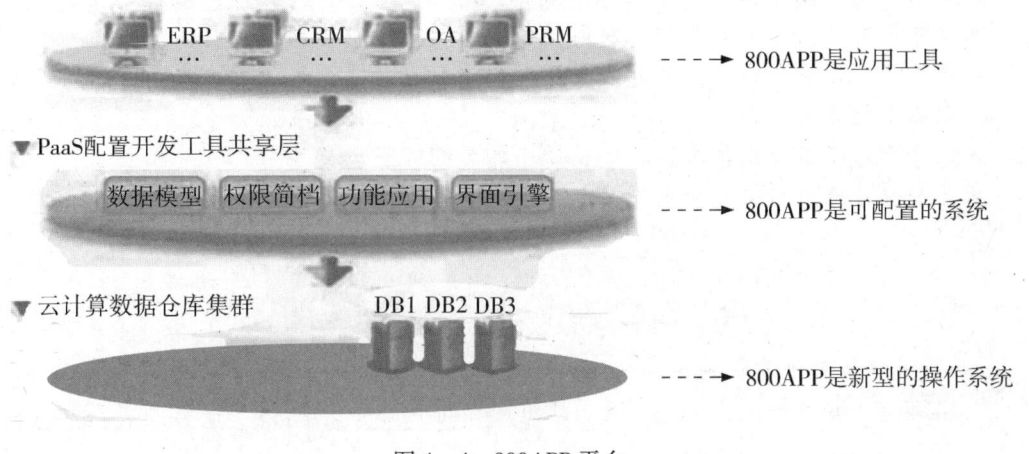

图 4-4 800APP 平台

PaaS 平台

◎800APP 是新型的操作系统

- 800APP 不以客户端为限，是面向应用的操作系统；
- 只要能上网，就可以使用 800APP，无须统一操作系统及版本。

◎800APP 是配置开发的系统

- 800APP 支持快速复杂商业流程的创建及变更，可以在几天甚至几小时实现，最大限度降低风险和成本，共享数据模型、共享权限简档、共享功能应用和共享界面。

◎800APP 是应用工具

- 800APP 支持升级时只是工具升级、功能的提升，不会影响用户的个性化应用；
- 独立升级，节省系统重新部署、多次集成及进行人员培训所需的时间和成本；
- 800APP 平台不断提供新业务，用户一直在最新和最强大的业务流程系统上运行并从中受益。

八百客服务案例 1　北京清华紫光电子公司工程技术服务

紫光清投 Tsingtoo 大屏幕(前身是清华紫光电子公司大屏幕事业部 & 清投视讯科技有限公司)成立于 1992 年 8 月。紫光清投依托清华大学的研发背景，从中国制造走向中国创造，2009 年推出了世界首台基于 GPU 运算的高速运算边缘融合产品，2010 年继续推出更多拥有自主知识产权的专利新产品，拥有华北、华东、华中、华南、东北、西南、西北七大区域总部，形成了覆盖全国的渠道和售后服务网络，为政府、交通、军警、能源等行业客户提供技术最先进的大屏幕拼接设备。

1. 服务工程决策背景

- 项目报备管理能力不足，报价流程混乱，现有的管理机制已经不能满足企业的发展需要；
- 销售人员资料无规范销售文档，外发资料杂乱无章，影响企业品牌形象；

- 售后处理流程欠规范，无法适应日益增多的客户反馈。

2. 服务工程解决方案
- 建立销售部门信息资源库，及时更新销售文档供销售部门使用；
- 建立客户反馈选项卡，客服人员及时记录客户反馈，形成解决方案，纳入产品知识库供相关人员查看；
- 建立财务报表及销售统计报表，便于相关管理层决策。

本次工程技术服务涉及的部门与服务内容如图4-5所示。

图4-5 紫光清投工程技术服务涉及的部门与服务内容

3. 服务工程的效果
- 销售人员通过信息资源库的共享文档可以随时随地调取规范的销售文档；
- 客服人员实时记录，及时响应客户反馈，大大提升了客户满意度；
- 管理层每天可以通过相关报表获得财务及销售额信息，公司决策有的放矢。

4. 客户评价

"八百客仅用10天时间就完成了对系统的实施。现在我们再也不用担心因为业务增长、销售人员更替所引起的任何资源的混乱或流失。800APP不愧为全球最大中文CRM托管商。"

八百客服务案例2　GET集团（北京奥斯普科技有限公司）工程技术服务

GET-Global Engineering Technology Group是目前国内最大的CAE公司，由国内3家工程咨询服务机构和1家专业软件开发公司共同创立，并联合全球合作伙伴和工程技术资源，为制造业客户和产品研发机构提供全面的工程服务解决方案。

1. 服务工程决策背景
- GET集团现有的管理系统很消耗开发者资源，并且无法适应其增大的业务需求；八百客灵活定义的系统非常适合GET的成长需求；
- 快速地将销售队伍正规化管理体系建立起来；
- 将报销纳入系统管理，方便分析业务成本。

2. 服务工程解决方案
- 800APP – CRM 系统管理了电话、电子邮件、邮寄资料、拜访、产品演示、技术交流、报价的全客户接触渠道和过程；
- 在日常费用报销、差旅费用报销等标准账务管理之外，管理员快速自定义了车辆使用报销功能选项卡，管理更加精细化。

本次工程技术服务涉及的部门与服务内容如图 4-6 所示。

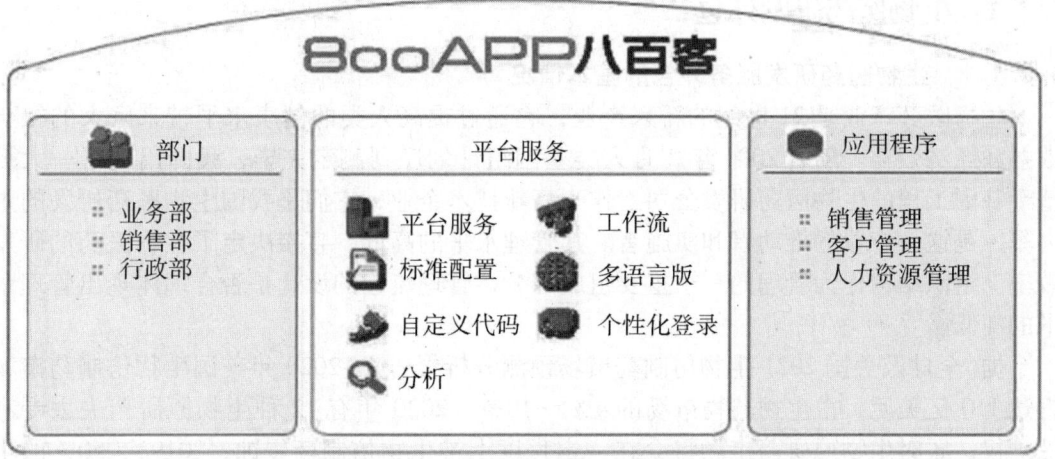

图 4-6 GET 集团工程技术服务涉及的部门与服务内容

3. 服务工程实施效果
- 商业机会把握能力大大提高，团队销售更容易开展；
- 通过对客户实时跟踪，实现交叉销售和辐射销售，实现信息共享，避免了不同部门重复劳动带来的资源浪费；
- 与客户的接触变得直接化、简单化，极大地减少了 GET 与客户之间的交易周期；
- 完善的账务数据处理功能使管理人员更方便快捷地管理异地子公司人员的各项费用报销。

4. 客户评价

"800APP 将我们从冗繁的文档管理中解放出来，使我们可以更专注地投入到处理案件的工作当中。"

【分析】

八百客是一个典型的用新技术改造流程的工程技术服务外包公司。从案例中可见，每个服务对象的问题都不相同，解决每一项接包的工程问题，都需要在基础技术上按照发包方实际问题创新流程，补充研发新的流程需求的内容服务。从案例呈现出的服务工程决策背景可以看出存在的问题，从服务工程解决方案可以看出解决问题的着眼点，从服务工程实施效果可以看出解决问题的情况，从客户评价可以看出用户的满意度。

现代管理系统是各行各业发展必须运用的技术服务，各行业管理的优化离不开流程管理的创新，而使用现代技术进行流程管理的改造，不仅仅是节约人力物力问题，还解决了问题处理的速度，增强了生产力，提高了竞争力，许多传统企业经过改造获得的直接利益和间接利益均在30%以上。

4.3 研发服务外包

4.3.1 生物医药研发外包

4.3.1.1 生物医药研发服务外包的基本情况

生物医药产业是21世纪的新兴产业，它通过提高人类的健康水平带来巨大的社会效益和经济效益。随着2001年2月人类基因组计划序列测定完毕，我国出现了一大批基于基因工程的生物医药研发公司。作为高新技术企业，它们是我国生物医药研发的主力军，是这一产业的推动者和实施者。其管理水平的高低，直接决定了生物医药的研发效率。组织结构作为管理的一个重要组成部分，管理流程的设计是否合理体现出管理水平的高低。

据《全球及美国2021生物仿制药市场预测分析报告》，2020年美国生物仿制药市场将达110亿美元，占生物药物市场的4%～10%。2020年有12种生物原研药失去专利保护权，届时生物原研药市场将会在一定程度上被生物仿制药侵蚀，2019年50%的生物药物市场被非专利药占据。生物仿制药生产者主要参照的五大生物原研药为Avastin、Enbrel、Herceptin、Humira及Rituxan，这五大生物原研药年收益达到500亿美元。

生物仿制药与所参照的原研药高度相似，可用于治疗癌症、肾脏疾病、多种自身免疫疾病等多个治疗领域的疾病。在医药行业内，生物原研药可谓是最昂贵的药物，它们中的多数药物致使每位患者每年支付的医药费高达100 000美元。无疑这些价格昂贵的药物为患者及医疗保险体系带来了巨大的经济压力，也限制了患者对这些药物及最佳护理方式的获取能力。一些昂贵的生物药物已经失去专利保护权，大部分的药物也将在未来数年内陆续失去专利保护权，这将为生物技术公司提供生产生物仿制药的大好机会，并以相对低廉的研发成本获得不菲利益。

很多生物技术公司纷纷向生物仿制药领域进军，试图把价格低廉的生物仿制药推向市场。生物仿制药在2006年进入欧洲市场，在监管较为宽松的国家(如中国、印度、韩国)也有很多生物仿制药进入市场。经过很长一段时间的等待与期盼，美国FDA最终做出了一个极具历史意义的决定，于2015年3月6日批准了美国历史上第一个生物仿制药Zarxio。随着美国生物仿制药大门的敞开，未来几年将有大批生物仿制药涌进美国市场，而美国生物仿制药市场也将渐入佳境。

近年来，我国传统原料药产品出口创汇能力下降，原因是环保压力使得愈来愈多的原料药企业加速向制剂转型，制剂加工服务出口业务愈发得到走国际路线的药企的精耕细作。自2011年起，在中国医保商会的年度数据报告中，就开始提及制剂加工服务出口实现增长趋势。统计数据显示，2014年，我国医药保健品进出口额达980亿美元，同比增长9.26%。其中，出口550亿美元，增长7.38%；进口430亿美元，增长

11.77%；对外贸易顺差119亿美元，同比下降近6%（见图4-7）。

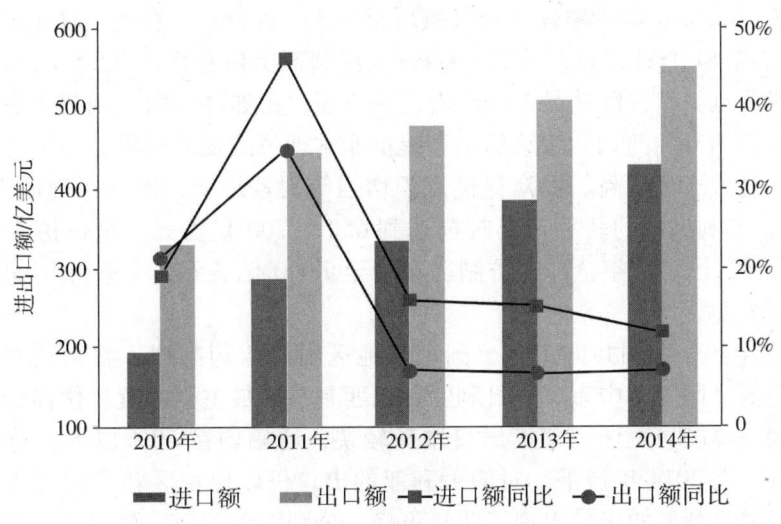

图4-7 2010—2014年我国医药保健品服务进出口额

2016年，我国医药保健品进出口额1034亿美元，同比增长0.73%。

作为原料药粗加工服务出口大国，长期以来，我国西药制剂一直不是主力出口产品。位于原料药大省浙江的一家药企负责人指出，制剂产品的高利润尤其表现在欧美发达国家的规范市场上，以辛伐他汀为例，其原料制剂在美国销售后产品增值超过原料药近500倍，"从逐利的角度来说，推动制剂出海远航肯定是绝大部分药企希望做的事"。2011年，中国医保商会在医药外贸年度报告中指出，"受国际医药产业向亚洲转移，国际制药跨国集团加大在中国投资，我国近两年产业链中下游发展，直接带动了我国西药制剂出口的大幅增长"。这一年，特色原料药西药制剂出口21.74亿美元，同比增长40.17%，高于医保类产品出口平均增速，尤其是对欧盟、澳大利亚市场大幅增长，增幅分别达到69.31%、1228.87%。外资企业占西药制剂出口比重超过60%，增速达到60.56%。2012年，我国西药制剂出口额增幅高达17.9%，约达25.6亿美元；2013年与2014年此数据增幅不大，同比增长分别为5.82%和8.37%，出口额分别达27.11亿美元和29.38亿美元（见图4-8）。

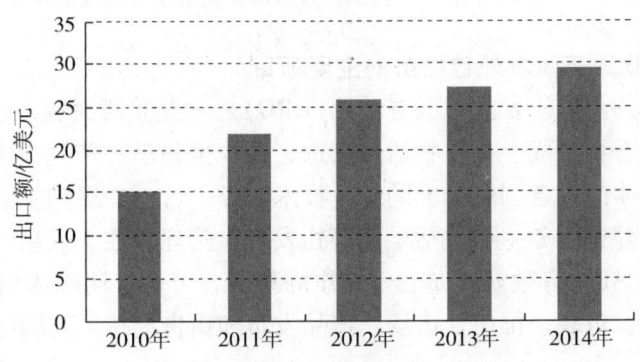

图4-8 2010—2014年外资企业西药制剂服务出口额

2015年上半年，我国制剂进出口总额78.2亿美元，增长5%。其中出口15.5亿美元，同比增长10.7%，高于整体医药外贸增幅4.3个百分点。在制剂加工贸易方面，增长比整体出口高40个百分点，达到50.7%，占制剂出口总额的22.5%，较2014年提高了近4个百分点。从国际药品市场来看，一方面，正如许多国内制药企业已经意识到的，世界大范围的专利药到期将给仿制药提供非常理想的发展契机；另一方面，受人口老龄化、慢性病患病率增高、民众保健意识增强等因素影响，医疗保健需求正在扩大。截至2015年，专利到期的药物市场规模达到650～700亿美元，全球仿制药规模达到3 000亿美元，预计2020年全球的仿制药会增至7 000亿美元，未来几年的年均复合增长将达20%。

2015年上半年，我国共向170个国家和地区出口西药制剂，澳大利亚、欧盟、东盟、韩国、美国、印度、中东、尼日利亚、巴西是我国最主要的贸易伙伴。其中，我国对欧盟、东盟、韩国、美国、印度出口增长较快，增幅均在20%以上；对澳大利亚和巴西的出口基本与2014年持平，对澳大利亚的出口仍以保税区转口贸易为主。相比之下，对中东和尼日利亚的出口出现了明显下降，分别下滑了7%和37%，主要是由中东政治不稳定导致需求下滑以及尼日利亚支付能力减弱所致。（见图4-9）

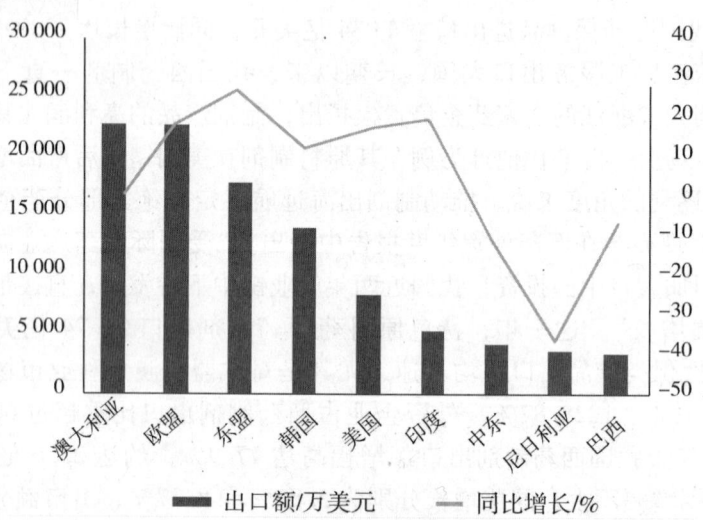

图4-9　2015年上半年我国出口西药制剂最主要的贸易伙伴

4.3.1.2　我国生物医药研发外包服务的主要项目

以我国最顶尖的药物研发外包服务公司（CRO）之一美迪西为例，该公司在国内建立了中国第一家集化合物合成、化合物活性筛选、结构生物学、药效学评价、药代学评价和毒理学评价为一体的符合国际标准的综合技术服务平台，并得到了国际药品管理部门的认可。医药研发外包服务主要包括早期药物发现、药理毒性、剂型、配方开发、工艺开发、中间产品和API（有效药品成分）、分析测试、Ⅰ—Ⅲ期临床研究、政策法规咨询、产品物理成型、包装、推广、市场、产品发布和销售支持、药物经济学评价、商业咨询及药效追踪等。

4.3.1.3 生物医药研发外包的形式

(1)项目委托。企业只研究开发关键技术,其他他技术则委托给高等院校、研究院或国外有此研究开发能力的机构,自己做的是考评、选择研究院所,并提供相应的研究开发经费。

(2)联合研究和开发。与国内外相关研究机构就某项课题进行联合研究开发,实现优势互补。

(3)设立信息中心。在北京或硅谷这类资讯集中的地方设立信息中心,专门负责研究与本公司相关的高科技企业和研究机构的动向,然后向其购买符合本公司战略需求的高新技术。

4.3.1.4 生物医药研发外包的动因

(1)新药研发使得企业要承担巨大的财务风险上。生物医药研发的风险主要表现在财务风险上。比如,我国一项新药的研发成本普遍在5千万~5亿元人民币之间,国外在8~12亿美元之间。如果花费巨资推出的药物无利可图,等于将企业的核心业务拱手让给竞争对手,对这样的冒险之举多数制药企业会三思而后行。因此,企业更愿意将研发外包给专业的生物医药研发机构来完成,使企业的投资风险降至最低。

(2)外包研发使新药的靶向性更好。对一个企业来说,要对该企业中所有热门的项目都进行创新,首先就显得有点力不从心。医药行业中即便是最大型的制药公司也不可能独立地对所有新药物靶标进行深入研究,将新药开发工作外包给其他专业公司将使新药开发更快速、成本更低。

4.3.1.5 生物医药研发外包的合作对象

目前,采用生物医药研发外包管理模式的企业所选择的合作对象主要有两个:一是同行业的国内外企业,二是国内外的大专院校和科研机构。

(1)与同行业的国内外企业合作,将企业的研发项目外包给同行业其他企业。中国是新兴医药市场中外包服务增长最快的国家之一,据统计,目前在全国形成了以药明康德、美迪西、睿智化学、查士睿华、方恩医药等企业为代表的近千家生物医药外包服务企业,外包服务规模达40亿美元,平均每年以25%的速度增加。

(2)与大专院校和科研机构合作。以产学研相结合的方式合作是政府、企业、大学和研究机构为了社会经济发展的战略性目的,协同各自拥有的资源(资本、人力、技术),通过团体合作,对科学技术以及相应产品(或服务)的共同开发。

4.3.1.6 生物医药研发困境

我国在生物医药的研发方面,对创新投入和产出均处于领先位置,然而,在医药研发创新贡献的世界排名中,我国却处于第三梯队。从表面上看,药物创新只是个技术和经济命题,实际上极为复杂,其涉及的利益相关方包括企业、监管机构、医生、患者等。研发结果在多项医药创新指标中已显现出强劲的增长势头,特别是顶级期刊文章数、药物专利申请数和在研化合物数量上,但仍有其独特的创新困境。

(1)药企投资回报率日益下降。创新药研发回报率日益下降是一个全球普遍存在的难题。根据美国药品研发与制造协会(PhRMA)的数据,包含研发失败的情形在内,如今一个新药的平均研发费用已经达到12亿美元,与研发成本快速增长的趋势相比,新药研发回报率已跌至 40 年以来的最低谷。2013 年,百时美施贵宝研发支出经济回报率为 15%,罗氏为 7.7%,强生为 8.2%,辉瑞为 -3.2%,阿斯利康为 3.9%,默沙东为 3.0%。与此相比,新基医药和吉利德相对较高,分别达到 32.3% 和 20.8%。对于中国原研药企来说,除了注册审批耗时长外,新药纳入医保和基药目录也比较困难。

(2) 我国新药进入临床治疗指南时间长。非小细胞肺癌美国原研药 ceritinib 2014 年 5 月 31 日上市以后,只花了不到一周的时间就进入《NCCN 临床实践指南》,而中国新药埃克替尼竟花了接近 3 年时间才进入《晚期非小细胞肺癌分子靶向治疗专家共识》。

案例 4-8(国外) 英国生物技术产业集群服务体系

英国生物技术产业集群服务体系,凭借出众的研究实力和政府的积极扶持,其生物技术产业一直处在国际发展前沿,涉及制药、农业和食品等领域,占英国行业产出、就业和出口收入的 1/4。英国生物技术产业集群服务体系主要有以下几类。

1. 世界一流的研发服务体系

在生命科学研究领域,英国已经获得了 20 多个诺贝尔奖,拥有剑桥生物科学公司、重组 DNA 公司等闻名于世的企业。产业集群内有许多世界知名的大学和生物技术研究机构,如伦敦生物技术协会、分子生物实验室和欧洲生物信息协会,为生物技术企业解决生物共性技术,提供技术支撑及保障,英国科学园中有众多的为初创企业设立的生物技术孵化器。

2. 完善的金融服务体系

英国具有较为完善的银行体系和证券市场,满足了处于不同发展阶段的科技型中小企业的融资需要。英国有非常活跃而又成熟的风险投资基金,风险资本投资额占欧洲的 42%,在过去的 10 年已为生物技术领域累计投资 3.44 亿英镑。

伦敦股票交易市场灵活的发票规则和退出机制,也刺激了风险投资机构的积极性。此外,还有生物技术基金可供中小企业申请使用。

3. 配套的专业化服务机构

生物协会、专利机构、律师、招聘和咨询顾问等,与集群内企业在地理空间上的临近对集群的发展具有推动作用,可以为生物公司提供管理经验、政策咨询、合作机会和联系客户。例如,英国地方生物协会除了制定生物技术发展措施外,还为公司、研究人员之间的交流提供机会,在集群的孵化器和科技园区内,具有完善的法律服务体系,为生物技术公司的发展提供了优越的外部环境。

4. 健全的劳动力市场和用人机制

一是劳动力市场的开放性;二是低个人所得税;三是股权激励。英国独特的人才市场环境,吸引了大量的生物技术人员,形成生物技术人才集聚,进而促进了生物技术企业集群的发展。

【分析】

各国政府对生物医药产业发展都高度重视,采用的运营机制和本身具有的竞争优势也不尽相同,加之各国都有一套成熟的运作扶持体系,一般采取产业集群化服务体系展开服务,政府给予一定的政策扶持指引。

例如，美国麻省生物科技园，是美国最重要的生物技术研究和生产中心之一，伍斯特（Worcester）商业发展公司的运营机制是，科技园由生物科技公司、非盈利的学术机构和一些服务设施组成。科技园的生物科学研究是在麻省生物研究所（一个非盈利的教育和科研公司）的领导下进行的。生物科技园通过吸引大公司和促进小企业的发展，加速了科学技术从学术研究到商业应用的转化。与其他生物技术园相比，麻省生物科技园的竞争优势主要体现在：①可以随时提供相对廉价的土地，可提供用户需要的一流的实验室和办公场所；②麻省大学医学中心图书齐全的医学图书馆，医学院一流的设施、专家和教学医院；③科研力量雄厚，其附近有8所学院和大学，包括占全国医学院前20名的麻省医学中心；④有规模较大的包括科学家和半熟练工人在内的就业群；⑤有提供医学试验设备、材料等必需品和服务的公司；⑥有便利的交通、迷人的自然风景和统一规划的建筑，有适用于各种用途的办公设施和便利的生活娱乐设施。

再如，德国海德堡科技园区，园区创建于1985年，是一个迅猛发展的国际科学园，为专门从事生物技术、生物信息学、医药技术和环境技术研究的公司提供设施和管理服务。其股东是海德堡市政府和莱茵奈克工商会。

海德堡科技园以生命科学中心著称，位于海德堡大学校园及其他市区场所，占地面积16 500平方米，是德国最重要的研究基地。其重要优势为，是欧洲科学、商务和社会生活的中心门户，能提供非常灵活实用的实验室和办公空间，在科技开发方面与欧洲分子生物实验室、德国癌症研究中心、海德堡大学高分子生物学中心、诺尔公司、罗切医疗公司以及莱茵奈克生物科学研发三角地区另外80家中小型生物技术和生命科学公司有密切的合作关系。

案例4-9（国内） 中关村生物医药园

中关村生物医药园，地处号称"中国硅谷"的中关村科技园的信息产业基地，周围有北京大学、清华大学等50多所高等院校和中国科学院等130多家科研院所，科技人才、科学仪器、图书情报信息、科研成果资源非常丰富，创业环境独具一格。

中关村生物医药园是面向从事生物技术产品、天然药物、化学合成药研发机构和团队的生物医药专业孵化器。2004年4月，北京市科委正式授牌"首都科技条件平台－生物医药专业孵化器"。

中关村生物医药园建筑面积3万平方米，其中实验室占1.1万平方米。园内配有医药生物工程中试车间、分析检验实验室、合成实验室、制剂实验室、分子生物学实验室、干细胞工程中心等公共试验环境以及49个为入驻企业独立使用的标准试验单元。建设了开放的生物工程GMP中试车间、分子生物学实验室、药物合成与制剂实验室、分析检测实验室、无菌试验室，配备了200多台（套）仪器设备。结合硬件条件建设，联合中国疾病预防控制中心、北京生物技术与新医药产业促进中心、中国农业大学、北京动物实验研究中心等多家机构和园内具有平台技术优势的多家企业共同组建了工程化发酵技术、分离纯化技术、分析检测技术、药品注册、GMP体系建设、资金融通等专业技术服务体系。建设了专业技术服务体系，全力营造生物医药企业创业发展的专业化环境。

1. 生物医药园开放平台

中关村生物医药园开放平台是中关村生物医药园建立的多功能开放实验平台。开放平台包括分子生物学开放实验室、分析测试中心、制剂平台、中试平台、医疗器械试生产车间等几部分，配备了各类大型仪器设备几十台，总价值1 800余万元，开放平台占地3 000平方米，基础设施配套齐全，有良好的工作条件。为满足不同客户仪器设备使用的需要，对于开放平台所属仪器设备，园区可提供租赁服务。客户经过平台工作人员培训后，可自行进行仪器操作，开放平台根据客户使用设备的时间来计算使用费用。

2. 专业设施

中关村生物医药园配置的专业设施，是由中关村科技园区海淀园管委会出资5 000万元建立的，实验面积3 300平方米，共配备了51类360余台(套)的专业化仪器设备及工艺气体、纯化水、注射水等工艺条件，形成了功能配套的开放实验室硬件环境，成为生物医药技术创新项目研发的有力支撑。企业、机构或团队可以通过单机租赁、实验室共享租赁、机时租赁等多种形式使用可提供基因重组、载体构建、细胞培养、蛋白纯化、中成药物剂型研发等实验条件。

3. 开放实验室

中关村生物医药园针对生物医药研发初创企业建设了开放实验室，总面积约550平方米，包括分子蛋白实验室、固体制剂实验室和冻存室。开放实验室分别配置了分子生物学实验仪器、细胞生物学实验仪器，以及固体制剂设备等诸多公共实验仪器。企业、机构或团队可以通过单机租赁、实验室共享租赁、机时租赁等多种形式使用开放实验室完成分子生物学前期实验，化药、中药产品的制粒、包衣、压片等小试生产以及样品冻存等工作。

4. 无菌试验室

根据YY0033—2000《无菌医疗器具生产管理规范》要求建立的全新风万级无菌试验室，洁净面积约600平方米，有全面参照药品GMP要求建立的质量控制体系，完善的工艺用水、工艺用气体系统等配套设施，同时有专业管理人员负责维护车间的整体环境。无菌试验室内分别配备1台超净台、1台二氧化碳培养箱、1个不锈钢实验台等试验所必需的设备。企业、机构或团队以天或以月为单位租赁无菌试验室，可以进行细胞培养、蛋白纯化、产品制备等有洁净条件要求的实验，以及样品、原辅料的无菌检查和微生物限度检查。在根据国家三类医疗器械生产标准建立的医疗器械试生产车间内，可进行国家各类医疗器械产品注册前的生产资质申请、体系考核、样品制备等。无菌试验室同时配有负压实验室，可进行验证性检查(阳性菌检查)。

5. 中试车间

完全根据国家GMP规定的硬件条件要求建设的中试车间，洁净区域约766平方米。分为完全独立的微生物车间、哺乳动物细胞车间，具有小水针和冻干粉针两种制剂加工功能，在全面参照生物制品GMP要求建立的质量控制体系下，可以全面实现生产环节的精确模拟。中试车间分别配置了满足发酵纯化、离心破碎、制剂加工、清洗灭菌等多种类中试设备，同时可提供以生物反应器或转瓶恒温培养两种细胞培养生产模式。企业、机构或团队可以通过洁净区域以天为单位、生产线以周为单位两种租赁方式使用中试车间完成新药注册的临床前生产、临床样品制备，以及中试放大、中试工艺优化等工作。

6. 细胞室

中关村生物医药园针对客户细胞培养项目的需求，建设了在普通环境下相对独立使用的7个细胞室，每间面积约17平方米，分别配置了1台超净台、1台二氧化碳培养箱、1个实验桌等细胞培养所必需的设备，同时还提供共享设备为细胞离心机、荧光可见光正置显微镜和研究级倒置显微镜、液氮或-86℃细胞冻存条件。企业、机构或团队通过以周为单位的租赁方式，租赁细胞室开展细胞生物学实验工作。

7. 分析测试实验室

中关村生物医药园分析测试实验室完全按照CNAS认可要求建立起质量控制体系，实验面积400多平方米，配置大型现代化分析测试仪器设备20多台，由专业的分析人员负责管理。企业、机构或团队可以通过单机租赁、实验室共享租赁、机时租赁等多种形式使用分析实验室完成仪器分析、化学分析、小型合成实验以及方法学开发等工作。

8. 技术服务

中关村生物医药园对生物医药企业提供的技术服务，是依托由生物技术创新平台、生物制品中试平台、分析测试平台、医疗器械试生产车间等组成的首都科技条件平台为基础。提供的服务内容涵盖从目的基因的分子克隆、表达载体构建、重组基因工程菌株、细胞株的筛选和鉴定到产品中试、工艺优化、临床前样品制备，针对研发、临床前生产过程中产品质量的第三方检测与控制，以及提供GMP认证、医疗器械注册、新药注册相关咨询服务和专业设备培训等服务。

9. 分析测试

中关村生物医药园分析测试中心是园区针对药品及生物制品的研发及质量控制而建立的第三方独立检测机构，包括化学分析、仪器分析、生物检测等几部分，以委托测试、方法学开发及验证等多种服务形式，完全面向生物医药产业提供第三方独立检测。

10. 其他服务

为了满足储存较大量或者需要低温条件的实验等需求，中关村生物医药园建设了低温冷库、低温实验室以及普通库房。低温冷库和低温实验室温度维持在4～8℃，面积约14平方米和20平方米，普通库房面积约100平方米。企业、机构或团队以天为单位租赁使用存放需要低温储存的试剂、半成品和成品，完成需要在低温下的实验操作以及存放中试生产所需的试剂、耗材等。

【分析】

我国在生物医药研发方面，政府主要采取政府建设产业园，投入大量资金建设硬件设备，重金引进高端人才，打造产融结合的示范平台，以金融服务支撑科技创新和产业发展。由于高投入、高风险与高收益并存是生物医药行业的显著特征，园区建设较为注重产业发展差异化与特色化。经过近10年摸索，产业园建设重视项目引进和园区运营，持续打造园区核心竞争力。政府以资本导向来筛选项目，并大力引入社会资本力量进入孵化项目。另外，在人才培养与梯队建设方面，无论是生物产业园的建设与运营，还是生物医药产业的发展，均围绕人才团队来推动资源聚集和整合。

4.3.2 动漫影视外包

4.3.2.1 动漫影视业务管理外包的基本情况

动漫影视产业,是指以"创意"为核心,以动画、漫画为主要表现形式,包含动漫图书、报刊、电影、电视、音像制品、舞台剧和基于现代信息传播技术手段的动漫新品种等动漫直接产品的开发、生产、出版、播出、演出和销售,以及与动漫形象有关的服装、玩具、电子游戏等衍生产品的生产和经营的产业。动漫影视外包是指在动漫和影视制作过程中,利用先进的信息技术将部分的数字动漫制作、特效处理、音像剪辑等数字处理与后期制作外包给其他动漫影视制作方。例如,大家熟知的电影《阿凡达》就是一个影视外包的典型案例。《阿凡达》的电影制作团队是在美国写剧本、在中国建模型、在新西兰录音、在法国配乐的,其成功的利器之一就是服务外包。

动漫影视作为文化产业独具魅力,它具有国际化程度高、消费群体广泛、市场需求量大、产品生命周期长、附加值高等特点。我国发展动漫影视产业,对于繁荣优秀民族文化、满足人民群众特别是未成年人精神文化需求有着重要的时代意义,也是适应经济全球化发展,形成新的经济增长点,推进广电影视产业发展,促进我国文化产业做强做大的重要举措。

2016年全球数字内容产业的总体规模达600多亿美元,其中,中国、巴西等金砖国家凭借用户市场优势成为全球增长点。

分行业来看,作为数字内容产业重要组成部分的动漫产业、游戏产业、数字音乐产业、数字视频产业,2015年出现较快的增长速度,并呈现出特有的发展趋势。动漫产业的产业链在新技术的驱动下正重新整合;数字游戏产业随着移动互联网的发展和扩散蓬勃发展并形成新的格局;数字音乐产业也借助流媒体的发展实现了新的进步。

按照区域分析,发达国家凭借其在信息技术和创意内容方面的领先,依然引领着数字内容产业的发展。美国全面领跑,北欧在发达程度、创新力方面遥遥领先,英国不断发展其在创意产业方面的优势,日本韩国通过国家政策进一步提升其数字内容产业的国际竞争力。有关数据显示,日本动画制作工作90%已依赖海外。而中国的动画绘制人才素质较高,特别是低廉的人工成本能促使日本动漫企业将其业务外包给中国企业。

总体来看,数字内容产业在技术推动、需求拉动、国家助推、资本驱动等因素的主导下,产业将呈现如下趋势:发展中国家市场将进一步扩大,成为全球的增长点;移动技术将进一步改变产业格局;内容本土化竞争加剧;信息技术发展更快,3D打印、全息成像、可穿戴技术等会进一步影响内容市场;数字原生带崛起,成为消费主力军。

4.3.2.2 我国动漫产业目前的发展情况

我国动漫产业起源于二十世纪五六十年代,当年的水墨动画以及后来的布塑动画水平很高,然而动漫产业并未引起国家足够重视,因此技术停滞不前,并最终远远落后于发达国家。直到进入21世纪,在政策指导与补贴的大环境下,我国动漫产业才重新发展,经历了从小到大、由少到多、由代工走向原创的转变。

前瞻产业研究院提供的数据显示,2000年国产动画片产量仅为4 000多分钟,而2013年则达到了20.47万多分钟,同时还有24部国产动漫电影推出,中国动漫产业已经进入高速发展的黄金时期。2014年我国动漫产业更多地受益于转型升级所带来的质量和效益提升，依旧保持强劲的发展态势，总值超过1 000亿元。2016年我国网络游戏、动漫产业产值高达5 000亿元，发展势头逼近美国等国，预计2017年将完超日、美，成为名符其实的全球大游戏动漫周边市场。

不过，我国对动漫产业的扶持过分看重数量，忽视了创意与质量，这也带来了研发上原创度不高，偏重于对成功模式的模仿，缺乏具有竞争力的技术创新和形式创新，终端环节市场化细分程度不够，主要依赖辅助产业和相关产业的运营获取商业利润，表现较为被动的现象。

1. 动漫行业版权时代来临

2015年，主打二次元文化的弹幕视频网站A站（AcFun）获得来自合一集团的5 000万美元A轮资金。随着两家免费动漫网站漫游BT与动漫花园因版权问题相继关闭，动漫行业发展的版权时代临近。在此背景下，各大动漫平台在原创内容上开始布局。

随着中国开始重视保护动漫版权，资本市场对二次元持续看好，动漫产业中越来越多的原创者得到肯定，这带动了动漫产业持续发展。

2. 动漫产业链闭环初现

从人们对迪士尼的巨大热情，可以看到国内动漫周边市场的巨大潜力。事实上，小黄人、大白等衍生品早已在国内大行其道，国产动画电影代表作《大圣归来》也因对本身自带光环的超级IP孙悟空的成功塑造，获得近2 000万元的衍生品众筹。这都表明国内有很大的市场潜力可挖掘，只是需要好的IP和有诚意的衍生品来引爆市场。

2016年出版的《动漫蓝皮书：中国动漫产业发展报告（2015）》提出，中国动漫产业正在进入以互联网为核心，跨形态、跨媒介、跨行业融合发展的新时代。"动漫＋互联网＋相关产业"的融合发展将使动漫产业的未来格局发生根本性变化。

在互联网及移动互联网的带动下，动漫产业链正逐渐形成一个闭环，从动漫的制作、动漫发行、动漫品牌化并大力发展衍生品，正逐渐由分离向一体化发展。而动漫也不仅作为动漫作品，从漫画开始，逐渐由无声的阅读出版物向数字动画、动漫电影、动漫玩具、动漫服装、动画游戏、动画文具、动漫主题乐园等多种产业辐射，动漫产业的一体化趋势加强。

动漫产品的消费人群已经不再只是儿童群体，目前已扩展至青少年乃至成年人的全体人群，并不断细化产业消费格局。全年龄段的动漫消费群体现象表明，我国动漫市场发展已从初生期走入快速成长期，这将进一步驱动动漫衍生产品产业的快速发展。

3. 产值潜力巨大

我国目前仅儿童玩具每年的销售额为200亿元左右，儿童服装每年的销售额达900亿元以上，儿童音像制品和各类儿童出版物每年的销售额达100亿元。这些行业今后的发展与行销都有赖于动漫这一新兴产业的带动作用，可以预见，中国动漫总产业将拥有数千亿元产值的巨大发展空间，这也将驱动中国动漫衍生品产业进入高速发展阶段。

国际动漫产业链目前十分成熟，其动漫产业模式是通过"漫画—动画—衍生产品—消费者"来获取最大利润的，动漫衍生产品才是动漫产业盈利的关键。而国内动漫产业模式现仍大多通过"漫画—动画—投资—观众"来获得利润。据不完全统计，2015年我国动漫业产值已突破1 000亿元,而动漫衍生品市场仅为380亿元左右,这与全球动漫业产值七成源自衍生品的数据相比有巨大差距。

美国衍生品市场的巨大成功,建立在强大的影视工业体系、面向全球市场以及完善的知识产权环境基础上。而国内的衍生品行业尚处在摸索阶段,多个环节缺失,行业人才短缺,要形成专业化、精细化操作及协作的产业链,尚需不少时日。

4. 国家支持力度大

2016年4月是国务院办公厅发布《关于推动我国动漫产业发展若干意见的通知》整整10年的日子,10年中,我国动漫产业在国家一系列政策的推动下,得到了长足的发展。例如,中国动漫产业15个知名动漫会展执行方齐聚上海,共论动漫会展现状以及如何促进文化消费和动漫产业发展;动漫会展执行方强调会展对动漫行业、企业、作品平台的推动作用,对动漫文化传播和氛围营造的带动作用以及对城市文化生活消费的拉动效应。比如,湖湘动漫月近三届的参观人次分别是6.8万、8.2万、10万,现场交易金额分别是2 300万元、3 500万元、6 000万元。深圳动漫节2015年的参观人次为30万,展会交易额33.8亿元,比上一年增长了5.6倍。齐鲁动漫展举办12年来,山东动漫社团由最初的三五个发展到现在的300余个,动漫周边店220余家,每年'十一'黄金周举办的动漫展已成为济南市乃至山东省文化旅游的亮点,有力拉动了文化消费。我国"政府支持"并不等于"给钱、补贴",而更多倾向于由政府牵头搭建平台。

5. 动漫设计与开发人才缺乏

受传统思想影响,大多数家长不愿意孩子学习动漫设计与开发,加之国内各高等院校相关专业开设较晚,目前动漫设计与制作人才相对缺乏。

案例4-10 猪八戒网

500元起家的猪八戒网是一种新生交易模式,成立后威客注册量快速增加,猪八戒的经营模式是提供服务,为各种机构、企业、个人等提供在线创意服务。它是一家全球性的在线外包交易平台,汇聚上百万个自由工作者,而且每天还在以数千个会员的速度不断递增。来自全球数十个国家和地区的企业和个人在这里寻找人才、外包需求,获取满意的解决方案。互联网改变一部分人的工作地点和工作方式,让他们真正从互联网中实现抱负。

2015年6月,猪八戒网获得赛伯乐集团和重庆国有企业的26亿元C轮投资,目前估值达110亿元。猪八戒网在十年的创业历程中,其商业价值与社会价值并重发展,不断得到各级政府和机构的关注与扶持,同时也获得多项殊荣,目前是中国著名的互联网品牌企业。

【分析】

作为中国领先的服务众包平台,猪八戒网在文化创意服务、外包服务业务方面提供全新的线上平台,实用而高效。在动漫制作环节,提供编写剧本、角色和场景设定、分镜头脚本、原画绘制、特效制作、制作动画、配音配乐、后期合成、分层渲染、绘制贴图、模型制作等全制作链的服务。

猪八戒网目前拥有1 500万注册用户,其中500万家中外雇主、1 000万家服务商,强大的平台优势是八戒动漫快速增长的保障，每月50%的增长速度领跑全行业。在"互联网+"的趋势下，八戒动漫代表着动漫服务行业的新方向，是互联网化的成功代表，也为动漫行业创造着无可比拟的机遇。互联网时代，要想实现动漫服务的最大价值，必须更加专业、更加高效，而八戒动漫作为动漫需求方和制作方的媒介，提供了快速、便捷、安全的网上交易平台。

案例4-11　少年师爷主题乐园试水"动漫+"

　　动漫衍生品行业是跨界创意、设计、生产、供应链和渠道的综合行业，需要专业化、精细化的操作和协作，"动漫+"更需要实现动漫产业与不同行业之间的融合。浙江特立宙动画成功牵手浙江省首家农业主题园区——农夫乐园，推出"少年师爷"主题乐园，试水"动漫+"，是一项动漫影视与主题公园相结合的项目。主题公园是影视的衍生物。

　　特立宙与农夫乐园在2015年确定合作意向，酝酿半年，在做到内容与形式完美结合后，在国际动漫节推出中国风原创动漫主题乐园"少年师爷"。该主题乐园采用央视一套同名热播动画《少年师爷》的场景与人物，打造古今穿越的炫酷观感，让游客领略了传统农耕文化和动漫艺术相结合的魅力。

　　《少年师爷》主要讲述了一个机智勇敢、充满侠义的少年不断进取、最终实现自己"中国少年梦"的励志故事。它是一部充满江南文化气息的动画片，有着浓厚的人文情怀和深厚的文化底蕴，提倡通过寓教于乐的方式、正面的情节展示，引导孩子们形成正确的道德认知和行为规范，有很强的启迪和教育意义。这种"正能量、正思想"不仅体现在动画片播放的细节中，也体现在"少年师爷"主题乐园的活动与细节中。

【分析】

　　世界上最成功的动漫衍生品迪斯尼乐园俘获了一代又一代人的心。从动漫中走来的每个角色，都是孩子和成年人所喜爱的。上海迪士尼度假区尚未开园，就已经有了足够的市场热度，开放售票渠道仅10分钟，6月16日开园日的门票就宣告售罄，售票系统还一度陷入瘫痪，抢票的激烈程度堪比春运。对迪士尼的巨大热情，让我们看到了国内动漫周边市场的巨大潜力。事实上，国产动画电影代表作《大圣归来》也因对本身自带光环的超级孙悟空的成功再塑造，俘获了不少人的心。今天的"少年师爷"也从镜头中走下，进驻到主题公园，离我们越来越近。

　　从动漫人才的培养角度看，《少年师爷》后期制作人之一潘天依是浙江广厦建设职业技术学院的毕业生，在杭州钱江电视台《魅力校园》栏目见习半年后，于2015年2月进入浙江特立宙影视动画公司正式工作。在特立宙公司3个月的实习期间，加入了《少年师爷》第五、六部的后期制作。毕业后他继续留在特立宙影视动画公司，加入《少年师爷》的高清版制作。在一年多的时间里，从剪辑到配音，从宣传海报到电影片花，他熟练掌握了EDIUS等专业软件，完成了第七至第十部《少年师爷》的后期制作。此后，他还完成了《少年师爷》英文版和法文版的后期制作。在特立宙工作期间，潘天依先后参与了动漫《少年师爷》《兰亭小精灵》《少年师爷红色中国行》的后期制作，参加了动画电影《少年师爷之大禹宝藏》发布会及相关宣传推广活动。他制作的《少年师爷》宣传片花点击量达 20 000 次，创下公司最高纪录。他的成功给高校动漫专业的学生很大的鼓舞，对于投身该产业的前景充满信心。

4.3.3 游戏策划与开发外包

4.3.3.1 游戏策划与开发外包的基本情况

数字游戏产业主要包括视频游戏、网络游戏和手机游戏三大类。其中，视频游戏和手机游戏产业主要集中在欧洲、美国和日本，网络游戏产业则主要分布在中国、韩国及东南亚国家和地区。据统计，全球数字游戏产业销售规模达 450 亿美元，其中视频游戏约占 80%，我国目前国内数字游戏产业实现销售收入近 300 亿元人民币，直接或间接拉动了相关产业发展。国内数字游戏产业目前主要集中在网络游戏，但随着 4G 网络的发展和移动终端的普及，国内手机游戏产业表现出强势发展势头。

游戏外包是伴随全球游戏产业发展需要而出现的新兴业务。游戏外包是指将游戏制作过程中的美工和测试环节交给其他公司或者团队。对于游戏外包，早先游戏商并不是很重视，随着时代发展和次世代主机的悄然问世，游戏制作也在向着电影级的标准迈进，而技术难度与开发工作量都有数倍的增加，游戏外包的需求量也在不断扩大。

目前，游戏外包项目以美工为主，美工属于离散型外包项目。在游戏开发中，40%～50% 的成本在美工工作。但是，以游戏程序开发与测试为主的外包项目也是目前的热点。这是个技术密集型的外包项目，技术含量较高，标准化的流程和质量易于管理。诸多发包方都在调整公司内部结构和工作流程，为大规模发包做准备。

4.3.3.2 游戏电竞业发展势头强劲

电子竞技(亦称"电竞")游戏是指，玩法以"局"的形式进行，强竞技弱养成，且拥有一定用户基础、成熟赛事体系的网络游戏。2016 年 1 季度，我国市场规模 Q1 电竞游戏市场收入达 121.2 亿元，移动电竞占 1/3，如图 4-10 所示。客户端电竞游戏依然是整个市场的主力，这主要是因为《英雄联盟》《DOTA2》《炉石传说》等热门游戏保持稳定。对于游戏产品而言，电竞化的打造有利于提升产品关注度，延长生命周期，获得稳定表现。此外，移动电竞的迅速崛起推动了整体市场增长。

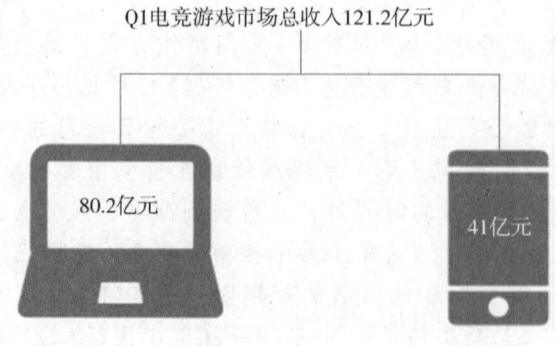

图 4-10 2016 年 1 季度我国电竞收入

1. 产业链多方切入，赛事成电竞核心环节

作为电竞产业链重要的一环，赛事成为整个产业链的热点，并成为衔接直播平台、电竞游戏、用户的重要环节。原有热门赛事继续举办，新赛事相继公布。推动者从原来以游戏企业为主，向政府部门、第三方赛事组织、互联网企业、企业联盟多元化转变。如图4-11所示，以2016年1季度为例，预计全年将举办612场赛事，个别赛事奖金高达2亿元。赛事给游戏开发与衍生产品提供了巨大的空间。

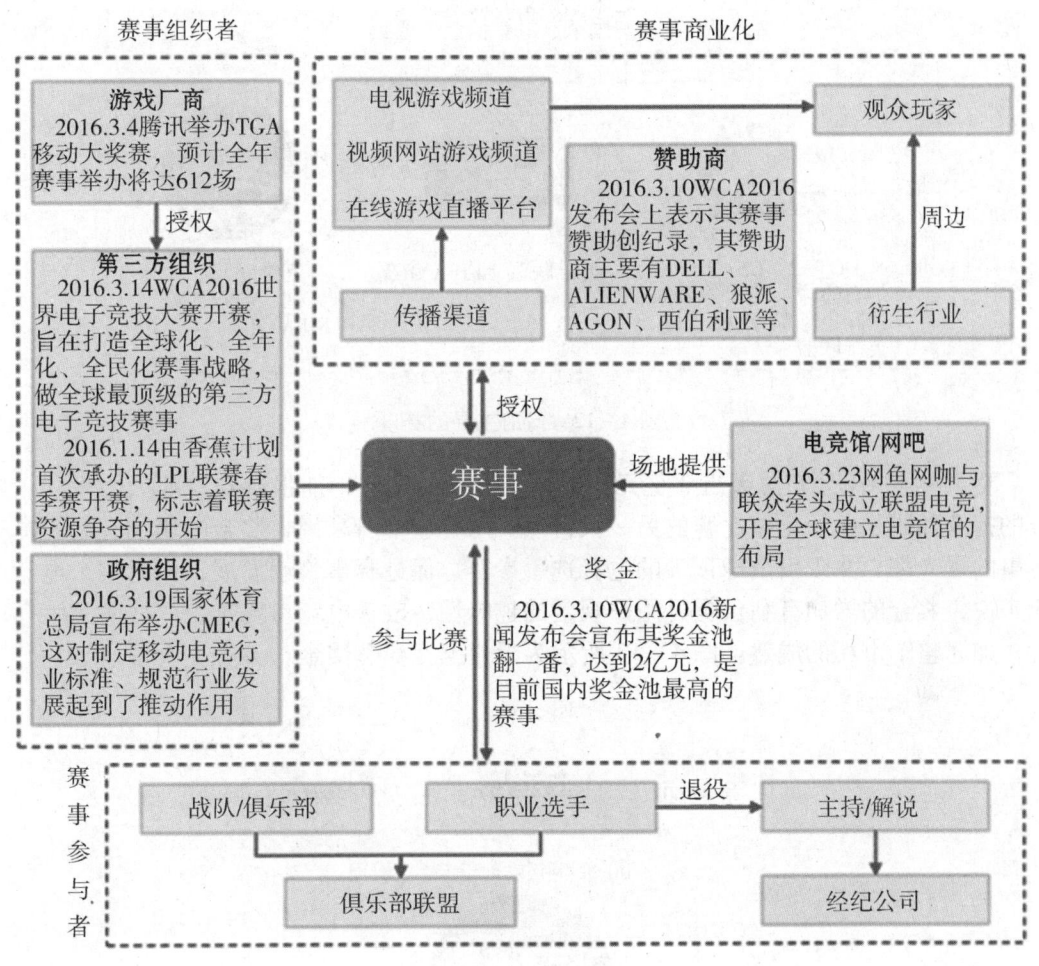

图4-11 赛事例

主办方政府入局电竞赛事，加速行业规范化。随着电竞产业发展的成熟，电竞的经济效益与社会效益逐渐显现，并得到了包括政府在内的多方认可。政府对电竞的态度也从认可、鼓励到参与到这一行业中，如国家体育总局主办的CMEG全国移动电子竞技大赛、银川市政府推动的WCA等（见图4-12）。政府部门的加入，有利于推动行业健康发展，降低赛事在未来面临的潜在政策风险，并可利用官方特有的资源推动不同赛事的整合，加速赛事、参赛选手、战队正规化和成熟化。

图 4-12 政府主导的赛事

赛事奖金 Q1 公布总额近 3 亿元，促进了赛事的发展，加强游戏产业大力发展。奖金的持续加码是电子竞技比赛的另一大特点。从赛事本身来说，奖金的增加有利于提升赛事的曝光率，并吸引全球顶尖的电竞选手参赛，促进赛事快速发展；而对整个电竞产业来说，奖金的增加有利于提升用户观赏的趣味性，改善电竞参赛选手、战队的生存环境，加速整个市场的成熟。图 4-13 所示为近年电竞赛事奖金。

图 4-13 近年电竞赛事奖金

2. 移动电竞游戏重度化趋势明显，沉浸式体验加速电竞普及

受市场整体趋势影响，移动电竞游戏业开始偏重度，这一趋势正在加剧，如《穿越火线：枪战王者》《皇室战争》等。偏重度的游戏将能够为用户带来沉浸式的体验，这有利于加深用户对游戏的认同与认知，为游戏产品后续电竞化打造提供基础。不过，相比于早期的《天天爱消除》等轻度产品，重度产品也将给用户带来压力，甚至可能提升用户门槛，造成用户流失，从而损害产品电竞化的用户基础。因此，对立志于打造电子竞技游戏的企业来说，如何在两者中保持平衡，显得非常重要。

4.3.3.3 游戏直播状况

1. 游戏直播商业模式多元化将促进市场大幅增长

受资本、赛事等因素影响，游戏直播市场出现小幅增长，但市场规模依旧偏小，主要是因为国内直播行业依然处于前期"圈用户"阶段，商业化程度不高，盈利模式单一。未来，直播平台若将盈利模式拓宽到游戏联运与会员订阅模式，那么市场规模将会大幅提升（见图4-14）。

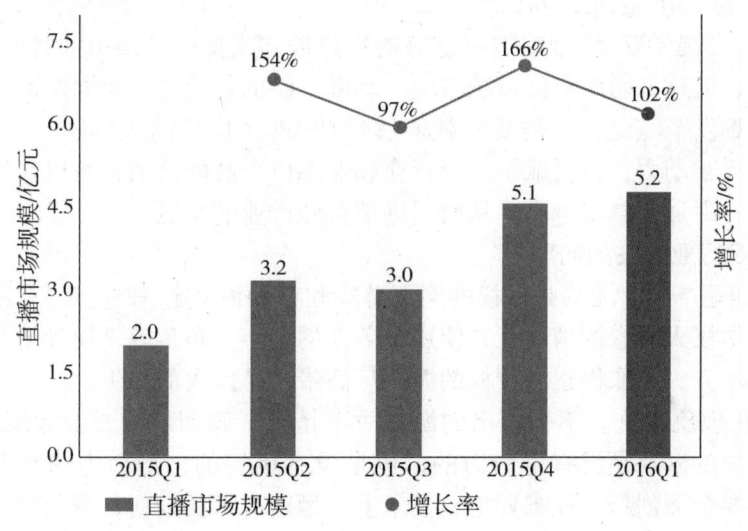

图4-14 中国游戏直播商市场规模

2. 市场进入全方位竞争状态

资本再向直播平台加注，为直播平台带来了更多的优势，主要原因是平台自身的造血不足，商业化程度有限，不足以支撑平台发展，仍要依靠外界资金的推动。从竞争手段角度看，游戏赛事资源已经成为直播平台下一个争抢的领域。这主要是因为当前主播价值虚高，签约主播成本加大，而游戏赛事逐渐成熟，获得了稳定的用户基础，成为直播平台吸引人气的手段之一。

3. 资本炒作主播价值，游戏直播平台运营风险加剧

受跳槽、挖角等现象影响，主播价值继续抬高，部分主播年薪达到千万元，导致主播与平台之间纷争丛生，联系愈加淡化，还未得到资本支持的新兴平台难以发展，长此以往或将陷入发展怪圈。

4.3.3.4 游戏硬件状况

对比不同年份的产品来看，全球PC销量继续下降。WIN10系统的推出，对PC的

带动作用尚未发挥，简单依靠 PC 销量拉动硬件需求增长的方式并不长远，使得硬件厂商开始寻求新的发展方式，如打造专业电竞硬件，布局 VR 设备等。从网吧游戏启动数据与游戏热度数据来看，在热度相差无几的情况下，网吧能为竞技游戏提供更好的硬件体验。这说明主流竞技用户对游戏硬件仍有着刚性需求，那么转型设计更加专业、性能更加优越的高端硬件产品的硬件厂商将会愈来愈受到电竞用户的追捧。各大硬件厂商为提升其在市场的竞争力，纷纷围绕自身特点推出不同的战略实现破局。战略主要集中在 VR、电竞等领域，如雷柏立足于打造自身在电竞领域高端品牌；此外，雷蛇、罗技、雷柏等也对热门的 VR 领域给予关注。

4.3.3.5 未来市场预测

当前外包市场呈现出强劲的发展态势。中国音数协游戏工委、伽马数据（CNG 中新游戏研究）、国际数据公司（IDC）共同发布《2015 年中国游戏产业报告》中国游戏市场 2015 年收入达到 1407 亿元，同比增长 22.9%。

目前来看，"漫游互动"战略拥有足够的用户群体支撑，动漫 IP 的特性也能够匹配更多游戏类型，但这一切尚有待市场考验。动漫手游的近况与往年同期的影视手游非常相似，都处于爆发节点之前，需要一款能够带动市场的产品加以引爆。"文化 +"为中国文化产业注入新动力，将会赋予一个行业和业态以更高的价值，可以让原本单一的产业链越拉越长，附加值越来越高，从而促进消费和产业的发展。

4.3.3.6 游戏行业存在的问题

（1）盗版问题严重。尤其是侵权的网页游戏和移动游戏越来越多，有不少游戏厂商在未取得原著作权人同意的情况下，使用其著作的名字、角色等来设计游戏，所推出的产品品质良莠不齐，给取得正版授权的游戏厂商带来了巨大的损失。

（2）同质化现象严重。不少新出的游戏故事情节、画面质量、游戏玩法大同小异，没有新意，这样的游戏是没有生命力的，也是没有市场的，不会为消费者所接受。因此，游戏企业要全面创新，在策划上、技术上、运营上都要创新，避免产品同质化。

（3）存在违规经营现象。一些企业急功近利，恶意竞争，低俗营销，破坏市场公平竞争原则。更有甚者，一些不法企业违规经营，为了获取不正当的利益，盗版别人的东西，改装别人的设备，还利用游戏搞不法活动。

（4）跟风现象严重。多数新兴企业对产业整体没有深入了解和研究，没有客观公正地评估自己企业的实力，没有找好自己的定位，看到别人成功，心里激动，头脑发热，容易出现盲目跟风的行为，导致创业和投资失败的现象时有发生。

（5）人才短缺问题。人才短缺一直是游戏行业的老大难问题，从 2013 年手机游戏高速发展以来，也让产业人才问题更加尖锐，移动游戏已经在和网页游戏、网络游戏争夺人才资源，高精尖的复合型人才相当缺乏。

案例 4-12　开服网

动漫网页游戏平台开服网，是国内发展速度最快的网页游戏平台之一。该公司集结国内顶尖的技术人才，具有丰富的互联网从业经验，掌握核心营销方法和渠道，能给用户提供绿色的娱乐平台。

"开服网"是重庆小闲在线科技有限公司旗下网站,成立于 2011 年。网站初期以"快、全、准"的网页游戏开服信息为特色,为游戏玩家提供大量的游戏平台。2012 年 7 月,该网已收录客户端游戏和网页游戏产品 4 200 多款。开服数据从最初的每月 1 200 条增长到每月 9 800 条。目前,开服网与行业内近 50 家游戏企业建立密切的合作伙伴关系,由数据录入到数据分析输出,由纯信息发布到深入内容合作,为国内各大游戏厂商提供全方位的支持,为玩家带来最准的开服信息、最新的游戏资讯、最好的游戏攻略、最全的游戏查询等服务。还为厂商提供信息发布、产品交流、活动策划、品牌推广等高品质服务。截止到 2017 年 6 月中旬,有的数据表明在开服的页游开服量为 2 967 135 组,手游总开服量为 32 627 组,端游总开服量为 9 477 组。

【分析】

开服网主要服务内容为游戏测试,游戏服务发布端口有端游、手游、页游、3D、魔幻、武侠类等,运营商入驻运营商管理平台后,可以及时自主发布最新开服信息、礼包、新手卡、激活码,经营自主权较大,是一家提供自由度较高的服务平台,在开发与服务的流程设计中自成一派,较为适合在自主研发的游戏推广中创新营销模式的项目自由开展。

案例 4-13 杭州动漫游戏公共服务平台有限公司

杭州动漫游戏公共服务平台有限公司于 2006 年成立,位于杭州(高新区)国家动画产业基地,是杭州国家动画产业基地的重点企业,为客户提供的服务包括动画制作、立体电影创作、动漫品牌形象创作推广、游戏制作设计、博物馆及展览馆互动多媒体配套服务、建筑动画、房地产动画、动漫广告、渲染平台服务、音乐音效服务、CG 策划与制作、IDC 设备与网络等的公共技术服务。

杭州动漫游戏公共服务平台在服务与制作方面拥有完整的流程与经验。平台建立了杭州第一条直通国际的"3D 动画电影创意、技术交流网",实现了杭州与国际动漫创意产业圈的实时连接,使平台在动漫创意技术上与国际前沿真正实现了交流互动。平台所制作的电影项目由香港寰亚影视公司进行中国市场发行,国内万达院线放映。目前平台引进高新、先进 3D 立体动画电影生产制作技术多达 40 多项,其中动画插件 10 多项,灯光插件 20 多项,大大提高了立体动画电影制作的工作效率和品质,使使用者降低生产成本,为有效地生产制作具有国际一流水准的 3D 立体动画电影在技术上给予坚实的支持。

【分析】

该平台在动漫与游戏的制作方面,给使用者提供了一流的技术平台服务和完整的流程服务,且与国际接轨畅通,为使用者产品进入国际市场提供了畅通的道路。

4.3.4 数字出版外包

4.3.4.1 数字出版的基本情况

数字出版是建立在计算机技术、通信技术、网络技术、流媒体技术、存储技术、显示技术等高新技术基础上,融合并超越了传统出版内容而发展起来的新兴出版产业。数字化出版是在出版的整个过程中，将所有的信息都以统一的二进制代码的数字化形式存储于光盘、磁盘等介质中，信息的处理与接收则借助计算机或终端设备进行。它强调内容的数字化、生产模式和运作流程的数字化、传播载体的数字化和阅读消费、学习形态的数字化。数字出版在我国虽然起步较晚，但是发展很快，目前已经形成了网络图书、网络期刊等新业态。

数字出版就其本质而言，是传统出版的内容和计算机技术的结合，是传统出版业在发展过程中因快速发展的高新技术对其产生的冲击而导致出版形态的变化。因此，所谓数字出版，是传统出版受到新的计算机技术的冲击，二者融合而成的一种全新的出版形态，它既传承了传统出版的优点，又结合了计算机技术，用计算机技术去深度表现传统出版的内容。

数字出版是一个包含作者(内容生产者)、出版社(内容出版者)、数字内容加工平台(技术支持商)、阅读器(手持阅读设备提供商)、图书馆和网上书店(内容销售商)、读者(内容消费者)六个环节的完整产业链。它是出版业未来的一种发展趋势。数字出版包括原创作品的数字化、编辑加工的数字化、印刷复制的数字化、发行销售的数字化和阅读消费的数字化，涉及出版的所有环节。

随着数字时代的来临，古籍数字化也日益蓬勃发展起来。古籍数字化就是利用现代信息技术，对历来的抄写本、刻铸本、雕刻、活字版、套版及铅字印刷等方式呈现的古代文献进行加工，转化为数字的形式，通过光盘、网络等一切虚拟介质保存和传播。

目前国内通过数字内容外包实现的古籍数字化案例不胜枚举，例如，由方正国际承接的宁波天一阁博物馆古籍数字化工程，是天一阁发展史上新的里程碑，真正实现了天一阁"良书惠九州"的夙愿。从根本上促进了古籍原生态的保护与长远利用，为馆藏古籍数字化的发展提供了安全性高、可靠性高的应用服务模式，同时开启了古籍数字化加工的新格局，受到了社会各界的高度重视。

再如，上海世博会中国馆"镇馆之宝"动画版《清明上河图》的制作者水晶石数字科技有限公司，以先进的三维动画科技，将《清明上河图》重新演绎，制作成一件全长128米、高6.5米的壮观展品。《清明上河图》千百年来以"至广大，尽精微"的艺术造诣，被喻为"有声音"的画。为保护、展示和传承文化遗产，该公司经过近1年的研发，用数字技术重新演绎了这幅传世佳作。电子版《清明上河图》采用超高清晰的数字影像，最大限度地再现了原作所有细节。根据画卷情节安排了54个场景，在著名文物专家研究成果的指导下模拟设计了700多段人物对话。观众根据自己的兴趣触碰、划动，便可以观赏画面的任意细节，听到相应场景对话，宛如置身画中。

4.3.4.2 数字出版的主要内容

数字出版涉及版权、发行、支付平台和最后具体的服务模式，它不仅仅指直接在网上编辑出版内容，也不仅仅指把传统印刷版的东西数字化，又或者把传统的东西扫描到网上，真正的数字出版是依托传统的资源，用数字化工具进行立体化传播的方式。但作为新生事物，其发展速度却让我们始料未及，产业发展的覆盖范围甚至与我们每个人的工作、生活息息相关，例如CD、VCD、DVD、电子书、网络、MP3以及通过手机下载彩铃、彩信、图书图片等，这些数字出版的定义是：只要使用二进制技术手段对出版的整个环节进行操作，都属于数字出版的范畴，其中包括原创作品的数字化、编辑加工的数字化、印刷复制的数字化、发行销售数字化和阅读消费数字化等。也就是说，数字出版的产物在丰富了出版物内容和形式的同时，也改变了人们的生活方式和消费理念。

电子书包主要在教育行业发展。电子书包是近年来教育部门重点推广的教学信息化项目之一，包括 Intel、联想、三星等众多 IT 行业巨头都参与其中。随着电子书包试点范围的扩大，会有更多的企业参与到这一市场竞争中来。日趋激烈的市场竞争，虽不会改变当前以区域教育局或教委为边界的细分市场划分，但会加快整个产业规则向更开放的方向发展，利用云服务整合多方教育资源可能成为未来突破产业瓶颈的重要手法。

用手机看报，通过互联网或电子阅读器看书，这一切的变化预示着一个新行业——数字出版的兴起和一个新阅读时代的来临。在媒体的带动下，经过数年发展，数字出版已经粗具规模。

4.3.4.3　数字出版的市场规模

截至目前，我国数字出版产业规模已突破 3 300 亿元，是我国新闻出版业所有门类中增速最快的领域，占比达到 17%，仅次于印刷复制领域。数字出版占据我国新闻出版业的战略发展重点和产业转型升级、融合发展的重要支撑的地位，政府将文化产业作为我国国民经济支柱产业纳入国家发展规划，数字出版规模的持续扩大，反映了我国数字内容市场需求日益旺盛。当前，我国数字化阅读接触率已超过纸质阅读率，其中以手机为代表的移动互联网发展迅猛，成为产业革新的有力助推器。据工信部公布的数据显示，截至 2017 年 4 月，我国的移动用户规模已达到 13 亿，移动宽带用户数超过 10 亿，使用手机上网的用户已突破 9 亿，用手机看书、看报、看视频已成为人们进行内容消费的习惯。这与我国 3G 网络广泛普及、4G 网络加速发展密不可分。在互联网和移动互联网的快速发展下，我国国民的消费理念、消费意愿、消费习惯、消费渠道日益多样化，为数字出版的内容生产、技术应用、产品开发、运营模式提供了源源不断的创新动力。与传统出版相比，数字出版以出色的快速查询、海量的存储、低廉的成本、方便的编辑以及更加环保等特点，一时间风光无限。

4.3.4.4　转型升级方向清晰

继 2013 年 6 月公布了首批 70 家传统出版单位转型示范名单，2015 年 7 月公布了第二批 100 家转型示范单位名单，至此，传统出版数字化转型示范单位总计已达到 170 家，传统出版在转型升级方面思路日渐清晰，方法和路径日趋明确。这些包括出版集团、报业集团以及图书、报纸、期刊出版单位在内的传统出版数字化转型示范单位，在内容聚集、技术应用、产品创新以及探索数字化商业模式等方面为产业发展作出表率，带动整个行业转型升级、融合发展取得实质性进展。其中以专业出版取得的突破尤为显著，在特色资源数据库等知识服务模式探索上取得较大突破，实现了社会效益与经济效益的有机统一。2015 年新闻出版广电总局主持开展了专业数字内容资源知识服务模式试点工作，以加快推进专业化知识服务平台建设，有效聚集专业领域内容资源，推进形成中国特色的专业数字出版模式，推动国家知识服务体系建设。教育出版和大众出版在转型升级、融合发展方面成果也日趋显著，发展模式和产品形态日趋丰富多元。新闻出版广电总局作为行政管理部门，在"十三五"期间加大力度促进专业、教育、大众出版在转型升级、融合发展方面全面突破，实现服务模式的多元创新，在有效提升内容运营能力和水平方面做出具体的部署。

4.3.4.5 版权运营的水平

2015 年是我国知识产权概念大热之年，包括网络文学、网络动漫、网络游戏、网络影视在内的数字内容版权运营链条初步形成。通过版权运营，实施数字内容产业布局，实现内容、用户、流量、渠道等方面的深度转化，带动资本大量流入，促进了优质内容价值的充分挖掘与运用，探索出多元化商业模式。百度、阿里巴巴、腾讯相继成立了独立的网络文学运营机构，并涉足网络游戏、网络影视等领域，逐步打通了数字内容生产与传播的全产业链条，让出版业认识到知识产权带来的强大效应与影响，也令知识产权运营持续高涨。中文在线等数字出版企业在版权运营方面取得了较大突破。传统出版单位也在积极开展基于同一内容的多元形态的版权运营，产业之间基于版权的合作日益增多且逐步深入，数字版权开发的良性循环正在逐步形成。

4.3.4.6 人才培养

数字出版人才队伍建设难以满足产业快速发展的需求。新闻出版广电总局对于新时期下的新闻出版人才队伍建设高度重视，组织多次基于"互联网＋"环境下的人才培养研讨会议，行业协会、科研机构、企业也加大了对数字出版相关人才的培训力度。

4.3.4.7 数字阅读

1. 移动端数字阅读为主要消费群体

我国目前有超过 85% 的用户使用过数字阅读服务，他们在移动设备上阅读数字内容，并且喜欢在线阅读。由艾瑞咨询发布的统计数字表明，最常用的终端为手机（占比 55.8%），其次是 PC 和平板电脑（占比分别为 21.4% 和 12.6%），有 22.4% 的用户经常使用电子阅读器进行数字阅读。整体来看，移动设备是数字阅读用户主要使用的阅读终端，通过手机、PC、平板电脑和电子阅读器对内容资源进行阅读已经成为现代人主要的阅读方式。移动终端以其易操作、易携带等特点，满足用户随时随地进行数字阅读的需求，填补碎片化时间，已经是人们日常生活必不可少的智能设备，承担着越来越重要的作用。最常见的阅读方式为浏览器阅读（占比 47.4%），其次是 APP（占比 32.6%），下载文档后导入（占比 14.3%）。整体来看，在线阅读方式是数字阅读用户最常使用的阅读方式，与电子阅读器以离线方式为主差别较大。使用浏览器阅读比使用 APP 阅读的用户多，主要原因有：首先，阅读习惯方面，用户在 PC 端以浏览器阅读为主，过渡到移动端后会自觉将 PC 端阅读习惯带到移动端，继续使用浏览器阅读；其次，阅读内容方面，浏览器可以提供大量丰富的阅读内容，且更新速度快；最后，在用户体验方面，浏览器提供各种专门为阅读设置的功能，使得用户体验很好。

2. 新闻资讯与文学小说为人们最爱

数字阅读最受欢迎的内容为新闻资讯和文学小说，占比 76.6%，报纸杂志和专业图书占比相对较小。新闻资讯和文学小说是最早在互联网上发展起来的数字阅读内容，新闻资讯更新更快，文学小说内容更多，用户拥有更多的选择权。在数字阅读用户中，不同年龄段人群关注的阅读类型成阶梯状，随着年龄的增加，用户对于新闻资讯的需求量逐渐增加，而对文学小说的需求量则逐渐减少。

3. 新闻资讯、社会、财经、时政类信息关注度最高

数字阅读用户经常阅读的新闻资讯题材相对比较集中,社会、财经、时政等现实题材较多受到关注,而报纸杂志题材则分布比较均匀。总体来看,数字阅读用户在线阅读报纸杂志的需求不是很强烈。艾瑞咨询分析认为,社会、财经、时政类信息量大,更新快,时事多,以新闻资讯形式发出更符合其需要快速传播的特性,用户阅读的意愿更高;而报纸杂志类的信息更新需要一定周期,其重点在于某一类垂直信息的汇总与分析,受众较窄,所以各题材分布较均匀。

4. 在文学小说方面,女性爱都市言情,男性爱玄幻奇幻

在文学小说题材中,女性偏爱都市言情,男性喜欢玄幻奇幻。在文学小说题材分布中,男女性差别较大,女性情感更强烈,偏爱都市言情类;男性理性思维更明显,喜欢玄幻奇幻类。男性对于各种题材的偏好程度相对均匀,女性则有强烈的倾向性。值得关注的是,女性对于惊悚悬疑类型小说的喜爱程度远高于男性,惊悚悬疑类型是女性文学阅读中排名第二的偏好类型。

5. 专业电子图书中的经济管理类受青睐

我国数字阅读用户经常阅读的专业电子图书题材中,经济管理类最受青睐。除此之外,固定职业人群较倾向于看生活、教育等现实题材内容,自由职业者更愿意看人文社科等内容,学生更倾向于看励志成功题材内容。经济管理类图书成为各职业人群的首选,一是因为经管类图书数量多,选择空间大;二是人们日常工作、生活都离不开经济这个话题,愿意在此方面获取更多知识和信息,以应用到实际中。对于学生群体来说,励志类图书是其第二大选择。

6. 最常用的付费方式

我国最常用的付费方式为第三方支付,55.9%的用户经常使用第三方支付方式,远超其他支付方式,其次是网银和手机充值付款,分别占比38.9%和35.1%。第三方支付、网银和手机充值构成了用户主流支付方式,付费模式成熟,用户的接受度高。

案例4-14 陕西出版集团数字出版基地业务外包服务

陕西出版集团数字出版基地是陕西出版集团成立的省级数字出版基地,主要以数字化加工电子图书、报纸、期刊为主,同时向出版社、图书公司提供数字化技术支持与服务。该基地是我国目前数字外包服务的标杆企业,服务内容较为全面。

该基地有覆盖网络、手机多功能娱乐、电子书阅读器、平板电脑等全媒体业务,构建了网络学习、电子图书、数字会展、数字博物馆、移动阅读器、数字期刊、手机娱乐、数字视听、数字地图、数字动漫等十大板块的服务外包业务,还提供综合信息服务、策划创意与营销、研发与人才培训、多种媒体出版、数字出版结算等五大平台。建立了数字版权交易中心、陕西数字动漫产业中心、陕西手机游戏技术联盟中心、数据转化中心等四个中心。具体外包业务如下:

一、数据录入服务

数据录入服务范围包括以下方面:

(1) 文字录入。文字录入分为印刷体录入和手写体录入。

(2) 外文录入。英文录入根据客户要求进行扫描录入和手工录入。

(3) 教辅图书录入。主要面向各电子出版物单位、各类网校、教育集团、科研机构等提供教辅、社科及其他各类图书的 word 录入和题库录入。

(4) 网站后台数据录入、企业产品数据库录入、各类普查数据录入、人才简历数据库录入、其他类型数据库录入。

(5) 调查问卷录入。根据客户要求，提供单遍录入或双遍录入。

(6) 单据报表录入。包括物流单据录入、企业销售单据录入、金融保险单据录入、财务报表录入等。

(7) 纸质文档电子化。纸质文档的电子化是数字信息化建设的基础。由于纸质文档电子化的过程需要投入大量的人力、物力和技术，因此很多单位都选择了外包。该基地外包制作部面向图书馆、杂志社、报社、出版社信息中心等单位提供数据加工服务，针对不同的具体项目采用不同的处理方式，力求准确、快速地完成纸质文档电子化的转换。服务范围包括：①图书、杂志、报纸、统计年鉴等资料的扫描、OCR 识别录入；②文献、档案、图书馆资料的数字化；③海量纸质中文数据、各类纸质数据资源的扫描录入；④政府部门、企事业单位的档案、信息资料的数字化；⑤大专院校、科研院所、情报部门、信息中心、网络公司的资料数字化。

二、电子图书加工业务

1. 数字化加工业务范围

ePub、ocf、txt、pdf、ceb、cebx、html、PPT、xml、mdb、xls 等。包括电子书包内容加工、教育教辅知识电子数据库加工制作、排版数据转换、图像扫描、修图、识别、校对、数据库录入；对图书、档案、文献、科技资料、学术期刊等介质进行数字化加工；期刊、报纸光盘检索与数据库建设。

2. 书籍(电子书)版式转化

该基地外包制作部主要从事图书电子书、报纸、期刊的数字化加工，提供数字化技术支持与服务。现在出版社改制，图书公司面对未来，应该多元化发展(如制作多媒体配套图书光盘、网络阅读电子书、电子书经销、硬件阅读器经销)，现在借助网络、手机、电子书阅读器等全媒体发展模式，可使出版社进入一个快速发展期。现制作电子书的格式包括 ocf、ePub、txt、pdf、ceb、cebx、html、PPT、xml、mdb、xls 等等，电子书可适应 iPad、kindle、移动平台、电信平台、联通平台、爱国者、欣博阅、纽曼、旅之星、汉王、读者、oppo、方正-文房、大唐、易万卷、新华社、韩国 iriver 等各数字平台及阅读器品牌。

3. 信息搜索工作

承接所有互联网搜索任务、离岸搜索服务，包括公司信息搜索、各大网站链接搜索等。

4. 服务对象

服务对象主要有数字出版商、出版社、电子书阅读器硬件厂商、报社、杂志社、图书馆、档案馆、银行、医院、国家机关、学校、学术研究机构等。

该基地成功合作的企业和具体内容有：中国移动OCF、中国电信、中国联通、北京十分科技有限公司、西安亿才软件服务外包有限公司、OCF电子书加工业务，陕西数字文化传播有限公司ePub、ocf、html、pdf等电子书加工业务，陕西数字出版传媒有限公司ePub、txt、ceb等电子书加工和数据录入业务。

三、团队架构

该基地设置了制作部、审核转化部、业务部、业务培训部，业务流程设计合理，管理手段有力，实行末位淘汰制。

制作部负责书籍加工制作，对书籍信息及时反馈，并承担一部分新工具的熟练使用与研究工作。

审核转化部负责对制作部完成书籍的信息审核，书籍的格式转换以及书籍乱码缺失信息的补充，书籍上下平台，对版权信息等方面的校对以及处理书籍在平台上的错误和信息的及时反馈等，确保书籍制作完成的精准度。

业务部由业务经理和业务专员负责外包业务联系，以及各个合作项目的沟通洽谈，对书籍进行评估、报价、确认以及各个环节的跟进。

业务培训部定期对员工进行业务培训，定期进行内部业务考核，实行末位淘汰制，提高制作审核团队的工作效率和精准度。

【分析】

平台化服务的基地，必须有一套适应新型服务模式的、以标准化服务流程保证出品质量的、自始至终的有效管理流程来保驾护航的制度，利于从需求端至服务环节再到消费端的全链条式服务平台运营，体现基地服务的优势。

案例4-15　腾讯财经开始用机器人写稿

腾讯财经推出了一个叫"Dreamwriter"的自动化新闻写作机器人，Dreamwriter发布的编辑生涯第一篇报道堪称文从字顺，数据翔实。Dreamwriter采用大数据挖掘技术完成这篇的报道只需要1分钟。

按目前人工智能（主要是NLP，自然语言处理）的水平，机器人在新闻写作中只能完成相对标准化的消息、快讯等体裁的客观性、格式化、数据化的新闻写作，这也是为什么机器人写作主要应用于体育、财经类报道的原因；而需要发挥人类的创造力、思辨能力的文体，机器人目前还不能胜任。因此，对于有核心竞争力的新闻从业者，机器人不会造成威胁。据分析，这类报道是根据专家系统定制数据模型、语言模型，通过实时回写填充和多维数据校验技术实现的。目前，北京日报社、证券日报社已将这项技术试用于日常报道工作中。据称新媒体联合重点实验室将重点关注这类新媒体技术公司的成果在出版领域中的应用，并将其引入到试点单位的课题中去。

腾讯财经"Dreamwriter"自动化新闻写作机器人完成的新闻稿：

腾讯财经讯　国家统计局本周四公布数据显示，8月CPI同比上涨2.0%，涨幅比7月的1.6%略有扩大，但高于预期值1.9%，并创12个月新高。

国家统计局城市司高级统计师余秋梅认为，从环比看，8月份猪肉、鲜菜和蛋等食品价格大幅上涨，是CPI环比涨幅较高的主要原因。8月份猪肉价格连续第四个月恢复性上涨,环比涨幅为7.7%,影响CPI上涨0.25个百分点。部分地区高温、暴雨天气交替,影响了鲜菜的生产和运输,鲜菜价格环比上涨6.8%,影响CPI上涨0.21个百分点。蛋价环比上涨10.2%,影响CPI上涨0.08个百分点,但8月价格仍低于去年同期。猪肉、鲜菜和蛋三项合计影响CPI环比上涨0.54个百分点,超过8月CPI环比总涨幅。

他表示,从同比看,8月份CPI同比上涨2.0%,涨幅比上月扩大0.4个百分点,主要原因是食品价格同比涨幅有所扩大。8月份,食品价格同比上涨3.7%,涨幅比上月扩大1.0个百分点,其中猪肉、鲜菜价格同比分别上涨19.6%和15.9%,合计影响CPI上涨1.05个百分点。非食品价格同比上涨1.1%,涨幅与上月相同,但家庭服务、烟草、学前教育、公共汽车票和理发等价格涨幅仍然较高,涨幅分别为7.4%、6.8%、5.6%、5.3%和5.2%。8月份,全国居民消费价格总水平环比上涨0.5%。

银河证券的分析报告认为,预计到年末生猪价格将超过上一轮"猪周期"价格高点,如果猪肉价格集中在四季度上涨,并且重合蔬菜上涨周期,那么四季度单月(尤其是12月份)CPI同比涨幅超过2%的可能性较大。

交通银行金融研究中心预计,未来CPI仍有缓慢上行的可能,部分月份同比涨幅可能高于2%,但全年CPI涨幅将低于3%的政策目标值,物价状况暂不会明显制约货币政策操作空间。

民族证券宏观分析师朱启兵表示,"7月实体经济新增信贷的大幅回落难以持续,预计8月新增信贷再度扩张至11000亿元,货币政策继续维持宽松。"

申银万国证券研究所首席宏观分析师李慧勇表示:"预计后面至少还会有25个基点的降息空间。一方面,实际负利率已不是制约,如果需要可以继续降息。另一方面,降息此前受制于汇率,汇改主动释放了贬值压力。"

8月26日起,央行下调一年期存款基准利率0.25个百分点至1.75%,目前工商银行、建设银行等金融机构一年期存款利率普遍为2%。

居民消费价格指数(consumer price index,CPI)是度量居民生活消费品和服务价格水平随着时间变动的相对数,综合反映居民购买的生活消费品和服务价格水平的变动情况。

【分析】

机器人写稿并非首次出现,机器人写稿的核心仍是云计算和大数据分析,即从浩瀚的资讯中找出最可能受市场关注的部分,通过算法,用人们能够接受或新闻报道要求的格式呈现出来。这种技术与苹果的语音助手"Siri"、百度新推的电脑秘书"度秘"类似,就是计算机自我学习和对海量数据的分析。但大数据分析有局限性,只能从现有的信息中拼凑新闻,要根据线索挖掘故事,或通过文字展示情感偏向,依然无法取代人类。

从写稿能力来看,机器人目前仍集中在搜集整理信息上,与人类思考、分析、挖掘故事的能力相比,还差得很远,因为财经新闻每天都有大量的经济数据要公布,比如公司财报、信贷等,机器人可以快速收集分析数据,把记者从庞杂的数据信息中解脱出来。Dreamwriter的基本原理仍是大数据分析,Dreamwriter的出现不是取代记者工作,而是将记者从繁琐的数据搜集中解放出来,记者在此基础上进行进一步的加工。自动化写作只是目前机器人功能的第一步,相信未来将会有大量的短消息稿需要机器人协助完成,它们只是给人类提供了写作数据的搜索和整理服务。

5 服务外包发展新趋势下的流程外包新业务

【学习目标】

了解在新技术、新流程创新、新型服务模式的推动下快速变化的服务外包业务性质的变化,基本掌握服务外包模式变化的规律。

5.1 综合性服务

罗斯托准则(又称"扩散效应最大准则")强调支柱产业对经济和社会发展的影响力。美国经济学家罗斯托认为,应选择扩散效应最大的产业或产业群作为一国的主导产业,重点扶持,加速发展,从而带动其他产业发展和社会进步。扩散效应的带动原理在于:①回顾效应,主导产业高速增长,对各种要素产生新的投入要求,从而刺激这些投入品的发展;②旁侧效应,主导产业的兴起会影响当地经济、社会的发展,如制度建设、国民经济结构、基础设施、人口素质等等;③前向效应,主导产业能够诱发新的经济活动或派生新的产业部门,甚至为下一个重要的主导产业建立起新的平台。

服务外包产业中的IT服务、研发设计、软件开发、信息服务等,技术偏好强,增长率高,市场潜力大,产业关联及扩散效应显著,对其他产业发展具有极大的引导和带动作用,已经初步具备罗斯托意义上的主导产业特征。服务外包产业的快速发展,推动着我国产业快速转型升级,服务外包未来有望逐步成为我国部分地区的主导产业。而服务外包流程服务中的企业级服务、大数据服务,云平台服务、专业运营平台服务、工业设计与产品研发服务,基于云计算、大数据、物联网、人工智能、3D打印、语音识别技术以及泛在互联网技术进行的研发、生产流程设计、管理与服务的智能产业服务等是未来流程服务的重点业务。

5.1.1 企业级服务

2016年是中国服务外包产业具里程碑意义的一年,至此,中国服务外包产业发展整整十年。这黄金十年,中国服务外包产业从很小规模发展到全球产业规模第二的主导产业。随着大变革时代的到来,近年服务外包产业发生了根本性的变化,相应地迎来了新的产业风口。在新技术环境不断涌现的变化中,服务外包城市和企业如何抓住本轮机遇展开二次变革，反超目前先进国家而成为服务外包第一大国，是目前需要考虑的问题。

市场、环境、外包的变化使得传统外包服务模式的成长机会已经近乎为零。人力价格的刚性上涨消除了成本套利空间，我国在承接服务外包转移方面的成本优势开始减弱，离岸市场发展增速放缓。新技术的广泛使用改变了外包的服务模式，原来以服务外包业务收入和人员规模成正比的收入形式减弱，逐渐被云外包服务模式取代。目前企业越来越多地利用网络或者生态系统创造竞争优势，以获得更高价值。越来越多的跨界竞争者正在侵蚀传统服务外包市场，很多传统意义上的服务外包企业服务领域在不断拓宽。例如，阿里云、Google、亚马逊等正由过去的互联网企业向新兴的云服务拓展；IBM 在新加坡、美国、中国等国家和地区建立一批云计算实验室和云计算中心，加大服务部门销售云计算方案和服务等。

利用新技术手段帮助客户解决问题是重新理解的服务外包本质。软件或服务之所以能够被用户购买，是因为用户购买软件或服务的投资回报率(ROI)大于1。从产品和服务角度来看，提供给客户的产品和服务必须能够帮助客户提高工作效率、降低成本，满足客户个性化和定制化等一切服务要求。随着行业标准化的不断完善，未来服务外包接包企业都将在同样的技术和平台基础上为广大企业提供标准化服务或为单一企业提供个性化服务。

抓住移动、云、大数据这三个新的基础概念和新的技术手段，实现传统企业 IT 服务的升级，必将迎来服务外包产业的又一次跨越：将企业服务实现移动化、云端化与数据资产化，形成新的商业模式和服务模式。从整个互联网产业的核心趋势来看，当前正是从 C 端到 B 端转向的节点。过去 20 年互联网企业面向的是淘宝、Google、亚马逊等 C 端企业，而现在产业发展大趋势是面向 B 端的企业级服务，利用互联网技术服务进行 B 端开发与服务，是未来 10 年最大的风口之一。因此，企业级服务是服务外包产业发展的一个机遇。例如，绿盟科技作为信息安全云交付模式的开创者，定位为"企业级网络安全解决方案供应商"。

从国内外数据分析来看，中国企业级服务市场的渗透率目前非常低，即便细微的改变也能撬动巨大的市场。面向 C 端的消费级互联网和面向 B 端企业级服务的投入比为 20∶1，这与美国的 6∶4 有天壤之别。欧美企业级市场三家市值约 3 000 亿美元，而中国目前没有超过市值 10 亿美元的 B 端企业。预计到 2030 年，产业互联网在全球将形成 15 万亿美元的市场规模，在中国形成 3 万亿美元的市场规模。即 2030 年产业互联网在中国的规模将是 2014 年中国网络经济总规模的 20 倍。因此，从数据来看，未来中国企业端发展空间巨大。

产业环境的变化将倒逼服务外包企业转型升级。2016 年是企业级服务的元年，大批资本正在寻找创新型项目投资。如果能够把握当前产业发展大环境，抓住机遇重新理解服务外包的本质，势必迎来产业发展的又一个黄金时代。企业级的流程外包更加注重整体流畅性、系统完整性、应用技术的稳定性。企业级服务层级如图 5-1 所示。

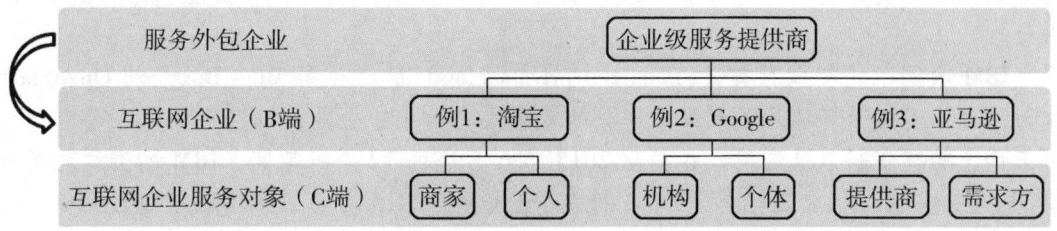

图 5-1　企业级服务层级

案例 5-1　IBM 的 OpenStack 企业级服务

IBM 的 OpenStack 企业级服务，是一项让顾客能跨越包括公有云、专属公有云（on-premises cloud）与私有云环境在内的混合式云端，整合各种应用程序与数据，使被服务的企业不必担心被单一厂商所束缚，或必须采用客制化服务导致成本过高的一项服务。IBM Cloud OpenStack Services（ICOS）让企业客户与开发人员能通过公有云打造应用程序，而这些应用程序无论是安全性还是扩充性，都能满足起伏不定的业务需求（包括用量暴增与海量资料相关需求）。再结合 IBM 既有产品，企业客户与开发人员就能取得范围最广的 OpenStack 套装服务。通过 ICOS，开发人员与客户就可以从内部的本地部署安装（on-premises installation）推出应用程序，甚至可以通过由 SoftLayer 架构所托管的公有云进行，而且完全不用变更程序码或组态。因此，现在开发人员可在公有云打造并测试应用程序，利用 OpenStack 的互通性，以无缝的方式将相同的应用程序和资料部署在包含公有云、专属公有云以及私有云的混合式云端服务项目。

目前，IBM 是唯一能在包含公有云、专属公有云与私有云的混合云端下结合 OpenStack 技术的厂商。这项新型公有云服务能为开发人员与客户提供下列新功能：

1. 扩大存取范围至公有云

IBM 将 OpenStack 服务范围扩大至公有云，从而提供完整的混合式 OpenStack 服务组合，范围横跨公有云、专属公有云与私有云，使企业能在短短几分钟内部署并整合应用程序环境，而过去企业客户必须等上好几天甚至数周。

2. 快速与安全

ICOS 让客户能在安全稳固的基础上快速部署安全度极高的整合式云端。供给企业用来监测自家云端环境与安全控制的工具，协助其在可信赖的硬件上执行各项工作。

3. 数据中心网络

开发人员将可以快速设置并扩充应用程序，并将之传送至任何一个 OpenStack Powered Platform。其中 IBM 负责管理 OpenStack 环境与基础架构，由 IBM 全球各地的云端数据中心进行托管。让开发人员与客户能加强管理各种工作量，包括托管型企业应用程序、分析，还有网络与移动应用程序。

【分析】

IBM 通过 OpenStack 企业级服务可提升合作伙伴与客户价值。IBM 在扩大 OpenStack 企业级服务之际，也与 SAP 合作，以符合经济规模且速度更快的方式在云端部署企业用解决方案，同时实现开放式云端平台的优点，从而吸引企业利用 OpenStack 平台。

IBM 收购了托管式私有云(managed private cloud)服务公司 Blue Box，以 OpenStack 作为基础，适用于环境还不太复杂而欠缺管理人力的中小企业，可以轻松地在公有与私有云端上转移资料以及应用。在截至 2015 年 6 月底的 12 个月期间，IBM 的云端相关营收(包含公有云、私有云与混合云)总计 87 亿美元，2015 年第二季增长率超过 70%。

美国约有 2500 家企业级服务公司，其中三大巨头 Oracle、Salesforce、SAP 的市值总和是 3500 亿美元。中国国内，官方数据显示企业级服务市场有 2000 万家公司，但目前没有公司市值超过 10 亿美元。这为我们所有企业级服务领域创业者创造了全新的机遇。有专家预测，未来 3～5 年内中国势必会诞生一家千亿元规模的新兴公司。

5.1.2　平台服务

步入信息时代，"大、云、移、物、智"等新一代信息技术的广泛落地和应用正在彻底地颠覆和重构当代社会和经济结构，信息在云端的汇集、处理和传输，缩短产业链的同时有效实现供需对接，使得有计划的、效率更高的、复用性更强的生产成为可能。不仅传统产业链体系及发展模式依托信息通信技术在互联网上得以重构和扁平化发展，而且基于碎片化的社会资源与需求的对接而形成的创新商业模式借助新兴技术爆发出更大的潜力及市场空间。在这场变革中，专业的第三方平台在挖掘用户需求、培育消费习惯、整合碎片化资源、构建规则及标准方面发挥了重要的引领和入口作用，并随着新兴技术进一步向量子级市场的渗入和应用落地，针对细分市场的平台将发挥出更大的价值，因此平台化也成为企业自身转型以及创新发展的重要途径之一。

平台是把多种业务价值链所有的部分进行整合，从而成为这些业务必不可少或最佳选择的一部分，这种由价值链的部分环节构成的价值体就成了一个平台。平台化的实质就是，以某个核心产品为平台，在上面嫁接更多的服务，以满足客户/用户一站式的需求。如果将平台划分为传统平台和互联网平台，那么，在信息技术和互联网的推动下，互联网平台或移动互联网平台正逐步成为人类生活和工作的基本工具。

例如，在消费端服务市场，早上上班，我们可以通过滴滴、快的、滴答、优步等打车或拼车软件平台，叫到属于自己的专车；中午工作餐时间，可以通过饿了么、闪食网、美团外卖、百度外卖、大众点评、到家美食汇等点餐，不出办公室即可享受川菜、苏菜、粤菜、东北菜等，也可享受日本料理、欧美快餐等各地美食；下班后，大家一起出去吃喝玩乐，AA 制零钱不够怎么办？微信红包、微信转账、支付宝转账等轻松搞定；周末加班、带孩子参加团体活动、陪父母一起享受自然阳光，没有时间逛街购物，锅碗瓢盆、油盐酱醋、米面生鲜、家电家具、衣服、图书等等均可在京东、淘宝、当当、亚马逊、苏宁、国美等平台上获得。互联网平台和移动互联网平台的应用无处不在，整个社会的生活方式都正在发生质的变化。

同样，在企业端的服务市场，平台化也正在销售管理、客服、人才管理、客户关系管理、财务、数据服务、安全管理、物流管理、办公协作等各功能上实现了落地。微信企业号利用其社交平台帮助企业实现了轻量化的移动协同化办公；微信服务号借助微信平台帮助企业推广品牌宣传、客户服务及体验;"今目标"基于 SaaS 模式的企业工作平台,为企业和员工提供跨平台的协同办公服务;拉勾网用互联网的方式颠覆了猎头,实现了企业和求职者之间的实时互动;JoinForce 解放平台,利用互联网打造 IT 服务的 O2O 生产方式,让 IT 服务从业者工作更轻松;WildDog 同样以解放程序员为目的,构建了一个硬件开发者服务平台,为企业提供实时应用服务;"异业邦"针对企业"营销资源有限,获得新用户难"的问题,通过互联网平台帮企业品牌寻找跨界营销合作伙伴;"秒针"系统搭建第三方数字营销技术的生态系统,为企业提供平台级的第三方营销技术服务;"联拓金融"通过账贷通资金管理平台为各种新型企业提供收、付、账、贷、理、保、福的一站式互联网金融服务,并为企业形成信用档案;"智齿科技"打造了全球首家永不离线的智慧客服;"绿盟科技"作为信息安全云交付模式的开创者,正在实现从卖产品到卖服务向平台化变身。平台的形式让企业可以利用外部资源、技术或人才创造丰富多样的产品或服务。

目前,各种消费级服务平台和企业级服务平台已经诞生并在快速成长。企业级服务市场已处在爆发前夜,企业级服务平台将成为继消费级服务平台之后的下一个风口之一,正悄然成为投资机构关注的新重点。目前,获得 B 轮及以上风险投资的 SaaS 创业公司已经超过了 10 家,融资金额超过 2 亿美元。其中,今目标、北森、OneAPM、销售易、分享销客、环信等创业公司都获得了千万美元以上的融资。根据经纬中国的数据,2014 年中国 ToB 领域营业收入过亿元的创业公司只有 1 家,2015 年则超过了 10 家。预计到 2018 年,中国企业级服务平台市场就会诞生出第一批估值过 10 亿美元的公司。

用友公司高级副总裁谢志华把企业信息化和互联网化(企业级服务平台化)比作一个圆,ERP 是一个很完整的半圆,另一个半圆是个性化程度很高的、开放的平台,将 ERP 和其他系统结合起来,并且与互联网技术相结合,才能完成完整的企业级服务平台这个圆。由此可见,企业级服务平台的开发和推广应用将是一个漫长而不断变革的过程,在这一过程中,互联网企业、信息技术软件企业和传统领域企业将成为企业级服务平台化的主要"发动机"。互联网企业在流量整合和信息推广方面占有优势,能够快速聚集企业级客户,但是在平台开发方面缺少企业服务经验,专业平台的搭建是一大瓶颈,例如,微信企业号和百度直达车能够快速触及企业级服务,聚集起一定规模的企业用户,但服务内容和深度还有待加强;信息技术软件企业以及服务外包企业,拥有丰富的企业信息化服务的产品和经验,能够比较好地满足企业的需求,但缺乏互联网企业的传播速度,而且受限于传统开发思维,平台化速度较慢。例如,用友、Oracle、SAP、浪潮等知名公司已经搭建了各种企业级管理软件平台,但是企业管理软件的平台研发难度更大;传统行业企业转型平台,能够将多年积累的行业资源进行变现和增值,但是,转型平台对于企业对自身资源的把控能力、平台的运营能力等都提出了巨大的挑战。

总而言之,无论是 2C 的消费级服务平台还是 2B 的企业级服务平台,都需要资金、技术、资源的支持,服务平台需要具有一流的技术创新、产品研发、流程设计等服务。在信息技术瞬息万变的情况下,要承载平台对多种业务的支撑,还需要知识流程外包助力。

现有平台服务示例如表 5-1 所示。

表 5-1 现有平台服务示例

端口	分类	平台服务名称
消费端平台服务	代步类	滴滴、快的、滴答、优步
	美食类	饿了么、闪食网、美团外卖、百度外卖、大众点评、到家美食汇
	支付类	微信红包、微信转账、支付宝
	购物类	京东、淘宝、当当、亚马逊、苏宁、国美
企业端平台服务	移动端服务类	微信企业号、微信服务号
	互联网协作工作平台服务类	基于 SaaS 模式的企业工作平台、WildDog、JoinForce 解放平台、异业邦、秒针、联拓金融、智齿、绿盟

案例 5-2 滴滴出行

滴滴出行,当前已经是全球最大的一站式移动出行平台,涵盖出租车、专车、快车、顺风车、代驾及大巴等多项业务,打通出行 O2O 闭环。经过三年半运营,滴滴的估值已超过 250 亿美元,拥有超过 2 亿用户。2016 年 2 月,滴滴平均日订单量达 1 000 万单。"快车拼车"日均订单已突破 157 万,高峰期平均拼成率最高可达 80%。

3 年多滴滴的步伐如下:

2012 年 6 月 6 日,北京小桔科技有限公司成立,经过 3 个月的准备与司机端的推广,9 月 9 日在北京上线。

2012 年 12 月,完成 A 轮融资:金沙江创投 300 万美元。

2013 年 04 月,获得 B 轮腾讯融资 1 500 万美元。

2013 年 10 月,艾瑞集团发布打车软件唯一一份行业报告:滴滴打车市场份额 59.4%,超过其他打车软件市场份额之和。

截至 2013 年 11 月底,覆盖 32 座城市,涵盖用户 1 000 万。

2013 年 12 月,入选中国区"APP Store 2013 年度精选"。

2014 年 1 月,与微信达成战略合作,开启微信支付打车费补贴营销活动。

2014 年 1 月,完成 C 轮 1 亿美元融资:中信产业基金 6 000 万美元、腾讯集团 3 000 万美元、其他机构 1 000 万美元。

2014 年 5 月,产品正式更名为"滴滴打车",寓意"滴水之恩,涌泉相报"。

2014 年 8 月,滴滴专车上线,进军商务用车领域。

2014 年 10 月,与中国妇女发展基金会联合发起"粉爱行动",成立"粉爱公益基金",关爱女性出行。

2014 年 11 月,CNNIC 发布的《2013—2014 年中国移动互联网调查研究报告》显示,过去半年滴滴打车的用户使用率高达 74.1%,持续行业领跑。TalkingData 发布的《移动打车应用行业报告》显示,滴滴打车用户月活跃量居首位,比补贴前月活跃用户数增长688.1%。

2014年12月，完成D轮7亿美元融资，由国际知名投资机构淡马锡、国际投资集团DST、腾讯主导投资启动亿元专车品牌推广——"今天坐好一点"，滴滴体刷爆微信朋友圈，1小时参与用户达3 000万，视频点击过千万。经过两个多月的公测，"滴米"调度系统正式上线，通过大数据优化出行体验，"双十二"实现90%的打车成功率。

2015年1月，滴滴打车企业版正式上线。

2015年2月14日，滴滴打车与快的打车合并，成立滴滴快的，开启中国移动出行市场发展新阶段。

2015年5月13日，滴滴快的推出经济型专车服务"滴滴快车"。

2015年6月1日，滴滴快的推出拼车服务"滴滴顺风车"，这也是滴滴快的合并后推出的首个新产品。

2015年7月16日，滴滴快的旗下定制巴士业务"滴滴巴士"正式在北京、深圳上线运营，用户可在"滴滴巴士"微信公众账号内直接购票乘坐。

2015年7月28日，滴滴快的推出代驾服务。消费者可以通过滴滴打车、快的打车的APP来体验代驾服务。

2015年9月9日，滴滴快的宣布完成总计30亿美元的新一轮融资。同一天，滴滴打车进行全面品牌升级，更名为"滴滴出行"，并启用了新的Logo和APP。

2015年9月，滴滴推出拼车业务。

2015年10月，滴滴推出试驾业务。

2015年底，滴滴快的与Uber在美国Lyft、印度Ola以及东南亚Grab结成战略同盟，共同应对Uber的全球扩张。

2016年5月，滴滴快的新一轮融资完成，总金额高达25亿美元。国内知名大数据研究公司QuestMobile发布的《2016春季APP实力榜》显示，3月滴滴出行MAU（月活跃用户）同比增长率达195.9%，在国内所有APP中排名第一，增速远超微信、QQ及淘宝等APP。榜单还从月活跃用户、新安装用户率、用户留存率等方面对全行业APP进行评价，数据显示，滴滴出行成为用车服务类软件中唯一入选该榜的APP。

【分析】

一、滴滴增长五大核心因素

滴滴增长五大核心因素是用户需求、渠道、营销规模和品牌沉淀、用户体验和口碑、精品营销和体验。

二、滴滴平台服务的主要内容与方式

1. 简化注册流程

滴滴打车运营初期让用户使用前要完成繁琐的注册流程，用户体验非常糟糕。公司邀请美团CEO王兴以用户的角度提建议，很快简化了注册途径。甚至无须注册就能用，从根本上解决问题。

2. 与微信合作

滴滴V2.6首次开启微信支付功能，告别找零，既方便了用户，也满足了企业市场布局，同时为补贴活动预热，支付的钱直接从用户银行卡里扣，微信上需绑定银行卡。

滴滴和微信实现双赢。

3. 补贴

补贴方式有：①送天天酷跑积分(一款火爆的腾讯手游)；② 直接现金补贴。

用新年上线红包大战，滴滴实现加速用户增长。此次补贴起到了宣传推广的作用，街头巷尾的大爷大妈都知道可通过软件打车。3 个月内用户数从 2 200 万暴涨到 1 亿，日均订单从 35 万增长到 521.83 万，订单量超过同期淘宝的移动支付订单量。

4. 红包分享活动

腾讯入股滴滴后，凭借与微信的合作，滴滴红包开始在微信群和朋友圈内大量出现，进一步扩大了滴滴的知名度及用户群体。滴滴红包为滴滴立下汗马功劳。该营销工具解决了两个问题：第一，把用户补贴巧妙地通过社交媒体变成 1 对 N 的传播，补贴的做法是，便宜 5 元钱，你到我的平台上减，通过滴滴红包就变成分享为你发给你的好友，这种应变给滴滴带来海量的用户。第二，把用户的补贴分享给线上线下的合作伙伴，把补贴分享给线上的 APP，合作伙伴都帮滴滴发红包，分享给线下的商超，发红包的过程中，既获得品牌的收益也获得用户的收益。

5. 推出专车和定向补贴

滴滴在出租车供应趋于饱和的时候，大力补贴推广专车，通过"开发增量市场"的思路来解决市场上"出租车和出租车司机数量不足"的根本问题。在这一阶段，滴滴对于专车补贴近 10 亿元，大大增加了出行车辆供应，从根本上提升了对用户服务的能力。

6. 跨界品牌营销

滴滴策划了多次超知名、有规模的跨界品牌营销活动，多管齐下，用户数量直线上升。

例如，TVC 品牌营销战役"滴滴体"的舆论效应加上用别人的钱激发自己的用户；开启大规模覆盖市场的 TVC 品牌营销战役，除众多一线明星外，滴滴还联合腾讯、联想、华硕、戴尔、京东等上百家企业进行跨界合作，建立品牌统一战线，展开联合营销战，堪称 2014 年度最大规模企业跨界合作；此外，滴滴还与"一步之遥"展开深度合作，与江苏卫视、微信平台共同发起 2015 年度最大规模的红包"彩蛋"活动，观众在同一时间段在电视机前使用"摇一摇"，达到 1 175 万次，创世界纪录。特别是，滴滴在跨界合作和营销方面表现很出色，其海量对外散发的红包甚至成了其他企业品牌提升知名度的一个渠道，使众多知名品牌乐于将大量广告费支付给滴滴，让滴滴用来给用户发红包。

7. 增加场景和服务种类

新商业模式的不断推进，使滴滴瞄准出行行业所有细分领域，整合出行资源，打造一站式移动出行平台服务，快车、顺风车、巴士、代驾等一系列业务全面上线。而在一系列业务中，用户价值极高的两大业务线是，面向上班白领一族解决其上下班出行通勤需求的顺风车和快车业务线。

顺风车瞄准的是此前已经比较成熟了的拼车市场，目标是借助滴滴已有的"高频入口"向下实现市场侵占。而快车通俗地说则是一个"穷人版的专车"。借由快车的上线，滴滴的出行产品线也变得更加完善，专车面向中高端用户，而更加经济的快车则面向平民大众。

8. "滴滴试驾"上线

"滴滴试驾"服务是滴滴重要的商业化尝试,如能由此切入到汽车交易的环节中,滴滴的价值无疑将得到进一步提升。"滴滴试驾"是滴滴的专车司机将自己的车提供给有购买意向的客户进行试驾,让车主感受这辆车的性能,帮助客户确定购买意向。而参加试驾的客户则需要支付给提供车辆的车主一部分费用,例如,现在滴滴主推的奔驰GLA,客户只需支付18元就能试驾10公里或30分钟。

9. 积分商城

积分商城作为维护与活跃用户的承载点,不仅提升了APP的留存率,而且使得用户的停留时间更长。

"完成订单奖励××积分。点击去积分商城兑换好礼吧",这不起眼的文案,却起到非常直接的效果:①将一部分用户在上车之后继续留在了APP上(进入积分商城);②向用户传递积分的价值(打车可获得积分、积分可兑换礼品),从而刺激用户更多地使用滴滴去打车。通过积分商城的内容运营(各类活动、奖品),有效提升用户留存率和使用时长。此外,用户参与积分商城的奖品兑换,可提升用户体验,用户还会将收获的喜悦进行传播,提升了滴滴的口碑。

10. 游戏中心

滴滴游戏的推出是解决用户从叫到车到上车这段等车时间无聊的需求,打发时间并提升用户的满意度。刚上线之际,滴滴游戏中心有《少女战机》《愚公移山》《狂挂传奇》《扔纸团》《移除方块》等25款H5游戏,加上其后推出的需要下载的游戏,总量达35款。经过大半年的运营,2015年12月1日起暂停游戏充值服务,2016年1月31日正式关闭。事实证明,这个产品没能带来收入以及对主营业务的支持。

11. "自动加价"上线

"自动加价"系统是滴滴大数据能力的展现,与Uber一样,实现用价格杠杆来自动根据需求调节供应。它本质上是个智能调度系统,通过用户所在区域内车辆和打车需求的实时比例、紧缺程度、用户与车之间的距离、车与用户目的地之间的行驶方向、路面堵车与否等等多种复杂的综合数据,计算出该订单当时的成交概率,进行动态实时调价。

12. "合乘拼车"上线和优化

滴滴用于"快车拼车"的功能,在未来能用于所有出行方式。拼车服务变成1对多,车都可以成为"公交",大大提高了司机的单位时间产出,提高了高峰时段的订单数量。

司机和乘客是约车平台持续发展的保证,改善两端的体验至关重要。只要滴滴优化后台算法和线路规划,通过对乘客目的地、规划路径等因素的计算,就可为乘客找到最合适的拼车伙伴,使乘客在拼车行程中减少绕路。

13. "上车地点推荐"功能

基于用户行为分析推出的"上车地点推荐"功能为缩短打车过程中的接驾时间,帮助乘客和司机降低沟通成本,是一个基于大数据和LBS的功能。该功能不仅能自动帮乘客选择好合适的上车地点,也允许乘客自行设置上车地点。乘客仅需将APP界面上的

"定位针"图标拖移到附近的绿色"上车地点"即可。乘客不仅能在发单之前看到推荐的上车地点,发单后,滴滴会根据周边的路况、司机端位置等因素推荐出更加精准的上车地点。而只要乘客使用了"推荐上车地点",司机就会接到一个播报"乘客已使用推荐上车地点,可使用导航直接前往",从而乘客与司机之间可减少电话沟通的频率,节省成本,提高效率。数据显示,"推荐上车地点"功能上线后,滴滴出租车、专车、快车的平均接驾时间较之前提高了约16.7%。此次更新后,接驾效率再次提高。

14. 开放平台

滴滴的开放平台域名为 open.xiaojukeji.com。出行本身是一个高频场景,包括出租车、专车、快车以及有社交属性的顺风车,再加上代驾服务,它的连接属性非常多,与线下、线上的组合也非常多,如社交类、金融类、地图类、生活服务信息类、旅行类、天气类、浏览器、公交类、美食类、信息聚合类。在滴滴开放平台里还有一个"渠道专属券"的功能,滴滴过去经常给很多合作伙伴进行补贴,未来滴滴通过开放平台能够直接补贴给第三方APP,只要第三方APP接入了滴滴打车,滴滴就可以提供一个资金池,让用户可以在自己的APP里发红包。

5.1.3 商业模式创新

2006年后,我国大力推行服务外包,以促进企业与国际的接轨和产业转型。那时,创新并设计出好的商业模式成为商界关注的新焦点。商业模式创新开始引起人们普遍重视。人们发现商业模式创新能带来战略性的竞争优势,是新时期企业必须具备的关键能力。中国企业商业模式创新的兴起,在全球商界引起前所未有的重视。

2006年就创新问题IBM在全球765个公司部门经理的调查表明,他们中已有近1/3把商业模式创新放在最优先的地位。而且相对于那些更看重传统的创新,相对于产品或工艺创新者来说,他们在过去5年中经营利润增长率表现比竞争对手更为出色。

进入新一轮经济发展,新的信息技术手段给本轮的模式创新插上了"飞天"的翅膀,服务外包商业模式创新的核心是价值创造。商业模式,是企业价值创造的基本逻辑,即企业在一定的价值链或价值网络中如何向客户提供产品和服务并获取利润,通俗地说就是使企业如何赚钱的模式。商业模式是一个系统,由不同组成部分、各部分间连接关系及其系统的"动力机制"三方面所组成。商业模式的构成要素间关系密切,例如,核心能力和成本是企业内部价值链的体现,客户关系依赖所提供产品或服务的性质及提供渠道。每个要素还以更为具体的若干维度表现出来,如市场类的目标客户要素,从覆盖的地理范围、主体类型、生活方式等维度表现出来。

服务外包商业模式创新是把新的商业模式引入社会的生产体系,并为客户和自身创造价值。新引入的商业模式,既可能在构成要素方面不同于已有商业模式,也可能在要素间关系或者动力机制方面不同于已有商业模式。

1. 服务外包商业模式创新企业的共同特征

第一,提供全新的产品或服务,开创新的产业领域,或以前所未有的方式提供已有的产品或服务。

第二,其商业模式至少有多个要素明显不同于其他企业,而非少量的差异。

第三，有良好的业绩表现，体现在成本、赢利能力、独特竞争优势等方面。

2. 服务外包商业模式创新的特点

第一，注重从客户的角度，从根本上思考设计企业的行为，视角更为外向和开放，更注重和涉及企业经济方面的因素，是从根本上为客户创造增加价值。因此，它逻辑思考的起点是客户的需求，根据客户需求考虑如何有效满足它。这一点明显不同于许多技术创新。

第二，比传统的模式更为系统和根本，不是单一因素的变化，常常涉及商业模式多个要素同时发生大的变化，需要企业组织进行较大战略调整，是一种集成创新。

第三，从绩效表现看，它可能开创了一个全新的可赢利产业领域，即便提供已有的产品或服务，也更能给企业带来更持久的赢利能力与更大的竞争优势。

由于商业模式本身的复杂性，及服务外包商业模式创新过程的复杂性，想充分描述非常困难，有时甚至不可能。即便如此，在许多情况下，大概的描述勾勒可借助一些图和表的方式，对商业模式构成要素及相互关系、与其他模式异同等加以补充说明，这样更为直观和容易理解。

目前，服务外包商业模式创新的领先国家是美国，美国政府甚至对商业模式创新通过授予专利等给予积极的鼓励与保护。在我国，目前31个服务外包示范城市的地方政府已经行动起来，完善政府服务，积极推动当地的商业模式创新。对商业模式创新企业可评为高科技企业或软件企业，享受相应优惠政策，推动了风投机构与项目对接。目前创新创业是我国未来数十年经济社会发展的主旋律之一，商业模式创新是其高端形态，也是改变产业竞争格局的重要力量。

商业模式创新是中国科学院创新发展研究中心的重要研究内容。2007年2月，在国家发展改革委和中国科学院支持下，中国科学院创新发展研究中心成立，将商业模式创新研究纳入中心重点工作内容。中心博士后乔为国承担商业模式创新理论与实践的研究工作，并系统梳理了国内外商业模式创新的理论研究成果和重要商业模式创新实践，出版《商业模式创新》。商业模式框架如图5-2所示。

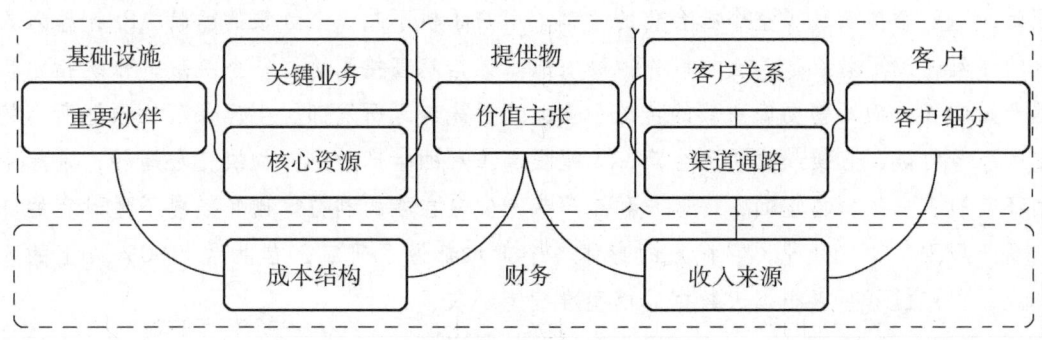

图5-2 商业模式框架

案例 5-3　红领酷特智能 C2M + O2O 颠覆传统的商业模式创新

红领集团是一家服装制造企业，自 2003 年起十多年时间投入数亿元资金、3 000 多人，对传统制造业升级进行了艰苦的探索与实践。今天，红领集团已形成完整的个性化产品大规模工业化定制模式，实现了大数据互联网思维下信息化与工业化的深度融合，形成互联网工业的独特价值观。

酷特智能 C2M 商业模式打造个性化定制平台。该平台管理没有传统企业的中间层管理人员，每个车间只有一个车间主任。管理由数字化的 IT 系统实行，没有关联又不会出现偏差，无情绪问题，数字化是其实现新模式的第一步。

酷特智能 C2M 商业模式最大的突破在于改造生产和组织流程，实现大规模化的定制生产。个性化定制平台基于三维信息化模型，以订单信息流为核心线索，在组织节点进行工艺分解和任务分解，以指令推送的方式将分解任务推向各工位。由于裁剪机器人裁剪出来的衣服因客户的不同要求每一件都不一样，在生产线上，每一个工人只干一个工序，衣服到他这儿，电脑会指示他应该做什么，做完这个工序，原料传给下一个工序，由其他人来完成下一步。每个人都在做不同的工序，速度和效率非常高。以基于物联网技术的数据传感器，持续不断地收集任务完成状况，反馈至中央决策系统及电子商务系统，透明、高效地实现商务流程和生产流程的基础信息架构。

平台用大数据系统替代手工打版，经过 CAD 部门的大数据制版后，信息会传输到布料准备部门，按照订单要求准备布料，裁剪部门会按照要求进行裁剪。每一个工位都有专用电脑读取制作标准，利用信息手段数字化快速、准确传递个性化定制工艺，确保每件定制产品高质高效制作完成。通过全程数据驱动，传统生产线与信息化深度融合，实现了以流水线的生产模式制造个性化产品。

通过这个平台，无数消费者和生产者进行瞬时的交互联结，构成了无限细分的市场体系。实现客户订单提交、产品设计、生产制造、采购营销、物流配送、售后服务工商一体化的开放性智能商业生态。平台上的"3D 打印模式工厂"由消费端的需求数据驱动。同时，通过个体实现了整个社会化的营销。用户手机下载一个红领的酷特 APP，输入衣服的号码，工厂就知道怎么样制作他的衣服。该信息直接到达红领系统后，系统指示机器开始制作，而不需要像一般的传统企业，还要先经过研发部、生产部。红领把所有的中间环节打破，直接从手机到生产，大幅提高工厂的生产效率，加快资金周转，消除中间环节所占据的价格空间，为客户和工厂带来实实在在的利益。彻底颠覆不适时宜的陈旧商业规则。不仅如此，它把人的身体各个部位都做了研究，有世界上 90% 以上的人体大数据，机器可以根据大数据的模型准确定制衣服。

【分析】

酷特智能 C2M 商业模式的价值不仅限于一个服装企业,也不仅限于传统服装产业,对传统制造业转型升级都具有重要的价值和借鉴意义。它的核心价值是探索出互联网与工业深度融合的新范式。这种新范式包含着工业生产的互联网思维、全程数据化驱动的生产流程、去科层化的组织、顾客和制造商直接联结的运营模式等。打造酷特智能互联网工业解决方案,为传统工业转型升级提供支撑。

可以看到,红领的客户犹如个性化设计师,形成了产品的个性化。根据个人不同的身体尺寸下单,个人就成为设计师。客户直接面向工厂而不是渠道,省去了所有的中间环节,从而实现了零库存,达到投资低、回报率高的效果,而且形成了很高的客户黏性。

5.2 技术服务

5.2.1 云服务

云服务是基于互联网的相关服务的增加、使用和交付模式,通常涉及通过互联网来提供动态易扩展的、虚拟化的资源。简单来说,云服务可以将企业所需的软硬件、资料都放到网络上,在任何时间、地点,使用不同的 IT 设备互相连接,达到数据存取、运算等目的。这种服务可以是 IT 和软件、互联网相关的服务,也可以是其他服务。云服务意味着计算能力也可作为一种商品通过互联网进行流通。

以互联网/移动互联网、云计算、大数据、物联网以及人工智能技术等为核心的新兴技术快速地颠覆着所有产业和经济的发展进程。云服务成为服务外包新的交付和定价模式的主流。全球发包商逐渐放弃大型外包,减少 IT 采购订单转而使用云服务,直接压缩了传统外包服务商的生存空间。

随着以 IBM 为代表的全球服务商不敌 Google、亚马逊等新兴云服务商的竞争,全球云服务商成为新的发包商,部分中国企业转型云服务获得增长。

目前在全球离岸市场竞争中,来自印度、美国、菲律宾、马来西亚、泰国、巴基斯坦、巴勒斯坦等新兴外包目的国的新老对手持续对中国产业的全球份额进行争夺。在传统服务外包数据快速下降的同时,云服务却在快速地增长中。在"互联网+"等新兴技术的推动下,服务外包的边界和范围正在不断扩大,跨界融合成为产业转型和发展的核心特征之一。诸多非传统意义上的互联网企业通过云服务等创新商业模式为客户提供外包服务,如谷歌、亚马逊、阿里、联想等等。

云服务的模式有三大类:公有云、私有云、混合云。公有云是云服务提供商为公众提供服务的云平台，理论上任何人都可以通过授权接入该平台。公有云可以充分发挥云计算系统的规模经济效益，但同时也增加了安全风险。私有云则是云服务提供商为企业在其内部建设的专有云计算系统。私有云系统存在于企业防火墙之内，只为企业内部服务。与公有云相比，私有云的安全性更好，但成本也更高。云计算的规模经济效益也受到了限制，整个基础设施的利用率要远低于公有云。混合云则是同时提供公有和私有服务的云计算系统，它是介于公有云和私有云之间的一种折中方案。三大类云服务组成群如图5-3所示。

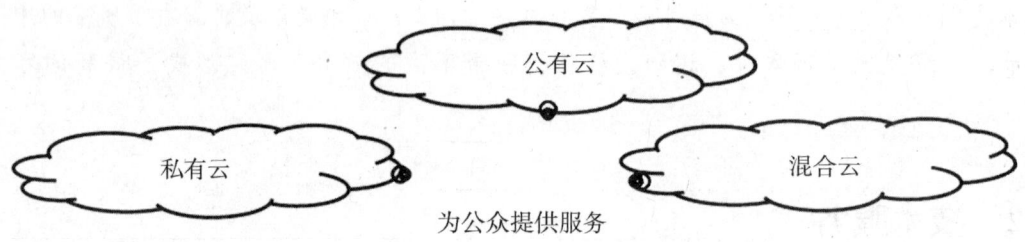

图5-3 三大类云服务组成群

云服务普遍用于生活和工作中，根据市场研究机构福雷斯特研究公司数据显示，全球云计算市场规模将由2011年的407亿美元增至2020年的2410亿美元。

云计算服务模式有三种：云软件即服务(SaaS)、平台即服务(PaaS)和基础设施即服务(IaaS)。云软件即服务(SaaS)提供给消费者的功能是使用在云基础设施上运行的、由提供者提供的应用程序。这些应用程序可以被各种不同的客户端设备访问，通过像Web浏览器(如基于Web的电子邮件)这样的瘦客户端界面访问。消费者不直接管理或控制底层云基础设施，包括网络、服务器、操作系统、存储甚至单个应用的功能，但有限的特定用户的应用程序配置的设置则可能是个例外。云平台即服务(PaaS)提供给消费者的功能是将消费者创建或获取的应用程序利用提供者指定的编程语言和工具部署到云的基础设施上。消费者虽然不直接管理或控制包括网络、服务器、运行系统、存储甚至单个应用的功能在内的底层云基础设施，但可以控制部署的应用程序，也有可能配置应用的托管环境。云基础设施即服务(IaaS)提供给消费者的功能是，消费者不仅可以租用处理、存储、网络和其他基本的计算资源，还可以在上面部署和运行任意软件，包括操作系统和应用程序。消费者虽然不管理或控制底层的云计算基础设施，但可以控制操作系统、存储、部署的应用，也有可能选择网络组件(如主机防火墙)。这三种服务模式称为SPI模式，是位于云物理基础设施上广泛使用的三类功能。

云服务给流程设计带来更多成熟、可借鉴、容易获取的资讯，其公共服务特性可帮助企业快捷、准确地运用资源。云服务示意图见图5-4。

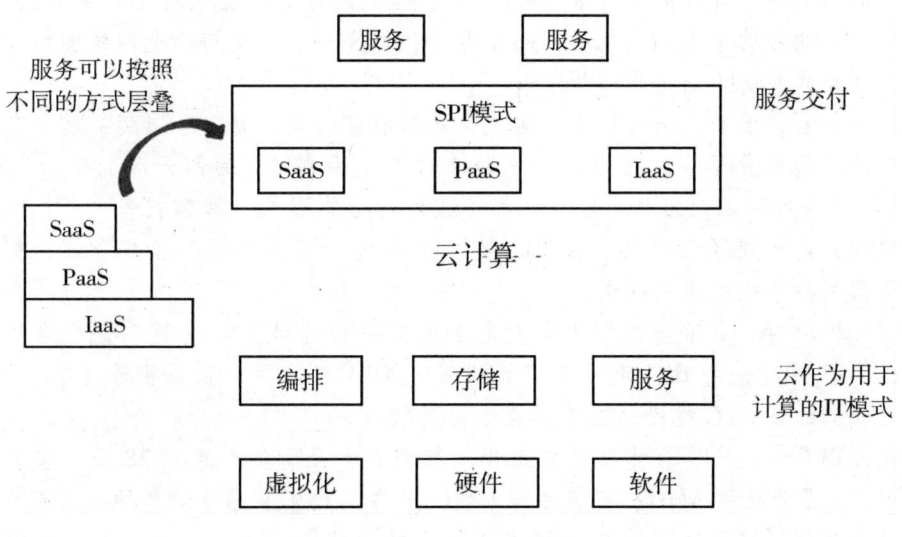

图 5-4 云服务示意图

注：SPI 模式：软件即服务，平台即服务，基础设施即服务。

案例 5-4 韩都衣舍的云公司

韩都衣舍原来只是一个普通的韩国服装的公司，可它用互联网思维创新了模式，把公司变成云。韩都衣舍有 240 家供应商，有超过 3 万款的产品（一个服装行业有 3 万款产品是非常大的挑战），同时，它满足 30 件就可以开始订单生产，交货时间从 20 天内压缩到 15 天内，返单已经达到 40% 以上。它的模式为：把企业分成三大块，其中一块是产品小组。产品小组在韩都衣舍是可上可下的组织，任何人都可以成立自己的小组，成为掌门人或创始人，设计自己的款式，以每个小集体为核心，自行制定计划，独立核算，这是在韩都衣舍最小的组织。在服装行业里，最关键的四个岗位是设计、生产、营销和运营。其大部分小组就是以 3~4 个人为单位，组成最小的组织，享受公司提供的另外两大块"拳头"服务，一是企业的营销中心，帮助各小组在所有的电商平台进行销售；二是企业拥有的生产能力，有 240 多家供应商，解决了各小组没有办法自己寻找供应商、寻找面料、寻找设计的问题，成为服装行业的平台公司。

一个服装企业的云服务要想做大，就必须把供应链、IT 系统、仓储物流、客户系统、集成服务全部用数字化的模式打通，其结果一定是实现品牌的集群，并且每个品牌都需要有独特的风格。目前韩都衣舍每一款服装都是由一个产品小组从设计、生产到销售全程负责，企划、摄影、生产、营销、客服、物流等相关业务环节予以配合。韩都衣舍目前已有 280 个产品小组，这种以小组为基本运营单位的商业模式称为单品全程运营体系，是韩都衣舍的核心。

韩都衣舍产品小组制不同于传统服装行业按生产销售环节进行分工，而是按每款商品进行分工。每个小组通常由 3~4 名员工组成：小组长负责做商品设计；一人负责制作产品页面，包括页面的设计、安排照相、文案的编写等；一人负责商品货品管理，包括与生产部门对接，单品的库存管理。产品小组制让韩都衣舍实现了管理的去中心化，每个小组都是业务的中心，其他的部门全部为他们提供业务支持，把传统服装企业金字塔式的管理模式转变为扁平化的管理。

从外部来看，很多人认为韩都衣舍就是一家服装公司，是一个服装品牌。其实它是一个时尚品牌云孵化平台，可以让越来越多的自有品牌在"韩都云时尚平台"上诞生。1个客服人员一次可以对接9个客户，都是通过网络的形式。韩都衣舍之所以成功，就在于把它的公司变成了云公司，在供应链、IT系统、仓储物流、客户系统、集成服务等方面全部用数字化的模式联通。

2012—2014年，该企业在国内各大电子商务平台连续三年女装销量排名均在第一位。2011年3月，获得IDG近千万美元投资。2014年9月，获得由李冰冰、黄晓明、任泉三人成立的StarVC投资，成为其首个投资项目。

通过内部孵化、合资合作及独立孵化，韩都衣舍品牌集群达到28个，包含女装品牌HSTYLE、男装品牌AMH、童装品牌米妮·哈鲁、妈妈装品牌迪葵纳、文艺女装品牌素缕、箱包品牌猫猫包袋等知名互联网品牌，包括韩风系、欧美系、东方系等主流风格，覆盖女装、男装、童装、户外、箱包等全品类。韩都衣舍独创的以产品小组为核心的单品全程运营体系（IOSSP）是企业利用互联网提升运营效率的一个成功案例，入选清华大学MBA、长江商学院、中欧商学院以及哈佛商学院EMBA教学案例库。

【分析】

对于未来发展的定位，与天猫、唯品会这些平台电商不同的是，韩都衣舍将承担一个中间型平台的角色，打造成"云"的概念，是基于为服装行业提供供应链、仓储、IT系统等专业的服务，成为服装行业供应商的平台，会有无数小的互联网服装品牌在这个平台上诞生。这样，韩都衣舍由一家公司变成了一个公共服务平台，为公司280个小组化的自主经营体服务。韩都集团已孵化出覆盖韩风系、欧美系、东方系等多种设计风格品牌群在内的20个品牌。把打磨好的小组制模式复制到各个品牌，并给予大力度扶持，形成一个互联网时尚品牌集群。预计到2020年，该平台至少可以孵化出50个时尚品牌，实现100亿元以上的交易额。

5.2.2 智能产业

智能产业是基于云计算、大数据、物联网、人工智能、3D打印、语音识别技术以及泛在互联网技术进行的研发、生产、管理与服务等活动，是以有形的产品以及无形的服务对第一、第二和第三产业提供支持。

在2014年之前，从来没有如此众多的智能设备与我们的工作、生活乃至我们的身体产生如此紧密的联系，从谷歌眼镜、智能手表、手环到跑鞋、戒指等可穿戴设备，到血压计、体温计等各类健康监测设备，再到空气净化器、空调、冰箱等智能家居产品纷繁迭出，众多城市掀起智能装备、智能制造基地建设的热潮。目前我国正处在新一轮技术革命十年周期的起点，可穿戴设备、机器人、智能家居、智能医疗、智能汽车等正在成为行业热点词汇。这一轮产业革命的本质是信息技术取代传统制造技术成为产业的核心价值来源。传统产业向互联网生态系统转移，标志着继移动互联网之后的新一轮技术创新浪潮(即泛智能化时代)的来临。

新技术革命浪潮的掀起,使各个传统产业的固有领域和边界被打破,沿袭已久的生产模式和服务模式不断改变,跨界融合成为产业变革的核心特征。新技术和新材料的发展使得低成本定制化成为可能,互联网、移动互联网的应用拉近了生产者与消费者的距离,客户体验需求迅速增长,终端用户越来越多地参与到整个生产的设计环节、制造环节的全部流程。大 C(Customer)时代下用户的价值高于一切,以客户为中心的开放、创新以及协同制造推动服务化成为不可逆转的趋势。以用户需求及用户体验为核心、以 IT 技术和互联网为承载和依托、以软件和服务为灵魂及价值、以智能硬件为引爆点的智能产业,成为引领全球经济下一个十年的又一个风口。

智能产业具备产业链条长、延展性强的特性,依据终端产品及运营特征,主要分为智能服务与智能硬件两大类别,同时涵盖供应链、技术架构、智能服务、智能硬件以及智能应用等产业链上下游环节,如图 5-5 所示。

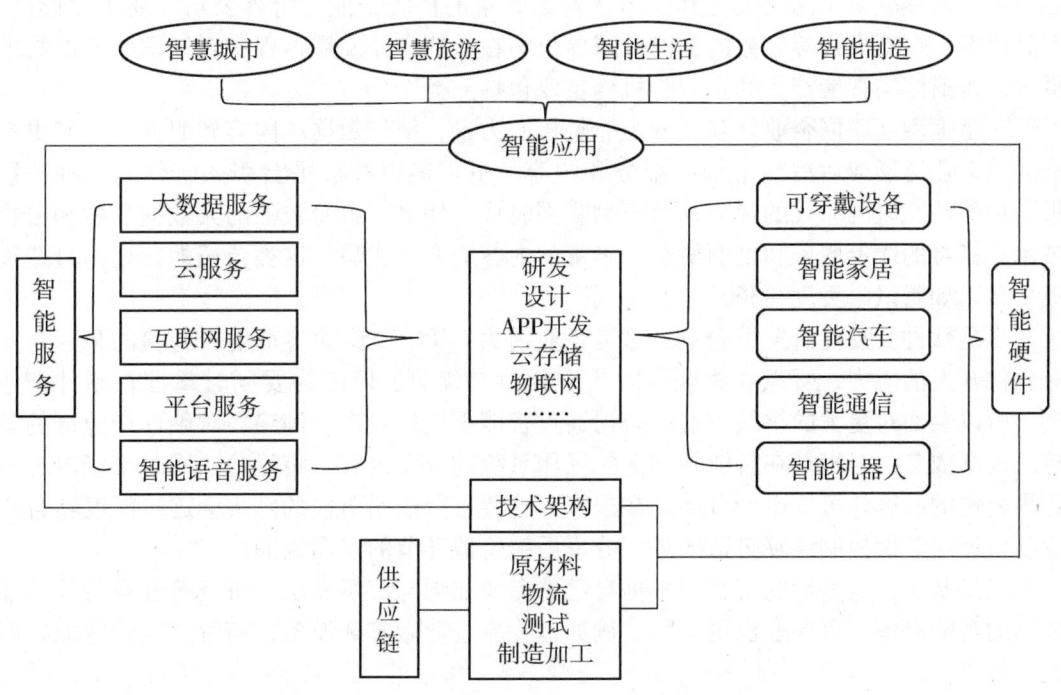

图 5-5 智能产业的关键产业链环节

智能产业链条分为三个层级,分别是以技术架构和供应链为核心的基础层级、以智能服务和智能硬件为核心的产品层级,以及以智慧城市、智能制造等为代表的应用层级。其中,信息技术和互联网组成了整个智能产业的技术架构基础平台,为产业发展提供无限可能,云计算和移动互联网等新一代技术变革的深化和广泛应用,成为加速驱动智能产业诞生及发展的根本动力。技术的变革发展在加速传统产业信息化进程的过程中直接带动了智能服务需求市场的爆发与增长,智能服务是传统的 IT 服务技术升级、价值提升和模式创新带来的新阶段和必然结果。

智能服务企业的客户来自各个传统行业及新型领域，甚至也包括智能硬件领域。相对于智能服务，智能硬件领域的产业链更长、覆盖范围更广，将先进的技术、专业的数据、针对性的服务和应用场景高度集成于智能产品中，或者对传统设备进行改造，进而让其拥有智能化的功能。智能硬件的细分领域较多，目前最具有代表性的包括可穿戴设备、智能家居、智能汽车、智能通信和智能机器人。智能硬件最核心的特征就是能够实现连接，通过物联网实现互联网服务的加载，形成"云+端"的典型架构，提供大数据等附加价值。智能服务及硬件的应用范围非常广，例如，智慧城市建设以及智慧旅游、智能生活和智能制造等都是典型代表。

智能产业并不是一个凭空而生的全新产业，而是传统产业以及科技服务业领域内各类企业和机构的创新转型和跨界融合发展而来的。目前，智能产业尚处于发展初期，在可穿戴设备等细分领域引爆点的推动下，整体产业将快速进入爆发式增长阶段。巨大的市场空间、丰厚的利润回报、国家战略及政策的大力支持和资本市场的高度关注都为智能产业的发展凝聚了高度关注和参与热情，大量的传统企业、跨界公司需要工业设计、产品研发、创新设计等服务的支撑。跨界公司在智能产业发展过程中对知识服务的需求最大，目前涉猎智能产品的企业和机构主要包括五类。

一是大型互联网企业。互联网企业是核心力量，擅长数据、内容和服务，它们更看重的是产业链形成后后端市场的服务和内容。更可能以开放平台引入合作者，补齐短板，把移动互联网时代的优势移植至物联网时代。凭借着自身较强的大数据分析和云端技术、完善的线上服务和电商渠道、丰富的内容资源等优势，这类公司的计划是打造终极平台，如腾讯、百度、360等。

二是软件及硬件研发类企业。这类企业因为有 PC 和移动终端生产经验的积累，又有软件开发的能力，所以在物联网时代中相对有优势。但因为要同时掌控软硬件产业链，所以会面对更大的挑战。这类公司通过智能手机的生产作铺垫，对硬件产业链的掌控已逐渐成熟，对搭载在智能硬件上的操作系统的开发也有一定经验，同时市场对这些跨界公司的品牌认可度也十分高。在未来，这些有行业话语权的巨头会逐步深度整合产业链，通过掌握控制终端打造闭环，分享后端价值环节的丰厚利润。

三是基于自身领域的跨界。根据自己的专业知识与市场需求，研发符合自身及行业发展的智能设备，更专业也更实际。例如，物流企业做车载设备，商贸企业做智能扫码机，等等。

四是跨国类企业。这也是不能忽视的一个群体，主要包括苹果、谷歌、微软、因特尔、特斯拉等引领智能产业发展的国际级别龙头企业。

五是高校和科研院所。智能产品的各种呈现形式归根结底还是要基于雄厚的基础学科理论研究力量，科研院所集中了优秀的科技人才和设备设施，有利于促成后期智能科研成果向智能产品转化。例如，北京理工大学、西安交通大学等诸多高校开设人工智能和机器人研究所。

智能的服务和产品正在以惊人的速度渗透到我们工作和生活的各个细节和场景中，未来十年属于泛智能化的时代。"硬件+软件+服务"日趋融合，硬件、软件以及擅长服务消费者的互联网企业互相渗透，推动产业转型升级，万物互联互通和智能化潮流将不可逆转。

怎样满足消费者,使生活更加便利是智能产业的终极目标。设计新的流程、新的模式、研发新技术服务于智能制造,是流程专家需要思考的工作内容与方向。

智能产业几大热点细分领域未来发展规模预测如图 5-6 所示。

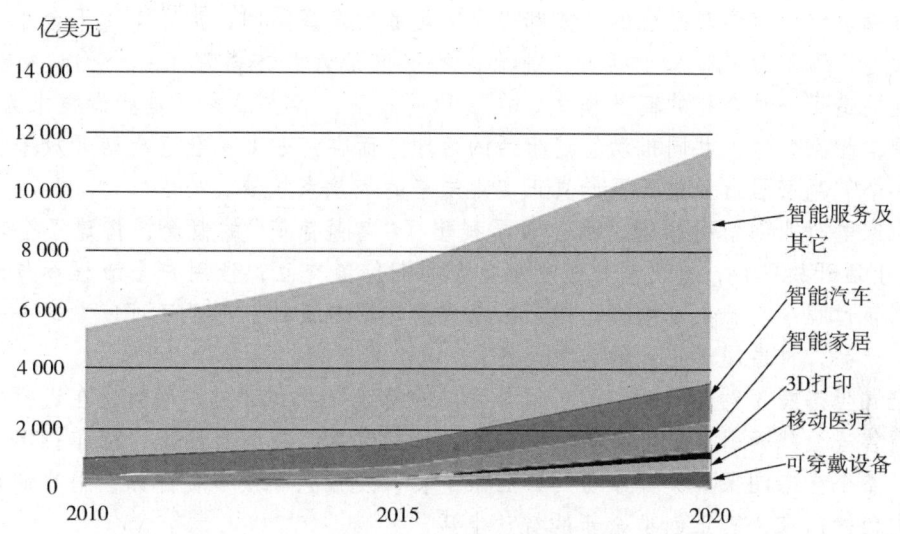

图 5-6　智能产业几大热点细分领域未来发展规模预测
数据来源:麦肯锡、Gartner、ABIResearch、IHS、iiMedia Research 等机构的研究和分析报告

案例 5-5　海尔智慧生活 2025-U+智慧生活开放创新平台

2015 年 10 月 15 日召开的首届世界互联网工业大会上,以海尔为代表的领先企业演示了智能产业业态发展的范例——"智慧生活 2025"。演示场景为,快到家时,打开手机启动空调,回家就能体验到最适宜的温度;刚进家门,灯光就自动开启,冰箱准备好了晚餐的食谱,电视播放着最喜欢的节目;出差时,通过手机就可以随时了解家人的起居情况……

在世界互联网工业大会现场,海尔集团不仅分享了其互联网转型升级的路径,还在现场展示了全球首个 U+智慧生活开放创新平台,以及在这一平台上创新的七大智慧生态圈,让与会人员现场了解"智慧生活 2025"。

作为一个开放的平台,目前海尔 U+智慧生活开放平台旗下的空气、美食、洗护、用水、娱乐、安全、健康七大 U+智慧生态圈已经成型,并成功推出了海尔嫩烤箱、Smartcare 智能家居套装、智能空调、U 控智能插座等一系列智能网器新品。这些成果让海尔 U+七大智慧生态圈变得更加真实自然、触手可及。

海尔 U+相关负责人表示"未来,没有任何一个厂商可以提供用户在智慧生活中所需要的所有服务,开放、互联是唯一的路径。让所有的网器都可以互通互联,通过对家居电器的智能化控制,实现物联网时代下的智慧生活服务。"海尔打造 U+智慧生态圈,联合内容方、资源方、服务方等多个领域的厂商,从硬件和软件两方面下手,共同为消费者提供服务,从而打造一个便捷、易用的智慧生态圈。

例如,U+智慧美食生态圈下的U+智慧烘焙生态圈2.0,不仅为用户提供了业内最顶尖工艺的嫩烤箱,而且还通过与本来生活、金百万、烘焙课堂等数十家企业合作,为用户提供食材供应、烘焙培训、制作分享等一站式的服务。因为海尔U+平台的整体开放性和模块化,为参与平台的各方都提供了足够的发挥空间,海尔U+平台才受到了各方的欢迎。海尔U+智慧生活开放平台,不仅仅是为各方搭建了一个沟通交流的平台,更是创造了一种全新的商业模式。在这种模式下,各方厂家以消费者需求为核心,相互协调,相互合作,共同推动智慧生活的落地。而在海尔U+智慧生活开放平台的带领下,整个智慧家居行业也正开始真正实现未来的智慧家居梦。

作为家电行业创新引领者,海尔较早提出了"智慧家庭"的概念,搭建了全球首个U+智慧生活开放平台,吸引用户进行全生命周期价值交互,让用户全流程参与到整个产品的创新过程中,不仅可以提出对产品迭代的建议与设计,而且还可以在这一平台上自己定制产品,打造属于自己的智慧生活。

以空气生态圈为例,天铂空调凭借与用户的持续交互和颠覆式创新,在进行用户投票预约预售当天就吸引了1万多名用户进行了预约定制。在美食圈上,海尔推出一款馨厨冰箱,整个生态圈聚集了苏宁易购、豆果美食、爱奇艺等众多资源方,用户通过冰箱就能将美食搬回家,真正创造全新的智慧生活。

【分析】

智能产业的实现,首要的原则就是制造要与市场协同起来。业内专家也表示,"中国制造2025"在本质上并不是单纯实现制造模式的颠覆,而是要通过为用户创造智慧生活体验来提升中国制造的全球竞争力。而从目前的实践情况看,海尔已经实现了与用户的互联,并且与用户一起设计出智慧家庭生态圈,将未来的智慧生活变成日常生活场景,引领着整个行业的智慧生活创新趋势。

经过多年的发展,海尔为业界的生产过程带来了巨大的改变。IBM集团自2008年进入海尔做咨询,形成制造的模块化,进而在2010年实现了无人生产,2011年创建了黑灯工厂,2014年创建了数字化工厂,2015年创建了互联工厂。在模块化下用软件技术打通整个生产业态,形成"海尔互联工厂"。首先让用户说我们需要什么样的产品,设计部门设计后通过众包定制达成订单,订单提交上去实现生产可视、交付可视、使用体验。海尔的模式是把整个的产品从前端的设计、生产到最后的体验全部打通,把这个模式引入海尔的电冰箱等产品中。

例如,海尔的电冰箱会知道你每天用多少鸡蛋和牛奶,当电冰箱里没有鸡蛋或牛奶时,会自动通知厂家把鸡蛋或牛奶送到你家里来。结算的过程也直接被机器代替。这是非常大的机遇。我们可以进一步设想一下,海尔的电冰箱在未来会做什么?它会不会成为控制者来控制鸡或猪养殖场、蔬菜种植场等?因为有了为用户提供直接服务的终端电冰箱,它可以做这么多的事,这就是海尔的智能生产最新模式。

参 考 文 献

[1] 戴军. BPO 管理[M]. 北京：清华大学出版社，2013.
[2] 曾坤生. 服务外包项目管理[M]. 广州：暨南大学出版社，2013.
[3] 谭云清. 提供商的信任对于发包商合作的影响：基于承接在华国际服务外包企业的实证研究[M]. 上海：上海财经大学出版社，2013.
[4] 刘晓峰. 服务外包企业项目管理[M]. 北京：化学工业出版社，2012.
[5] 赵春雨. 服务外包企业客户关系管理[M]. 北京：化学工业出版社，2012.
[6] 刘北林. 服务外包企业质量管理[M]. 北京：化学工业出版社，2012.
[7] 李强. 服务外包的产业升级效应：基于价值链的研究[M]. 北京：经济科学出版社，2016.
[8] 季成，徐福缘. 服务外包产业链[M]. 上海：上海交通大学出版社，2011.
[9] 水藏玺，吴平新，刘志坚. 流程优化与再造[M]. 北京：中国经济出版社，2013.
[10] 彼得·弗朗茨，马赛厄斯·柯克莫. 埃森哲顾问教你做流程管理[M]. 北京：机械工业出版社，2016.
[11] 王玉荣，葛新红. 流程管理[M]. 北京：北京大学出版社，2016.
[12] 水藏玺. 互联网时代业务流程再造[M]. 北京：中国经济出版社，2015.
[13] 许国强. 企业内部控制流程手册[M]. 北京：人民邮电出版社，2012.
[14] 石真语. 管理就是走流程：没有规范流程，管理一切为零[M]. 北京：人民邮电出版社，2013.
[15] http：//www.gov.cn 中华人民共和国中央人民政府.
[16] http：//www.mofcom.gov.cn 中华人民共和国商务部.
[17] http：//www.stats.gov.cn 中华人民共和国国家统计局.
[18] http：//www.miit.gov.cn 中华人民共和国工业和信息化部.
[19] http：//www.drc.gov.cn 国务院发展研究中心.
[20] http：//chinasourcing.mofcom.gov.cn 中国服务外包网.